印顺法师
佛学著作选集

印度佛教论集

明达心无碍
恬澹身自安
谦和容则大
精进道可成

印顺

中华书局

图书在版编目(CIP)数据

印度佛教论集/释印顺著. —北京:中华书局,2010.6
(2022.12 重印)
(印顺法师佛学著作选集)
ISBN 978-7-101-07041-5

Ⅰ.印… Ⅱ.释… Ⅲ.佛教史-印度-文集
Ⅳ.B949.351-53

中国版本图书馆 CIP 数据核字(2009)第 184164 号

经台湾财团法人印顺文教基金会授权出版

书 名	印度佛教论集	
著 者	释印顺	
丛 书 名	印顺法师佛学著作选集	
责任编辑	陈 平	
责任印制	陈丽娜	
出版发行	中华书局	
	(北京市丰台区太平桥西里 38 号 100073)	
	http://www.zhbc.com.cn	
	E-mail:zhbc@zhbc.com.cn	
印 刷	三河市宏盛印务有限公司	
版 次	2010 年 6 月第 1 版	
	2022 年 12 月第 3 次印刷	
规 格	开本/880×1230 毫米 1/32	
	印张 10⅛ 插页 2 字数 210 千字	
印 数	3501-5000 册	
国际书号	ISBN 978-7-101-07041-5	
定 价	35.00 元	

目　　录

一 佛灭纪年抉择谈

一 绪 言

印度文化不重视历史,缺乏明确纪年的史书。佛教创立发展于这样的环境中,自然也不会有明确的佛历。过去,中国佛教界,纯凭传说与信仰,写下佛灭多少年的史书。到现在,一切得从头写过了。西藏地区,以及锡兰、缅甸等佛教国的佛元传说,近代学者考定的佛元说,加上中国旧有的传说,到底哪一种是正确的? 近代学者的考论佛元,不再是专凭传说,是参证以明确的历史。其方法为:佛典中有佛灭多少年而阿育王(Aśoka)出世的传说,阿育王灌顶的年代,经学者的研究,已大致确定。那么,在阿育王灌顶的年代上,再加佛灭以来多少年,即可得出明确的佛元了。锡兰(Siṃhala)所传的《善见律》,有"阿育王自拜为王;从此,佛涅槃已二百十八年"的传说,得到一般学者的信用。然在中国所译的,有罽宾(Kaśpīra)所传的《阿育王传》等,别有不同的传说,如说:

　　"佛灭百年后,王华氏城,号阿恕伽。"(《阿育王传》卷一)

　　"佛灭度后百十六年,城名巴连弗,时阿育王王阎浮提。"(《十八部论》)

　　日本小野玄妙的《佛教年代考》,宇井伯寿的《佛灭年代论》,我的《印度之佛教》,都依这百十六年的传说。对于这一问题,近来作深一层的思考,从锡兰与罽宾共同的传说去研究,觉得从佛灭到阿育王登位,百余年说与二百余年说,同为一古老的传说;而罽宾所传的百余年说,更为合理。所以不嫌烦琐的,以《阿育王传》为研究对象,以优波毱多(Upagupta)与阿育王同时为论题核心,从解说与考论中,推定佛灭百余年而阿育王登位的结论。

　　在研究的过程中,应该深切注意的是:我们所处理的问题,是古代的;所处理的材料,是传说的,不是严正的史书。这种传说,佛典中名为譬喻(avadāna),是说教时所引用的事证。为了达到感动听众的目的,所以或透过神话的形式,或表现为文学的作品。如认识它的性质,即能重视它所表显的、含摄的事实,而不被这种形式所拘蔽。所怕的,还是那些照着自己意思、满足自己需要而编写的历史。看来翔实可信,而实际是谬说。依我而论,对于佛教传说的信心,过于那些杜撰的历史。

　　优波毱多与阿育王同时,为本论的重要关键。优波毱多,或音译为优波崛、优波崛多、优婆毱多、优波笈多、邬波毱多,玄奘意译为近护,摩偷罗(Mathurā)香商鞠多(Gupta)的第三子,商那和修(Śāṇaka-vāsin)的弟子。在初期佛教中,是重要的大师。他是禅者,是论师,是伟大的布教者,如拙作《说一切有部为主的

论书与论师之研究》第三章第二节第一项所述。禅师，论师，优
越的教化师。一切有部中的瑜伽者，阿毗达磨者，经师譬喻者，
在尊者可说是总而有之。有部佛教各派，无异是尊者的学众，各
得一分而发展。尊者的地位，是不能忽略的。他的传承的时代，
有关初期的佛教史。这重要的古代史料，以《阿育王传》为本。
但《育王传》所含的史实，受到后代的律师——有部毗奈耶《杂
事》、铜鍱部《善见律》等的紊乱，这需要审慎的研究，将历史的
内容从传说中掘发出来！

二 阿育王传的内容

一 本传的组织概说

《阿育王传》，西晋惠帝时（二九○——三○六）的安法钦
译，凡五卷（或分七卷），十一品。异译现存二本：一、刘宋元嘉
中（四三五——四五三）求那跋陀罗（Guṇabhadra）译，名《无忧
王经》。《出三藏记》作一卷，缺本。其实，被误编于《杂阿含经》
中，即二三、二五——两卷；不分品。二、梁天监中（五○六——
五一八），僧伽婆罗（Saṃghavarman）译，名《阿育王经》，凡一○
卷，八品。此外，有《大阿育王经》，已经佚失。现存梵文
Divyāvadāna 第二六到二九章，与此相合。依西藏多氏《印度佛
教史》说：殑世弥陀罗跋陀罗（Kṣemendradhadra）所编的《付法
传》，关于阿育王部分，依据七种譬喻——"阿育王譬喻"，"阿育
王教化譬喻"，"阿育王龙调伏譬喻"，"法塔譬喻"，"法会譬
喻"，"黄金献供譬喻"，"鸠那罗王子譬喻"。关于付法部分，从

阿难(Ānanda)到善见(Sudarśana),都有譬喻。

　　比对汉译的三种译本,彼此有增减处。《阿育王传》在印度,是有不同诵本的。宋译最简:阿育王部分,没有王弟与王子因缘。付法传承部分,但略说授优波毱多记,与法灭的故事。晋译与梁译,大体相同;但梁译缺法灭的故事,晋译又独多"阿育王现报因缘"。今综合对列如下:

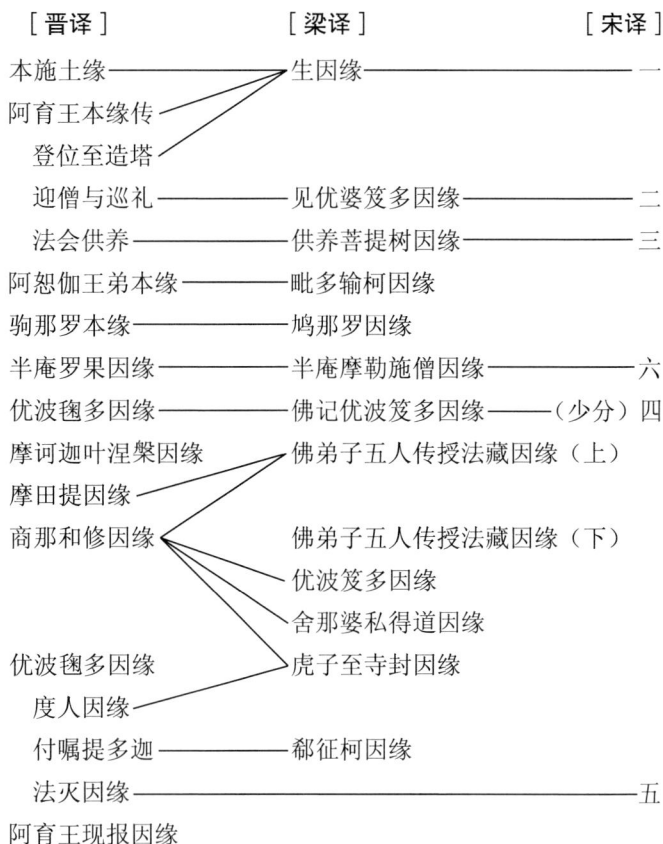

［晋译］	［梁译］	［宋译］
本施土缘	生因缘	一
阿育王本缘传		
登位至造塔		
迎僧与巡礼	见优婆笈多因缘	二
法会供养	供养菩提树因缘	三
阿恕伽王弟本缘	毗多输柯因缘	
驹那罗本缘	鸠那罗因缘	
半庵罗果因缘	半庵摩勒施僧因缘	六
优波毱多因缘	佛记优波笈多因缘	(少分) 四
摩诃迦叶涅槃因缘	佛弟子五人传授法藏因缘(上)	
摩田提因缘		
商那和修因缘	佛弟子五人传授法藏因缘(下)	
	优波笈多因缘	
	舍那婆私得道因缘	
优波毱多因缘	虎子至寺封因缘	
度人因缘		
付嘱提多迦	郗征柯因缘	
法灭因缘		五
阿育王现报因缘		

比对本传的三译不同,可论断为:晋译的《阿育王传》,除《阿育王现报因缘品》,其他的内容与结构,都是本传的原有部分。梁译没有灭法故事,然"未来三贼国王"的传说,见于佛记优波笈多因缘。宋译没有诸师相承部分,然佛记优波掘多,即诸师相承的发端,也已存在。没有王子王弟因缘,然育王不传位王子,传位于王孙,与晋译、梁译都相合。大概地说:宋译以育王护法事业为重心,所以有所节略。

晋译的《阿育王现报因缘品》,是宋、梁二译所没有的。这实在是另一种《阿育王譬喻集》,安法钦译出而附编于本传的。这不但因为宋、梁二译没有,更由于内容与本传不一致,如龙王譬喻、请宾头卢譬喻。这虽非本传固有的内容,然传说也还是极早的,西元前后已存在了。

二　本传对于后代的影响

以阿育王、优波毱多为中心而编纂的本传,成为大陆佛教公认的史实。阿育王与优波毱多,出于佛灭百余年,也是众所共知的传说。本传的影响非常广大,今举一切有部的《大毗婆沙论》,大众末系的《分别功德论》,譬喻者马鸣(Aśvaghoṣa)的《大庄严经论》,大乘中观者龙树(Nāgārjuna)的《大智度论》,以见影响的一斑。

《大毗婆沙论》,编纂于西元二世纪中。所叙因缘与本传一致的,有补沙友——弗沙蜜多罗毁法缘(卷一二五);商诺迦入灭缘(卷一六);迦叶入灭缘(卷一三五);优波笈多降魔化佛缘(卷一三五);拘睒弥法灭缘(卷一八三)。

《分别功德论》，为大众部末派的论典。与本论一致的，有善觉比丘误入地狱缘；王弟修伽跖路七日作王缘（卷二）。

马鸣的《大庄严论》，也是二世纪的作品。引用本传的，有育王施半庵摩勒果缘（卷五）；优婆毱多降魔化佛缘（卷九）。马鸣引用《阿育王现报因缘品》的，有大臣耶赊卖人头缘（卷三）；育王宫女拨幕听法缘（卷五）；比丘口有香气缘（卷一〇）；夫妇自卖布施缘（卷一五）。

龙树的《大智度论》，是西元三世纪的作品，也曾引用本论。如王弟韦陀输七日作王缘（卷二〇）；阿输迦宿生施土缘（卷一二、三二）；如来游化北天竺缘（卷九）；迦叶入灭缘（卷三）等。现报因缘中的比丘口有香气缘，也见于《智论》。

本传为大陆佛教的早期传说，为声闻佛教、大乘佛教界的共同采用，极为明显。

三　编纂的时地考

一　本传为西元前的作品

育王及优波毱多的并世护法，为本传中心。阿育王——王统部分：一、如来授育王记；二、育王以前的王统；三、育王的光大佛教事业；四、育王卒；五、育王以后的王统，与弗沙蜜多罗（Puṣ-yamitra）的毁法。关于优波毱多——法统部分：一、如来授优波毱多记；二、毱多以前的法系；三、毱多的弘法事业；四、毱多付法入灭；五、未来三恶王毁法，与拘舍弥（Kauśāmbī）法灭的预言。

王系与法系,用同一的体裁来编写,以护持佛法为根本目的,以
毁法灭法的传说为警策。这一政治与宗教相协调的护法集,先
有事实而后有传说,有传说而后有编纂,传说是早于编纂而存在
的。本集的编纂时代,可依本集提到的两项史实来推定,即弗沙
蜜多罗的灭法,与三恶王的扰乱。

依印度史者考得:阿育王约死于西元前二三二年。到西元
前一八五年顷,孔雀(Maurya)王朝为弗沙蜜多罗所篡,创熏伽
(Śuṅga)王朝。西元前七二年,又由婆薮提婆(Vasudeva)篡立甘
婆(Kaṇva)王朝。到西元年前二八年,为安达罗(Andhra)王朝
所灭。《阿育王传》论到了弗沙蜜多罗的毁灭佛法,说到他的覆
亡。如晋译(卷三)说:

> "弗舍蜜哆便集四兵,向鸡头摩寺,欲坏寺门。……压
> 杀王及诸军众,此处即名为深藏。摩伽提王种,于是
> 即断。"

摩伽提,即摩竭陀(Magadha)。所以本传的编纂,必在熏伽
王朝或甘婆王朝灭亡以后。到这时,摩竭陀的王统才中断,这必
是西元前七二年以后的纂集。摩伽提,宋译作孔雀苗裔,梁译作
孔雀大姓。孔雀是阿育王王系;或者以弗沙蜜多为系出于育王,
所以说孔雀苗裔,然以晋译的意义为适当。

关于三恶王的预记,如晋译(卷五)说:

> "未来之世,当有三恶王出。……南方有王名释
> 拘,……西方有王名曰钵罗,……北方有王名阇无那,亦将
> 十万眷属,破坏僧坊塔寺,杀诸道人。东方当尔之时,诸非

人鬼神,亦苦恼人;劫盗等贼,亦甚众多;恶王亦种种谪罚
恐怖。"

三恶王的预言,佛典中记载得很多。这虽表现为预言的形
式,但不是预言,是编纂者目睹身经的事实。释拘,即赊迦(Sa-
ka)人,即汉书所说的塞种。钵罗,即波罗婆(Pahlava)人,是侵
入印度的安息(波斯)人。阎无那,即希腊人,印度称他为 Ya-
vana。三恶王的侵入印度,即赊迦人、希腊人、波罗婆人的侵入
西北印度所起的大扰乱。赊迦人在南、希腊人在北、安息人在西
的割据局势,可看出编纂者是在犍陀罗(Gandhāra)一带的。当
时的情势是这样的:赊迦人沿印度河(Sindhu River)的下流,向
东侵入。那时,先侵入北印的希腊人——犹塞德谟(Euthyde-
mos)王家,还保有五河(Panjāb)地方,而安息人活跃于高附河
(Kabul River)以西。这一占据三分的动乱局势,是西元前五〇
年左右的事。不久,局势变化:希腊人的统治,为赊迦与波罗婆
的合力所摧毁。到了西元五〇年顷,贵霜王朝的兵威,到达了高
附河流域。赊迦与波罗婆人在北印的权力,又迅速崩溃。本传
说三恶王的扰乱,说东方也混乱得很。希腊人的权力还在,而贵
霜王的兵威还没有来:这幅全印的政治地图,明显是西元前一世
纪末年的情况。三恶王的扰乱,摩伽提王种被灭绝,编入了本
传。编纂者正在怀念一阿育王那样的国运治平,佛教得到安定
开展的时代。但是局势太混乱,光明的希望,在印度一点也找不
到,佛教是到处遭受严重的损失。佛弟子这才唱出灭法的预言,
策励佛弟子的加深警觉。从这种政治局势而论,本传的编纂,必
在西元前一世纪末年。离阿育王的时代,约二百年。

二　本传编集于罽宾

本传所有的传说,是阿育王王系,优波毱多法系;是华氏城
(Pāṭaliputra)与摩偷罗的故事。但本传的编纂,应该是罽宾地
方的学者所编纂的。罽宾是摩偷罗优波毱多一系的发展区,是
譬喻师的活动重镇,这可以从本集的两项记载来证明。

一、说到如来预记优波毱多的广大教化以前,先提到如来游
化北方的行迹,如说:

"昔者,佛在乌苌国降阿波波龙,于罽宾国降化梵志
师,于乾陀卫国化真陀罗,于乾陀罗国降伏牛龙。"(晋
译一)

"佛临涅槃时,降伏阿波罗龙王,陶师,旃陀罗,瞿波黎
龙。"(宋译《杂含经》二三)

"世尊未涅槃时,有龙王名阿波罗啰,后有陶师,及旃
陀罗龙王,佛化是等。"(梁译二)

释迦如来的化迹,本不出恒河流域。然在佛教区的扩展中,
如来游化的圣迹也不断地扩大。如锡兰传说佛夫锡兰的圣迹,
北方佛教者也说佛游化到北方。本传只传说四处,龙树的《智
论》(卷九)也有说到,《根本说一切有部毗奈耶药事》(卷九),
佛游北天竺的地点,竟扩展到十四处,与望见二处。本传不说佛
到别处去,专说来北方,这暗示着编集者的环境与熟习的圣迹。
如上所引的,宋译与梁译,都没有列举地名。其中,第一,化阿波
波龙。《药事》说:

"世尊告金刚手药叉曰:汝可共我往北天竺,调伏阿钵
罗龙王。……诣无稻芊龙王宫。"

阿钵罗(Apalāla),意译即无稻芊。本传与《智论》,如来的
游化北天竺,首先降伏阿波罗龙。《药事》的调伏阿钵罗龙,虽
已是第五处,然这是游化北天的主要目的,还保留古典的遗痕。
《智论》说:月氏国化阿波罗龙。依《西域记》(卷三),阿波逻龙
泉,在乌仗那——乌苌(Udyāna),苏婆伐窣堵河(今 Swāt River)
的河源处。法显与宋云,也记有此事。

第二,化梵志师,宋译与梁译作陶师。《药事》说:及理逸多
(即颉利伐多)化陶师,是第九处。《智论》说:

"至罽宾隶跋陀仙人山,住虚空中,降此仙人。仙人
言:我乐住此中,愿佛与我佛发佛爪,起塔供养。塔于今
现存。"

及理逸多,即隶跋陀(Revata)。化梵志师,即化隶跋陀仙
人。梵志与仙人的传说相合。

第三,化真陀罗(Caṇḍāla),在乾陀卫,即犍陀罗,王城在现
在的白沙瓦(Peshāwar)。然《药事》说:这是增喜城——难提跋
檀那的事,是第十二处。如说:

"至增喜城,……调伏旃茶梨七子,并护池夜叉。"

第四,化牛龙,即瞿波罗龙(Gopāla),《伽蓝记》作瞿罗罗
鹿。这是有名的佛影洞,如《智论》说:

"月氏国西降女罗刹;佛在彼石窟中一宿,于今佛影

犹存。"

《观佛三昧经》(卷七)说降龙留影的地点,是:

"那乾诃罗国,古仙山,蔑卜华林,毒龙池侧,青莲华泉北罗刹穴中,阿那斯岩南。"

法显、宋云、玄奘所见的,都在那竭或那揭罗曷(Nagara-hāra),与《观佛三昧经》一致。《西域记》(卷三)说:佛影洞在城西南二十余里,所以应在今阇罗罗城(Jalālābad)附近。然本传说在乾陀罗,与化真陀罗的乾陀卫,是同一国名。这在《药事》,也说化旃荼罗七子与化龙(他不说是瞿波罗龙,说是马师、满宿二龙),都在增喜城。增喜城是有名的圣地,如《华严经》(卷四五)说:"增长欢喜城,有一住处,名尊者窟。"《孔雀王经》也有增喜城,在卢鹿迦(Rauruka)与滥波(Lampāka)间。此地,僧伽婆罗译作兴咎跋他那(Hingumardana);不空译作呬隅摧,与巴黎图书馆钞本的 Hingumardana 相合。梵本 Avadānakalpalatā 所说降伏瞿波龙的故事,也在兴渠末檀那。梵本《孔雀王经》作 Nandi-vardhana,即增喜,与义净的译为难提合。这样,增喜——难提跋檀那,或作兴渠跋檀那、兴渠木但那,及本传的乾陀罗,共有四名。然这确就是那揭罗曷,如说:

"北天竺有城,名兴渠末但那,彼得我牙,尊重供养。"(《大悲经》卷二)

"那揭罗曷,……城内有大窣堵波故基。闻诸先志曰:昔有佛齿,高旷严丽。今既无齿,唯余故基。"(《西

域记》卷二)

比对二文,《大悲经》的兴渠末檀那,即是那揭罗曷的异名。兴渠末檀那,或作兴渠跋檀那、难提跋檀那,都是那揭罗曷。而本传作乾陀罗,是指当时所属的国名。

本传所说的如来化迹,在须呵多河河源,在那揭罗曷,在罽宾的隶跋陀山。罽宾(Kaśpīra)与迦湿弥罗(Kaśmīra),虽为同一语言的转化;但古代的罽宾,决非指现在的喀什米尔(Kashmir)。如中国汉书所说的罽宾,指悬度以南地区。本传说摩田提(Madhyāntika)降伏罽宾的龙王。锡兰传说(《善见律》卷二):末阐提到罽宾化阿波楼罗龙王。阿波楼罗即阿波罗龙,这哪里是迦湿弥罗——喀什米尔的龙王?《药事》说:

> "此迦湿弥罗国境,我灭度百年中,当有苾刍弟子,彼苾刍当调伏虎噜荼(《杂事》卷四〇作'忽弄')毒龙。"

《根有律》所指的比丘,意指摩田提,然并不是本传及锡兰共传的罽宾阿波罗龙(这可见有部传说的转变)。锡兰传说:罽宾的夜叉槃度(Pañcika),与女夜叉诃黎帝耶(Hārītī),及五百子,也归依佛法。根有律的《杂事》(卷四〇)说:诃黎底药叉女,是犍陀罗药叉半支迦(即槃度)的妻子。《佛说孔雀王咒经》,也说:"般之介夜叉,住伽宾国。"所以依中国旧传,本传及锡兰的共同传说,无论罽宾的原语是 Kaspīra 或者 Kasmīra,都指悬度西南、犍陀罗以北一带。这一原语,被扩充而使用于犍陀罗——业波,业波罗;用于东邻的喀什米尔,用于西邻的迦毕试。罽宾的隶跋陀山,《药事》说在稻谷楼阁城(Koṣṭhā)——瞢揭厘(Maṅgali)与那揭罗曷间,这也可见不会是东面的喀什米尔的。总之,本传所说的如来圣迹,都在须呵多河与高附河流域,即古代所说的罽宾区。

二、阿育王设大会时,召请诸方的贤圣僧。除佛教共传的阿耨达池、香醉山等而外,有:

> "居住罽宾:昼夜无畏,摩诃婆那,离越诸圣。"(晋译卷一)

梁译说"于罽宾国处",可知罽宾为总名,离越等都是属于罽宾的。"昼夜无畏",宋译作多波婆,梁译作暗林,梵语为Tamasāvana。暗林本为森林地的通名,但这里所说的,是北印有名的圣地,《大毗婆沙论》(卷一一八)也曾说到。《西域记》(卷四)说:

> "至那仆底国,……大城东南行五百余里,至答秣苏伐那僧伽蓝(唐言暗林)。"

《药事》于游行北天竺的途中,首先即望见暗林说:

> "我灭度一百年后,当于此处造僧伽蓝毗卢诃,名曰暗林('多磨沙林')。"

《药事》与《西域记》所说的暗林,远在萨特里(Sutlej)河上游的南岸。赵宋译经师天息灾所属的"惹烂驮罗国密林寺",也即此处。但这与古传北印的暗林不合,如《大庄严经论》(卷四)说:弗羯罗卫(Puṣkarāvatī)画师,从石室国回家,路见昼暗山作大会,即将三十两金供僧。《智论》(卷一一)与《杂宝藏经》(卷四),都说到这一故事。弗羯罗卫,《智论》作弗迦罗,即《西域记》的布色羯罗伐底。石室,解说为怛叉始罗(Takṣaśīlā)的很多。如拘那罗(Kuṇāla)去怛叉始罗,《王子坏目因缘经》,即作石室。《智论》作多利陀罗,多字实为草书分(彡)字的讹写。考给孤独长者的爱女,远嫁多信尼乾外道的边国,或作富楼那跋陀那(Pūrṇavardhana),即满富城;或作分陀跋陀那(Puṇḍavardha-na)。本传的王弟因缘中,说尼乾子诽谤佛,也有弗那盘达,梁译作分那婆陀那。耆那教传说:犍陀罗国有城,名 Puṇḍavardhana。这可见分利陀罗——石室,即属于犍陀罗,在弗羯罗卫以东(《智论》)。月光王舍头本生,法显与玄奘所见,都在怛叉尸罗。而《月光菩萨经》说:"北印度有大城,名贤石,国王名月光。"贤石即分陀跋陀罗,也即一般译为石室的。石室与怛叉尸罗,为同一地点的古今名称不同。从石室回弗羯罗卫,路上经昼暗林,这必在犍陀罗东部,与后代的传说不同。"摩诃婆那",即宋译与梁译的大林。《西域记》(卷三)说:瞢揭厘城南二百里,有大林伽蓝。《大庄严论探源》,考为在今印度河西岸,阿多克城(At-tock)北。"离越"即离越多——隶跋陀山。《智论》(卷九)附注说:"此山下有离越寺。"《大庄严经论》(卷一五),也说到罽宾的离越寺。这样,暗林伽蓝、大林伽蓝、离越寺,都在罽宾——犍陀罗及西北地方,这是北方佛教的重镇!

如来游化的圣迹,贤圣众的住处,本传所说的,都在这高附河与须呵多河流域。所以本传编集的地点,必在这一区域无疑。

四 优婆毱多中心的法系

一 五师相承说

付法系统的五师相承,是中国旧有的传说,两晋时代已普遍流传。这一传说的最早记录,即是《阿育王传》。如晋译(卷六)说:

> "尊者(优波)毱多……语提多迦言:子! 佛以法付嘱迦叶,迦叶以法付嘱阿难,阿难以法付我和上商那和修,商那和修以法付我,我今以法付嘱于汝。"

晋译的传译虽早,西元二八一——三〇六,然古代的中国学者,不是直据原始传说,而是依据间接的后起的传说。如慧远(与慧观)的《禅经序》,依觉贤所译的《禅经》,列阿难到优波毱多——四师,说以后"有五部之异"。法显的《摩诃僧祇律私记》,依东晋失译的《舍利弗问经》,列迦叶到优波掘多——五师,说以后"律有五部名生"。这东晋时代的传说,与西晋旧译不同。

```
育王传 ——迦叶----阿难---┬-商那和修--优波毱多---提多迦
                       ┆
                       ┆    摩田地

禅经 ——————————— 阿难------末田地----舍那婆斯--优波掘多

舍利弗问经 —迦叶----阿难------ 末田地----舍那婆斯--优波掘多
```

商那和修即舍那婆斯。可见《禅经》与《舍利弗问经》,对于《育王传》中阿难弟子摩田提,忽略他与商那和修的同受付嘱,把他作为阿难与商那和修间的传法者,这是怎样的错误！梁译的《阿育王经》,也与《舍利弗问经》一样的误说。这一法系的变化,必是罽宾的禅者或律者,为了高推罽宾佛教的开创者——摩田提为传法中人,这才修改了《育王传》的旧说。然依《阿育王传》(及梁译)所说,阿难付嘱商那和修与摩田提,商那和修付嘱优婆毱多来说,晋译的旧有传说更为适当！

五师相承,罽宾有迦叶等传法说,优婆毱多与阿育王同时。锡兰也有五师相承说,五师是优波离(Upāli)、驮写拘(Dāsaka)、苏那拘(Sonaka)、悉伽婆(Siggava)、目犍连子帝须(Moggaliputta Tissa),帝须也与阿育王同时。从佛灭到阿育王,属于上座系的罽宾与锡兰佛教,同有这四师或五师相承说;即使锡兰旧有此说,都可相信为:佛灭到阿育王时,法系已经四传。至于所传的五师不同,那是法系各别,如迦叶等是经师与禅师,优波离等是律师。

从佛灭到孔雀王朝的阿育王间,有东方毗舍离(Vaiśālī)的七百结集,这是律家所传而为南北共信的史实。发起结集的是耶舍,是阿难弟子;唯《杂事》说是阿难的再传。罽宾所传的第三师商那和修,也是七百结集中的重要人物。《十诵律》作三菩伽(Sambhuka);《五分律》与《四分律》作三浮陀(Sambhūta);《善见律》也有这位大德,名娑那参复多(Sanasambhūta),都说是阿难的弟子。这样,七百结集中的大德,耶舍与商那和修为阿难弟子,是罽宾与锡兰所公认的。这该是确而可信的。初期的佛教史,应从南北共传中去整理。然有不可解的:第三师商那和修的时代,举行七百结集;锡兰也说这是第三师须那拘的时代。在七百结集的代表中,并没有须那拘的地位,只能说七百结集与须那拘的时代相当,或者说须那拘也是七百人中的一人。而《善见律》竟说:"第二,须那拘集众集出毗尼",将七百结集的重任,由须那拘主持。这不是传说的不同,而是锡兰传者高抬自宗的祖师,附合于古代的重要史实,以强调这一法系在初期佛教中的正统性而已。关于这,罽宾所传第三师商那和修为七百结集的代表,绝非锡兰传自称须那拘集毗尼可比!

罽宾传,商那和修传于优波毱多;锡兰传,须那拘再传到目犍连子帝须,即到了育王的时代。

二　育王时代的大德

教化育王的善觉比丘:感化育王的,本传三译,都作海比丘;《释迦谱》引《大阿育王经》,作海意比丘。海即经中常见的萨罗(Samudra,Samudda)。《分别功德论》说:阿难的弟子优多罗(Uttara),优多罗的弟子善觉老比丘,感化了育王。善觉(Samiddhi)与海,实为同人的异传。又《阿育王息坏目因缘经》说:当时的上座,为王子师长的,名善念,这也是善觉的别译。本传所说的海比丘,年仅十三岁,理应称为沙弥而三译都作比丘。我以为这本是老比丘或上座,所以说为沙弥,不过"沙弥虽小不可轻",形容佛法的伟大而已。善觉比丘,应确为阿育王时人。然阿育王是否因善觉而归依佛法,由于别有不同的传说,也还不能确定。

大天——摩诃提婆(Mahādeva):《大毗婆沙论》(卷九九)说:大天是波吒梨(华氏城)王时人。《善见律》(卷二)说:大天与育王同时,是王子摩哂陀(Mahinda)的阿阇黎,到摩醯沙漫陀罗(Mahisakamaṇḍala)的传教师。玄奘译《异部宗轮论》,说大天是育王时人,与《善见律》相合。在有部的传说中,大天是受到攻评的。大概有部与大天,有思想的不同,或教化权的争执。本传虽没有明说大天,但有与大天行径一致的三藏,如晋译(卷五)说:

> "南天竺有一男子,与他妇女交通。母语儿言:与他交通,是大恶法。……闻是语已,即杀其母。往至他家,求彼女人,竟不获得。心生厌恶,即便出家。不久,受持读诵三藏经,教习徒众,多诸弟子。将其徒众,至尊者邬多所。尊者知其犯于逆罪,竟不与语。"

西元二世纪编集的《大毗婆沙论》,即大为渲染,说大天与母私通,又杀父、杀母、杀阿罗汉,造三逆罪。优波邬多与大天同时,即为优婆邬多与育王同世的好论据。

罽宾的善见比丘:善见与优婆邬多同时,如晋译(卷六)说:

> "时罽宾国有一比丘,名曰善见,获世俗四禅。……善见大得利养,便起忄乔慢。……往诣尊者,求教授法。……尊者教授,便得罗汉。"

善见(Sudarśana)曾受优波邬多的教导,而有部后出的《根本说一切有部毗奈耶杂事》,胡扯乱说,杜撰付法七代的传说。七代是:

迦叶——阿难——奢搦迦——邬波笈多——地底迦(有

愧）——讫栗瑟那（黑色）——苏跌里舍耶（善见）

西藏多氏的《印度佛教史》，依据《杂事》，说七代付法，而年代依殑世弥陀罗跋陀罗的臆说。《杂事》的七代传法，为五百结集与七百结集间的联系，实不能不给以纠正。一、从迦叶到提多迦的传承，本为经师与禅师的法系；《杂事》编于结集间，不免混为律学的传统！二、从迦叶到地底迦，《杂事》所说的，与《阿育王传》一致，是采取《阿育王传》的。但变更了优波毱多与善见同时的传说。三、奢搦迦即商那和修，为七百结集的大德，而《杂事》却以为奢搦迦四传以后，才"至一百一十年后"，举行七百结集。四、由于第三师为奢搦迦，所以七百结集中，《杂事》改译名为善星。如善星即奢搦迦，是自相矛盾！如善星不是奢搦迦，那种改窜史实，与千百年来律家共传的历史相违反！五、《育王传》说佛灭百年后，优波毱多与育王同时。现在因杜撰七世相承，以为善见为佛灭百十年后，与阿育王同时，引起西藏的佛教史者、近代的梵文学者的大误会！他们根本没有了解《杂事》的来源。要知五百结集与七百结集，从摩得勒迦到广律的犍度，本没有说到中间的传承。罽宾旧传的《十诵律》，也如此。锡兰所传，还不致冲突。而《杂事》的扩编者自作聪明，不知第三师为七百结集时人，将五师传承说扩编为七世，这才造成初期佛教史的混乱！吕澂竟据《杂事》，以为优婆毱多与育王不同时，因而反证锡兰传的年代——阿育王登位于佛灭二百十八年——为合理，更为谬误！其实，《根有律》的后起与杂乱，是无可讳言的。如《药事》（卷九）以为：末田地那度优波毱多（"近密"）出家；而《杂事》又说邬波笈多从奢搦迦出家：前后的矛盾如此！至于讫栗瑟那（kṛṣṇa），依中国禅者的传说，出于婆须蜜（Vasumitra）——世友以后。《杂事》编为善见的师长，也不可信。

鸡园寺的上座夜舍：夜舍（Yeṣa），或译耶奢，是教化育王造塔的，劝育王迎请优波毱多的大德。锡兰的传说中，没有提到。七百结集的发起者，是迦兰陀子耶舍。或因此以为上座耶舍，并无其人，这不过是持律耶舍的误传。然耶舍不一定即是七百结集中的耶舍，释尊的时代，耶舍即不止一人。本传所说的上座耶舍，如没有确是七百结集大德的论证，即不能轻率地否认。考多氏《印度佛教史》（六·四）东方鸡园寺主耶舍陀婆阇（Yeṣadh-vaja），应阿育王召，到华氏城为王说法忏悔。又（四·二）说：郁多罗于央伽（Aṅga）教化，上首弟子为耶舍阿罗汉。阿罗汉耶舍，显然即是耶舍陀婆阇。东方的长老，到华氏城鸡头摩寺作上座，也极为近情。上面说：优多罗的弟子善觉老比丘，与育王同时。耶舍与善觉，同为优多罗弟子，同为阿育王时人。耶舍劝阿育王迎请优波毱多，是可以信受的，不能因名字与古人相同而怀疑他。

本传所说与优波毱多同时的大德，还有一切友等，但事迹都不可考。可考见的几位，都可以证明为阿育王时人，所以优波毱多与育王同时，应该是可信的！

三　优婆毱多与目犍连子帝须

罽宾传与锡兰传，都推尊自宗的大德，以为得到育王的尊敬，为当时佛教的师导。其实，育王礼敬的大德，何止这一二人！

崛多与帝须,大概都受育王的尊敬。《善见律》说:帝须住摩偷
罗的阿然河山(Ahogaṅgā),这是从前商那和修的住处。本传说:
优波崛多住摩偷罗的优留慢荼山(Urumaṇḍa)的那罗拔利伽蓝,
这也是商那和修的住处。摩偷罗并没有大山,山在城东五六里
(《西域记》卷四)。优留慢荼山,《药事》作乌卢门荼山,《杂事》
作牟论荼山。这与阿然河山,都是这一带的山名。可见优婆崛
多与帝须同为摩偷罗的大德,这里是西方上座系的重镇。

　　南北的传说,都多少有想像与夸张的成分。依本传说:优婆
崛多受阿育王礼请,沿恒河,到华氏城,为王说法,引导他参礼圣
迹。这虽是锡兰传所没有的,然依近代发见的铭刻,育王的参礼
圣迹,是千真万实的。如岚毗尼园(Lumbinī)石柱刻铭说:

　　　　"善见王即位二十年,因释迦牟尼佛诞生于是地,亲来
　　　敬礼。王命刻石。"

　　尊者与育王的关系,北方的佛教者还没有过分夸大。阿育
王与优波崛多同时,并不否认其他大德的法化。同样的,锡兰传
说:目犍连子帝须,因育王礼请,沿恒河到华氏城,受王敬礼。平
息了华氏城的净论,扩大布教运动。这虽是北方传说所没有的,
但也有事实的根据。如近代发见的比亥尔沙塔,记有"为雪山
边之阿阇梨迦叶昙";及肯壶上有"末示摩"名字,与锡兰传说
的传教师相合。然从批判的立场说:育王的参礼圣迹,确是崛多
所教导的吗?诸大德的弘化一方,确是帝须所推派的吗? 这是
无法证实的。但崛多的引导参礼,虽没有别的证明,也没有相反
的否定论据。而锡兰所传的,阿育王十七年,帝须主持第三结

集,推派布教师,实大有疑问。一般学者研究育王的摩崖石刻,
认为极迟在十二、三年,育王敕令国内归顺佛法,扩大佛法到邻
国;锡兰(赤铜鍱)即邻国之一。所以十七、八年的推派传教师,
与石刻相矛盾。《善见律》说:育王六年,帝须来参加育王大寺
的落成法会,劝摩哂陀出家。如这是可信的,必在育王的九年
(依石刻)信佛以后。《善见律》以为:帝须知道僧众要起诤论,
所以回摩偷罗去。从"七年不得说戒"来说,诤事应起于十一
年。这是不近情的! 七年不说戒,如首都的佛教如此,怎样的领
导诸方! 如帝须度摩哂陀出家,受到王家的尊敬,实没有再回摩
偷罗的必要。从帝须的被请东下说,与优波毱多的传说完全一
致,这不过是本传优波毱多故事的再版。育王时代的佛教诤论
是另有问题的,决不如锡兰传说的那样。

四　华氏城的诤论与部派分化

先论优波毱多以后的五部分流:这一传说,对于优波毱多与
育王同时,是一有力的论据。西元七世纪末的唐义净,以为印度
并没有五部说(《南海寄归传》卷一),这犯有以今为古的大错
误。不知五部的传说,最早见于吴支谦(二三〇顷作)的《法句
经序》:

> "五部沙门,各自钞众经中四句六句之偈,……故曰
> 法句。"

到东晋的时代(五世纪初),慧远的《禅经序》,法显的《僧祇
律私记》,都说到优波毱多以后,有五部的别异。这一传说,出

于东晋失译的《舍利弗问经》，与（误作安世高译）失译的《大比
丘三千威仪》（隋译的《佛本行集经》，也有）。这是古传的五部
说，五部是：摩诃僧祇（Mahāsāṃghika），昙无屈多迦（Dharma-
guptaka），萨婆多（Sarvāstivādin），迦叶维（Kāśyapīya），弥沙塞
（Mahīśāsaka）。同时，凉昙无谶译的《大集经》，以摩诃僧祇为五
部以外的，加一婆粗富罗（犊子，Vātsīputrīya）。稍迟，僧祐的《萨
婆多师资传》以五部为从萨婆多所分出的，所以也加上犊子。
不知五部分流时，犊子部还没有成立呢！这五部分流的传说，与
《善见律》所传的布教师的分化一方，显然有密切的关系：

末阐提	罽宾、犍陀罗
摩诃提婆	摩醯娑漫陀罗
勒弃多	婆那婆私
昙无德	阿波兰多迦
摩诃昙无德	摩诃勒咤
摩诃勒弃多	臾那世界
迦叶等	雪山边
须那等	金地
摩哂陀等	师子国

　　阿育王的时代，本已有三系：大众系，分别说系，一切有（实
为后来一切有、犊子、经量等的母部）系。由于诸师的分化，特
别是分别说系的分化，成为一时盛行的五部。如昙无德，即昙无
屈多迦，成为《四分律》的法藏部。迦叶波，即迦叶维，成为《解
脱律》的饮光部。弥沙塞，为分别说系分化了的母部，即成为
《五分律》的化地部。分别说系中分化到师子国的，即成为《善

见律》的铜镍部(红衣部)。分别说系分化为四部,但铜镍部远
在海南,不被大陆佛教所重视。分别说系的三部,加上摩诃提婆
(大天,分化到南方,其后流出别部)的大众系,末阐提的说一切
有部,即为一时盛行的五部。向来说:从迦叶到优婆毱多,佛法
一味,这是不可信的。说优婆毱多以后成为五部,却是事实。这
与育王时代的传教师有关,证明了优婆毱多与阿育王同时的
正确。

诸大德的分化一方,与阿育王的弘传正法有关,未必是帝须
的意见。但当时的分别说系——帝须派,似乎占有优势。如传
教师中的昙无德、迦叶波、摩哂陀,都是属于分别说系的。在后
代的传说中,分化一方的大德,每被推尊为一方佛教的开创者。
然昙无德教化的阿波兰多迦(即阿槃提),迦叶波教化的雪山边
(即苏摩),释迦的时代,早就有佛法了。育王时代的布教师,重
于恒河流域以外的南印、北印,与印度以外;或没有佛法,或有而
不盛的地方。依于分化一方的原因,受地域文化、师承差别的影
响,发展为更多的学派。育王时布教师分化一方;等到五部盛
行,那是阿育王、优婆毱多以后的事了。

再论育王时代华氏城的诤论:本传除了暗示不愿与大天谈
话而外,没有提到什么。但一切有系的论师,如前一世纪的世友
《异部宗轮论》,二世纪迦湿弥罗论师的《毗婆沙论》,都说到因
大天而起的诤论。依锡兰的《岛史》、《大史》说:从佛灭百年到
二百年,僧伽分裂为十八部。如阿育王为佛灭二百余年人,即与
事实不符。十八部的分化完成,决不能在阿育王以前的。锡兰
《菩提史》说:阿育王时,有以外道说羼入佛法的,因此又分西

山、东山住等六部。梁真谛从海道来，所以也有这一传说。但这与贼住比丘有关，是大众系末派的分化，而不是阿育王时代的事！

北方的传说，主要是世友论。传为罗什初译的名《十八部论》说：

> "佛灭度后百十六年，城名巴连弗，时阿育王王阎浮提，匡于天下。"

百十六年，奘译作百有余年。所论的学派分裂，与锡兰所传育王时代的事情相关的，有二：一、阿育王时，大众分散为三（或四），净论五事，分为大众与上座二部。二、佛灭二百年中（满），支提山（Caitya）的大天众起净，再论五事，又分出三（或二）部。阿育王时的分散为三，如《十八部论》说：

> "尔时，大僧别部异法，时有比丘，一名能（能是草书龙字的讹误，即奘译的龙象众），二名因缘，三名多闻，说有五处以教众生。……始生二部：一谓摩诃僧祇，二谓他鞞罗。"

真谛与玄奘译，都说"破散大众，凡有四众"（加大德众）。调伏天以后期的声闻佛教四大派——大众、一切有、犊子、上座去解说它；窥基的《宗轮论述记》，也有类似的意见。《十八部论》的三比丘，即三比丘众（三系）。犊子系（正量）有一传说，与本论非常类似，如毗跋耶（Bhavya）《异部精释》所传说：

> "世尊无余涅槃后，百三十七年，经难陀王与摩诃钵土

摩王,于波吒厘子城集诸圣众。……天魔跋陀罗,住僧中,
有一切不相应之见。现诸神通,以根本五事,僧伽起大诤
论。上座龙与坚意等,宣传五事。……佛教分裂为二,名上
座与大众。如是,凡六十三年间诤论。……犊子比丘出而
息诤。"

这一传说,如佛灭百三十七年(百十六年加育王十七年,即
大体相近),华氏城有五事诤论,其中有龙比丘,与世友论相合。
传说诤论起于百三十七年,经六十三年,才由犊子比丘集众息
诤。这可解说为:到二百年,犊子比丘系独立成部,确定了五事
的非法(这是犊子系的见解)。这与世友论的犊子部出于佛灭
三百年中,也大致相合。佛灭百余年,华氏城有龙比丘等诤论五
事,这是有部与犊子部(当时二部还没有分化)共有的传说。但
犊子系所传的其他事情,即异常错乱。华氏城的难陀王(Nan-
da),犹塞德谟王家的弥棱陀王(Milinda),或弥难陀(Minan-
dra),时有混杂。《杂宝藏经》"难陀王与那伽斯那共论缘",即
误称弥难陀为难陀。弥难陀王时,有那伽斯那(Nāgasena)——
龙军比丘;而犊子系的学者,误以为华氏城五事诤论中的龙比丘
(Nāga)为龙军,这才定说是难陀王时。犊子系的传说,虽杂入
错乱的成分,然与世友论的传说,有同一的依据,还是明显的
事实。

龙等三比丘的共诤,依真谛、玄奘译,这到底是三比丘
众——龙象众、因缘众、多闻众的意思。三众共诤的结果,分为
二部(犊子系也如此说)。然二部的开始分化,还在阿育王以前
的七百结集。当时,西方系得到胜利,东方系承认西方说的正

确,回复形式上的和合(律家所传如此)。然二部的分化,还是
一天天地显著起来。恒河下流的东方系,如华氏城、毗舍离、央
伽,都是大众系的化区;而西方上座系,以恒河上流的摩偷罗为
中心;拘舍弥、舍卫、阿槃提等,也是属于西方的。到阿育王时,
上座系中目犍连子帝须与随顺他的学者,大量到达当时的首都
华氏城。帝须自称为分别说者(Vibhajyavādin)。分别说系的大
德,如帝须为王子摩哂陀和尚,昙无德为王弟帝须(Tissa)的和
尚,虽不一定可信,然可见当时分别说者地位的优越。如大众部
所传的部派说:佛法初分为二部;上座系中,次分为分别说、一切
有,与大众合为三部。这三部说,合于当时的事实,这即是世友
论三比丘众的意义。由于后代四大派的兴起,这才被修改为
"四众"。育王时代的三众共诤五事,世友离阿育王不远,必有
旧说的根据。共诤的结果,分为二部,是二部的明显对立。分别
说系,取折衷调和的形式,与大众系的大天合作。严守西方传统
的说一切有(实还是有部与犊子部未分以前的母体),有的不愉
快地离开了华氏城。如《大毗婆沙论》(卷九九)说:

> "十五日夜布洒他时,次当大天升座说戒,彼便自诵所
> 造伽陀(五事)。……于是竟夜斗诤纷然,乃至终朝朋党转
> 盛。……王闻,自出诣僧伽蓝。……大天白王:戒经中说:
> 若欲灭诤,依多人语。王遂令僧两朋各住。贤圣朋内,耆年
> 虽多而僧数少;大天朋内,耆年虽少而僧数多。王遂从多,
> 依大天众,诃伏余众。……时诸贤圣,知众乖违,便舍
> 鸡园。"

　　五事的诤论,因大天而起。严守西方传统的学者,不能抗拒多数的东方系;公决的结果,是失败了。这才《婆沙论》等极力地丑诋大天。帝须等分别说系与大天合作,所以《婆沙论》不满"分别论者"。甚至凡是上座系中而与有部——阿毗达磨者立异的,都称为分别论者。分别论者——毗婆阇婆提,被看作一切不正分别的通名。总之,育王的时代,不是二部初分,是二部分裂的明朗化;三系的形式,事实上已经存在。等到传教师的分化,即到达五部盛行的时代。

　　锡兰的传说,着重于贼住比丘,说七年不能说戒;由育王迎帝须来息诤,称为第三结集。这是北方传说所没有的。帝须系与第二结集毫无关系,还被写为"须那拘集众集毗尼"。这但是赤铜鍱者一家的传说,到底有多少事实根据!帝须们折衷东西的态度,与东方系合作,西方系是这样的失败了。如诤论为育王十七年,那么大众与分别说系的再分派(世友论所说化地、法藏等分派时代,不合),约为育王晚年。部派分裂的迅速与繁多,即是大众与分别说者在当时顺利环境中的扩展成果。世友论说:

　　　　"二百年中,摩诃提婆外道出家,住支提山。于摩诃僧祇部中,复建立三部:一名支提加,二名佛婆罗,三名郁多罗施罗。"(《十八部论》)

　　　　"二百年满时,有一出家外道,舍邪归正,亦名大天。大众部中出家受具,多闻精进,居制多山。与彼部僧重详五事,因兹乖诤,分为三部:一、制多山部,二、西山住部,三、东山住部。"(《异部宗轮论》)

世友论所说,与锡兰《菩提史》所说相近。但世友论三译,关于三众共净,译文略有出入:

罗什译　育王时代　三众共净五事
　　　　二百年中　外道大天出家分出三部
真谛译　育王时代　四众共净外道五因缘
　　　　二百年满　外道大天出家重净五事分二部
玄奘译　育王时代　四众共净大天五事
　　　　二百年满　外道大天出家重净五事分三部

育王时代的净论,什译与真谛译,并不明说大天;真谛译说"外道五因缘";玄奘依《婆沙论》,补译为大天五事,大天实就是外道出家的大天。由于《婆沙论》说:大天是商主儿,所以玄奘所传,误分为"舶主儿大天"与"贼住大天"。阿育王与优婆毱多的时代,依《善见律》、《婆沙论》及《阿育王传》,可以确信当时有这一位大德——大天,布教于摩醯沙漫荼罗。二百年满的净论,实是大天教化区中的分派,也就是大天系徒众间(也许大天当时还在世)的自相净论。"五事",是他们共信的教条。《西域记》(卷一〇)说:

> "驮那羯磔迦国……(都)城东据山,有弗婆势罗(唐言东山)僧伽蓝。城西据山,有阿伐罗势罗(唐言西山)僧伽蓝。"

这即是古代东山住部、西山住部的道场。驮那羯磔迦(Dhānyakaṭaka)在羁尸河(Kistna)南岸。佛教的遗迹,现在还有遗存的。这里的学派分化(锡兰传称为安达罗学派),即大天的学众。"外道出家"，即《菩提史》所说以外道义杂入佛法的意义。《善见律》说：育王时代的贼住外道起诤；真谛传因贼住比丘起诤，虽大量沙汰，还有一分有智慧的，竟无法论定他是否外道，所以另外造寺安住，成为别部。这是同一事实的传说，实是大天所化的徒裔。而《善见律》等误作阿育王时，这才编出帝须息诤，第三结集的臆说！

五　摩田提与摩哂陀

　　育王时代的传教师，影响于后代最大的，要算去锡兰的摩哂陀、去罽宾的摩田提。摩田提被传说为阿难弟子，由于《育王传》的一再传译，成为中国佛教界熟悉的大师。锡兰传说：摩哂陀是阿育王的儿子，传佛法去锡兰，在一切传教师中，似乎与阿育王有特殊的深切关系。但摩哂陀的传教锡兰，在汉译的佛教典籍中几乎没有论到。特别是阿育王后二百年编成的《阿育王传》，对育王的父母兄弟妻儿，都有说到，却没有摩哂陀的名字。唯一见于中国译典（除《善见律》）的，有《分别功德论》。论（上）说：

　　　　"阿难将欲涅槃时，……以神力制船令住中流。时度弟子，一名摩禅提，一名摩呻提。告摩禅提：汝至罽宾，兴显佛法，彼土未有佛法，好令流布。告摩呻提曰：汝至师子诸国，兴隆佛法。"

　　《分别功德论》以摩呻提——摩哂陀为阿难弟子，显然有参考《阿育王传》的形迹。中国学者中，如初期的法显，晚期的义

净,留住锡兰多年。但对于阿育王子摩哂陀的传教锡兰,都没有
注意到。玄奘在南印,访问从锡兰回来的大德,对于摩哂陀的事
迹,也说得与锡兰传不同。如《西域记》(卷一一)说:

> "佛去世后第一百年,无忧王弟摩醯因陀罗,舍离爱
> 欲,志求圣果,得六神通,具八解脱。足步虚空,来游此国,
> 弘宣正法,流布遗教。"

这些,可以看出印度的佛教界,对于锡兰佛教的摩哂陀,是
怎样的漠视与生疏。觉音(Buddhaghoṣa)以前的锡兰佛教,一切
在传说中。摩哂陀南传佛教的情形,不为印度大陆佛教所重视,
而觉音所整理完成的,又那样的重视摩哂陀而抹杀一切! 锡兰
的佛教,在中印的交通中,目见耳闻,实在是大小显密,无一不弘
通,决不像现在一般的锡兰佛教所说。锡兰传说的——育王时
代前后的佛教史,到觉音前后,如《岛史》、《善见律》,才逐渐明
确地完成。据我所知,南北共有或多少变形的传说,实受本
传——《育王传》的影响。所以摩哂陀的身份,应出以保留的
态度。

西元七世纪,玄奘得来的传说,传佛法去锡兰的,是土弟摩
醯因陀罗(Mahendra,唐言大帝)。这当然即是摩哂陀,为梵语
与巴利语的差别。摩哂陀不为大陆佛教所重视,等于不知道。
偶然的传说:或模仿本传的末阐提,而说他是阿难弟子(《分别
功德论》);或参考本传,而说是阿育王弟(晋译王弟宿大哆,也
就是因陀罗的异传)。而锡兰的传说,又那样的富于排他性。
所以摩哂陀的有否此人,也大有可疑。原来,摩醯因陀罗在印度

的传说中,为锡兰的山名。今举《正法念处经》与烈维(Sylvain
Lévi)的考证于此:

> "有一渚,纵广五百由旬,有诸罗刹,住在其中。……
> 过罗刹渚,有一大山,名摩醯陀(与摩哂陀合。下文又作摩
> 醯陀罗,对比《罗摩衍那》,即摩醯因陀罗)。……于阎浮提
> 六斋之日,四天王天,住此山上,观阎浮提。……四天王天
> 至帝释所,白如是言……"(经)

> "据史颂(丙乙本),此岛唯有一百由旬,诸罗刹及其王
> 罗婆那之所居。……摩醯因陀罗山,必为锡兰岛中央之高
> 峰,今名亚当峰(Adam)者是。据史颂(乙丙本),猴使贺奴
> 末(Hanumat)置跳板于摩醯因陀罗山上,由大陆一跃而至
> 楞迦。……史颂唯说:因陀罗(即佛教的帝释)于六斋之
> 日,常至此山,未言其原因也。而念处经乃以帝释受天使之
> 报告。"(考证)

山名摩醯因陀罗,显然依因陀罗得名(也许山名与因陀罗
同,才附会于因陀罗天神的故事),为锡兰的神山,而为锡兰人
所崇敬的。摩醯因陀罗山,初见于罗摩的传说。从大陆一跳而
登楞伽后如佛游锡兰而留足迹的传说,摩哂陀飞腾虚空,天帝释
随从(《善见毗婆沙》二)而入锡兰说,甚至佛入楞伽而化罗婆那
王说,都受着这一神话的影响。摩醯因陀罗即摩哂陀,可能为帝
释天的人化。如北方传离越山有离越仙人,其后建离越寺,或者
即传说为罽宾有离越阿罗汉。这在宗教的传说中,尽多实例。
摩哂陀,可能为锡兰——从印度传去的因陀罗天的人化,受到一

般的尊敬,佛弟子即推为佛教传入锡兰的大德。育王时代有遣
使弘法说,这才以摩醯因陀罗为育王的胞弟或亲子(锡兰传说
的确定,也不会早)。这种看法,也许使锡兰佛教界太为难了!
然而,他的真实性与可能性,也许比锡兰所传的摩哂陀还大! 但
这并不否认阿育王时代,佛法开始传入锡兰,及属于分别说系。
事实上,当时的佛法,还在口口相传中。如锡兰所有的三藏圣
典,哪里是一人传承得了(也不会一时传入,参照其他佛教国的
传入史,即可明白)! 这实是目犍连子帝须系的学者们,经一期
努力而得的业绩。总之,摩哂陀的身份,有加以保留而出于审慎
研讨的必要!

《善见律》说摩田提是育王时代的大德,布教于罽宾、犍陀
罗吒。弘化罽宾,与本传所说的相合。《毗婆沙论》(卷九九)
说:阿育王时,由于育王的信从大天,呵伏贤圣僧,所以都西行到
迦湿弥罗。这一传说,与摩田提的开化罽宾,恒河上流的佛教发
展到罽宾,显然为同一事实(传说末田地立五百伽蓝,育王为僧
众立五百伽蓝,也可见一致)。所以摩田提为阿育王时人,是很
可信的。

那么,本传为什么说摩田提是阿难弟子? 本传为罽宾学者
所编的,已如上说。编集的是阿育王王统,优婆毱多法统,阿育
王与优婆毱多为中心的护法史。这一法统,如晋译(卷五)所
说:迦叶、阿难、商那和修、优婆毱多、提多迦,本没有说到摩田
提。从法统的到提多迦为止,可见五师相承的定说离提多迦的
时代不远,还是上座系以摩偷罗为中心的时代。罽宾学者确是
渊源于这一系的。在三恶王的扰攘中,热望有护法者如阿育王

那样的再来。《阿育王传》的编纂,目的不外乎如此。这是罽宾学者所编的,所以对开创罽宾佛教的摩田提,有意地附入法统中。摩田提虽传说受阿难的付嘱,而摩田提并没有付嘱后人。在诸师相承中,摩田提为旁附的,还是很明白的(后来罽宾学者,以摩田地介入于阿难与商那和修间,错误才大了)。摩田提的师承,本来不明(据真谛所传《佛性论》,摩田提是佛世比丘;迦叶结集时,嘱他护持佛法)。他所以被编为阿难弟子,一、由于名字的关系:摩田提,是"水中"的意思。传说阿难的入灭,在恒河中流;摩田提(水中)因此被传说为阿难在恒河中流所度的弟子。二、说摩田提是雪山的外道出家,是阿难临入灭时所度。这与佛度须跋陀罗(Subhadra)极为相类,显为模仿的传说。摩田提编为阿难的弟子,其理由不外乎如此。

　　摩田提的开化罽宾,依《善见律》说,本不指迦湿弥罗(喀什弥尔)。降伏阿波罗龙王,只是说明了罽宾人尊崇的神祇成为佛教的护法者。本传所说,与《善见律》大致相近。如商那和修的降伏优留漫荼山的龙王一样(本传四),并无特殊意义。但摩田提的降龙故事,被误会为降伏迦湿弥罗的忽弄龙(《杂事》卷四〇)。迦湿弥罗旧有这样的传说:迦湿弥罗,本为 Sati Saras 湖;由于梵天使毗湿纽(Viṣṇu)与婆罗跋陀罗(Balabhadra),刺山而使湖水干涸,成为平地。这个神话,与摩田提开化罽宾、降伏龙王的传说相结合,这才化为摩田地向龙索地,"龙王于是缩水奉施"(《西域记》卷三)。摩田提不但为罽宾佛教的弘化者,竟成为使迦湿弥罗从大湖而成为平地,且成为移民事业的推行者了(多氏《佛教史》三·一)。本传串插进去的摩田提的传说,应另为处理,勿使紊乱初期佛教的师承事实!

五　阿育王中心的王系

一　泛说印度王系

关于王统,宋译与梁译,只说到旃那罗笈多(Candragupta)、频头沙罗(Bindusāra),阿输柯(Aśoka);这是印度史上著名的时代,与锡兰及印度所传的王统相合。安法钦的晋译(卷一)这样说:

> "频头(婆)沙罗王子名阿阇世,阿阇世子名优陀那跋陀罗,优陀那跋陀罗子名文茶,文茶子名乌耳,乌耳子名莎破罗,莎破罗子名兜罗贵,兜罗贵子名莎诃蔓茶罗,莎诃蔓茶罗子名波斯匿,波斯匿子名难陀,难陀子名频头沙罗。"

现存的梵本《阿育譬喻集》(Aśokāvadāna)所说的王系,与晋译相同,仅名字小异。如优陀那跋陀罗作 Udāyibhadra(优陀耶跋陀罗),乌耳作 kākavarṇā(迦迦婆罗那),莎破罗作 Sahalī(莎诃罗),莎诃蔓陀罗作 Mahāmaṇḍala(摩诃曼陀罗)。安法钦所传的王统,为印度旧有的传说,但宋、梁二译都缺。所以这不能确定为《阿育王传》的原本如此,仅可说梵本有此不同(梵本是常有不同的)。旃陀罗笈多以前,当然是还有王统的。或者采用印度的某一传说,使与佛世的王统相衔接,用意并无不合,问题在传说的是否正确。从阿阇世王到难陀王,佛教的传说,《古事集》的传说,又多而出入又大。安法钦所有的特殊部分,与锡兰的传说也不一致。正确而众说一致的,还只是从旃陀罗笈多到阿育王——三世。

从佛灭到阿育王灌顶,锡兰的传说,是二百十八年满。或说:二百十八年满,已是二百十九年了。王统的相承,如梁译《善见律》(卷二)说:

> "佛涅槃后,阿㝹楼陀王、闵蹰王在位各八年;那迦逮婆(娑?)迦作王十四年;修修佛那迦作王十八年;其儿代名阿育,作王二十八年;阿育有十儿,并登为王二十二年;次玖难陀代作王,二十二年;复有旃陀掘多作王二十四年;宾头沙罗王代在位二十八年。阿育王代位已十八年,摩哂陀到师子洲中。"

阿育王灌顶时,锡兰传说为佛灭二百十八年满。汉译的《善见律》,略有错脱处。汉译所没有译出的,据巴利《善见律》说:佛灭于阿阇世王八年,三十二年卒,为佛灭后二十四年;郁陀耶跋陀罗王十六年。汉译所译误(也许是传写的笔误)的,阿㝹楼陀(Anuruddha)与闵蹰王(Muṇḍa)合八年,误作各八年。那迦逮婆迦王二十四年,误作十四年。此外,育王灌顶前自立争位四年,即为恰合二百十八年的王统编年。缅甸所传的也是二百十八年说,但王统的年代,颇有出入。

本传说:阿育王出于"佛灭百年之后"。如依世友论而肯定为百十六年,即与锡兰的传说,相差约一百年。这一时代的印度王统,除孔雀王朝三世外,见于《阿含经》的有三:一、阿阇世王。

二、阿阇世王子优婆陀延或优婆延(《长阿含经》卷二七)：巴利语作 Udaya，即本传晋译的优陀那（耶?）跋陀罗。三、文荼王(《增一阿含经》卷二四)：巴利语作 Muṇḍa，即梁译的闵蹰。此外，见于传记的，有难陀王 Nanda，即《善见律》的难陀。中国旧来所传，除《善见律》与晋译本传外，百余年间的印度王统，没有详备的传述。

二　二百十八年说的检讨

一般人同情于锡兰的传说，是不无理由的。一、因为——由欧人创导，不曾留心华文教典，先入为主地引起执著。二、锡兰对于二百十八年的传说，从印度王统、锡兰王统、五师传承——三方面，确乎编排得活像事实。三、由于近代考证所得的，旃陀罗与阿育王间的年代，与锡兰传部分相合。四、由于众圣点记的方法——按年下一点，使人信以为真。然而，二百十八年说，与百十六年说一样，也不过是传说而已。这不妨从三方面去推究。

一、印度王统的二百十八年说：印度所传的王统谱牒，是非常杂乱的！对《善见律》所传的，也就不能不出于审慎的态度。锡兰所传二百十八年的王统，我们并没有　部精确可信的王统编年，可以证实它的错误。但由于锡兰王统、五师传承的编年，充分暴露了它的伪妄面目，所以同为证明二百十八年说的印度王统，也就不敢轻信。参酌其他的王统传说，即发见可疑处不少。(一)《善见律》的那迦逮婆（应为娑之误）迦，即《古事集》的陀娑迦（Darśaka）也是阇王的儿子。《善见律》编于——与阇王相隔三王的闵蹰王下，晋译《阿育王传》缺。优陀耶王（或说

是阇王的孙子)以下,传说为"篡弑相寻",都为弟兄伯叔间的相
互废立。(二)《善见律》的修修(佛)那迦(Susunāga),《阿育王
譬喻集》缺。传为废君自立,创立悉苏那伽王朝,定都旧王舍城
的名王。然悉苏那伽王朝,实创立于频婆娑罗王(Bimbisāra)以
前,频王为第四世。从定都旧王舍城说,恰好证明了这还是以王
舍城为首都的时代。考《中阿含经》(卷一一),又《铜鍱律·大
品》,称频王为"洗尼频婆沙罗"。洗尼(Seṇiya)即悉苏那伽的音
转。所以《善见律》的修修那迦王,是编排谱牒者,误以频王前
的古王,错编于闵蹰王后。《古事集》即是编列于频王之前的。
(三)《善见律》的(迦罗)阿育,与《古事集》的迦迦婆罗那
(Kākavarṇā)相当;音转而简为迦罗(kāla),即晋译的乌耳,意义
为"黑"。锡兰传说为迦罗输柯(kālasoka);《善见律》的译者,直
译之为阿育(阿输柯)。"输柯",是锡兰传所特有的。本传说:
阿育王早年暴虐,人都称他为恶阿育——旃陀罗阿育;信佛以
后,仁民爱物,人又称他为法阿育。这是印度的旧说;西元前后
的《阿育王传》编纂者,把他编入传中。这一大陆佛教的一般传
说,觉音从大陆去锡兰,是会知道这些的。觉音他们——印度王
统的编年者,大抵由于二百十八年说的传说,与大陆所传百余年
说不合,恰好旧有恶阿育与法阿育的传说,而迦罗的意义是黑,
可解说为恶;这才称迦罗(迦迦婆罗那)为迦罗输柯。以为:这
是百余年的阿育;护法的阿育,实登位于佛灭二百十九年。二阿
育的传说,尤其是指向来所传的——百余年的护法阿育为迦罗
输柯,造成印度王统编年的无边纠葛。(四)《善见律》说:迦罗
输柯后,有十儿并立,凡二十二年;其后有玖难陀王,也是二十二

年。据《古事集》说：篡杀悉苏那伽王朝末主的，名摩诃波头摩
（Mahāpadma），即晋译的摩诃曼陀罗（Mahāmaṇḍala）。拔那（Ba-
na）说：迦迦婆罗那，于都城附近被袭杀。袭杀迦迦婆罗那的，应
即科尔提（Curtius）所说的 Agrammes。科尔提说：Agrammes 原为
贫贱的理发师，因见宠王后，所以弄权篡位。Agrammes，又作
Xandrames，Gandaridae。这位篡灭悉苏那伽朝的难陀王（Nan-
da），传说中名字的变化极大。然传说为"九难陀"，晋译的摩诃
曼陀罗、波斯匿、难陀，及多氏《印度佛教史》的毗罗斯那、难陀、
摩诃波头摩，大抵都属于九难陀王的一王。

今综《古事集》、拔那、科尔提等传说，认为：迦迦婆罗那是
被袭杀的；他应为与难陀王朝相衔接。阿育十儿并立的二十二
年，在历代王统编年中，实属不当。十儿的称王是可能的；王朝
被难陀王所篡窃，仍不妨占有少数城邑，延续残破偏安的旧统。
王统谱牒，本是一朝朝独立的；先后代兴的王朝，每同时存在。
举中国史为例：陈武帝篡梁，萧詧还维持他的旧统，与陈代的灭
亡，相隔仅有一年。又如元明之间，明清之间，新朝已建立，残破
的旧朝还延续许多年。如联合不同王统的编年，忽略这种事实，
错误可大了！对于印度古代史，我们没有充分知识，不能作肯定
说。然对于不同王朝的衔接处，认为应特别注意！十儿二十二
年，难陀王也恰好二十二年，这不能看作偶然吧！依多氏《印度
佛教史》的叙述，相信迦罗诸儿维持残余的王统，与难陀王朝同
为新兴的孔雀王朝所灭亡。此外，锡兰传佛灭于阿阇世王八年，
而阇王卒于佛灭二十四年；在《古事集》中，却有阇王在位十八
年的传说（卒于佛灭十年）。又频头沙罗王，《善见律》说在位二

十八年,《古事集》说是二十五年。总之,锡兰所传的印度王统编年,值得怀疑处不少!

耆那教所传,王统的年代较长。然一致说,难陀王朝即位于大雄(Mahāvīra)涅槃后六十年。即依近代学者所说,大雄比佛迟十年入灭,那难陀王朝的成立,也不过佛灭七十年而已。然佛教传说,大雄死于佛陀涅槃以前,所以从佛灭到难陀王朝的成立,大约为六十年左右。难陀王朝二十二年,再加旃陀罗笈多及频头沙罗,也不过一百二十多年。

由于亚历山大的侵入印度,阿育王摩崖石刻的发见,孔雀王朝的——旃陀罗笈多登位与阿育王灌顶——年代,总算大致确定。然旃王以前,阿阇世王以后,一切还在不同的传说中。一般学者,为西元四、五世纪所编定的锡兰文献所蔽,大抵曲附二百十八年说来解说印度王统,以护法的阿育王出佛灭百余年为不可能。其实,如上来的检讨,悉苏那伽为古王的误编;迦罗十儿的部分据立,不应列于难陀王前;又参以传说在位年代的不同,百余年说是尽有可能的。我们必须记着:二百十八年说,确为一古老传说;而锡兰传的印度王统编年,实与锡兰王统、五师传承的编年一样,都是为了证实这一传说而任意编纂成的!

二、锡兰王统的二百十八年说:锡兰所编的印度王统编年,如不经考诘,可能信以为真。等到配合锡兰的王统,那种任意编排的作风,即完全暴露。照《善见律》所说,列表如下:

印　　度	锡　　兰
阿阇世王八年	师子洲童子立

	毗阇耶成立国家
郁陀耶跋陀罗十四年	毗阇耶卒
十五年	半头婆修提婆立
那迦逐(逮之误)写迦二十年	半头婆修提婆卒
	阿婆耶立
修修(佛)那迦十七年	阿婆耶二十年失位
	婆君荼迦婆耶篡立
迦罗阿育十六年	婆君荼迦婆耶十八年
旃陀掘多十四年	婆君荼迦婆耶卒
	闻荼私婆立
阿育王十七年	闻荼私婆卒

《善见律》所说的锡兰王统,除枝节的错失外,最少有三大不可信。师子洲童子,依《西域记》(卷一一),不过一神话人物,不可信一。传说佛灭那年,恰巧是锡兰立国的年代,不可信二。迦罗阿育十六年,是婆君荼迦婆耶王(Pakuṇḍakābhaya)十八年;又说婆王卒于旃陀掘多十四年。如确卒于旃王十四年,依《善见律》的印度王统编年,即总共作王八十七年,不可信三。

《岛史》的编者以为:婆君荼迦婆耶初为盗贼,十七年间无王。其后,胜利归于婆君荼迦,作王达七十年。这仅是于八十七年中,分出十七年为无政府时代而已。如依《岛史》说:婆君荼迦初为盗贼时(王国因而崩溃),至少也得二十多岁吧!经十七年,又七十年而卒,那么应享年一百十岁以上。闻荼私婆(Muṭasīva),是婆王的儿子,以六十岁生子来说,闻王登位时,也该五十多岁了。作王六十年,又是一百十几岁。这样的长寿王统,是怎样的难以想象!"众圣点记"的信仰者——吕澂,对于这些,也觉得

"有不自然处"。实则,到阿育王时代,锡兰人记忆中的君王(可能还有神在内)不过五人,这哪里有二百三十六年(到育王十七年止)?为了证实佛灭二百十八年说,造成王统编年。这一古老的传说,在这些创造历史的专家手里,被恶化到极点!

三、五师传承的二百十八年说:在印度王统、锡兰王统、五师传承的法统中,对于法统的编年,论理必有较确实的记录,而事实并不如此。我在《与苏慧纯论佛元书》,说得极为明白:

> "关于五师传承,锡兰传而外,印度复有迦叶等五师说。可推见自佛灭至阿育王时,必有五师相承之事,各派乃竞以自宗之师承当之。第一师优波离,为持律上座,其必为年高德劭可知(优波离随释种出家,佛灭时,出家且将四十年)。第五师目犍连子帝须,阿育王信佛及第三结集时,应亦为年耆德重人物。二老之间,仅三师之隔,而时乃历二百余年!此既为律学传承,则每人以二十岁受戒,修学二十年为上座计(四十岁比丘,是否能为一代师宗,纪纲僧侣,尚有可商),每人平均住持佛教在四五十年间,平均年龄约八九十岁。衡之一般师承,殊难取信!……此不外先有一佛灭来二百余年之传说,铜鍱者乃摭拾帝王谱牒,自宗师承,编排造作以强合之耳!"

从二百十八年的传说自身去考察,编排造作的情形,彻底地被揭发出来!即以深信锡兰传的吕澂,对锡兰王统的荒谬,也默认而不加辩护;对五师传承的编年,也觉得"南传诸师年代,因此而有错误"(《对点记记年之再商榷》)。二百余年说,与百余年说,同为古老的传说。自从锡兰学者伪作欺人,二百十八年说,竟被误会作历史！我不敢轻视这一传说的古老,但要从古老传说的观点,探论佛教的纪元。

三　育王灌顶与遣使弘法的年代

从旃陀罗笈多(二十四年,频婆沙罗二十五年,争位四年)到育王登位,这五十多年,是印度从来未有的统一盛世；王朝的年代,《古事集》与锡兰的传说,都大体一致。本传虽没有记年,三王的次第也不误。所以锡兰的传说,关于旃王到育王间的年代,与印度的《古事集》、希腊、埃及等史料的推算,即使完全相合,也不能就此类推:从旃王到阿阇世王时的纪年可信。如《古事集》所说的旃王到育王的年代,也大体一致可信；而旃王以前,即彼此大有出入。一般学者,忽略这一事实,因推算旃王到育王的年代,锡兰传大体可信,竟因此以为阇王到旃王间的年代也可信。由于印度史本身无可考信,所以印度史的专家们,对于锡兰所传的印度王统编年,曲意地附和它。俗语说:上半生老实,下半生骗骗也有饭吃。这虽是容易受欺的,但考论历史,决不可这样了事！

考论育王灌顶的年代,如撇开传说——"众圣点记"、《善见律》、《大史》、《岛史》,直接从育王的摩崖石刻、希腊与埃及的史料着手,大可以减省一些无谓的纠纷。

大摩崖石刻第十三章,说到育王遣使西方五王国弘法,记着五王的名字。经学者的考究,五王的在位年代,虽还有多少异说,然五王并世的年代,不出于西元前二六一到二五八——四年

间,已成为学界的定论。依交通不便的古代情况说:Antiochus
Ⅱ王,于西元前二六一年即位。即位与来年——前二六〇年,育
王即遣使弘法,可能性极少;遣使的年代,大概为西元前二五九
或二五八年。但这是育王登位的那一年,石刻十三章中,并没有
说明。一般所依据的是:十三章说:育王九年,攻破羯馀伽
(Kaliṅga),"深感悲痛与悔恨";从此,"热心护持正法,宣扬正
法"。又小石刻第一章说:育王信佛为优婆塞,二年半以来,对
于佛法,非常精进,决心以全力来弘扬正法。又大石刻第五章
说:育王十三年,设达磨大官,派到诸侯及邻国去。依凭这些史
料,所以有人说:育王的遣使五王国,是十一年;或说是十三年;
或说十二年到十四年间。到底在哪一年,又都是参照其他方面
来推定。然据十三年的设立达磨大官而论,这一年遣使弘法,虽
不一定是,到底比其他的有根据些。育王的遣使弘法,可以推定
为育王十三年。这一年,是西元前二五九或二五八年,那么育王
灌顶登位的年代,不是前二七一就是二七〇了。

　　考定年代的另一依据,即亚历山大侵入印度的年代。亚王
的侵入印度,为西元前三二六;三二五还军;即其年去世。据普
鲁塔克(Plutarch)的传说:旃陀罗笈多曾劝亚王东攻印度。朱斯
丁(Justin)说:旃陀罗笈多逃避 Alexander(亚历山大)。传说不
一。旃王趁亚王还军与身死的时机,起来推翻希腊人在北印的
统治;以光复河山的威声,推倒难陀王朝,这是可以想见的事实。
亚王的死讯,唤起了印度民族的光复运动。旃王的登位,约为西
元前三二四或三二三年。旃王二十四年,频王二十五年,争位四
年,育王登位年,凡五十四年;即育王登位于西元前二七一或二

七〇年。十三年遣使弘法,为西元前二五九或二五八年。

一切的净论,都是纠缠于锡兰的传说中。如吕澂取西元前三二四年旃王即位说;二六八年育王登位说;二五八——育王十一年遣使弘法说。他信从锡兰传的频王二十八年说,所以非坚执如此不可。育王九年的攻破羯饺迦,虽属确实;但是否当年即信佛,也还难说。所以史密司(Smith)也说:九年信佛或下一年。十一年遣使弘法,实并无文献可证。也许肯定为九年信佛,二年半作优婆塞,决心以全力为佛法吧! 即使如此,也该是十二年的事了。然由于频王二十八年在位说的信赖,所以旃王登位,非西元前三二四不可;而遣使弘法,非育王十一年不可。因为如再迟一年,遣使弘法时,即不再是五王并世的了。如依《古事集》,取频王在位二十五年说,那么,如旃王登位于前三二四,育王即登位于前二七一;征楞伽为前二六三;十三年遣使弘法,为西元前二五九(十二年遣使也不妨),什么都没有碍难处。如旃王登位于前三二三,十三年遣使,也还是前二五八年。甚至旃王登位于前三二二,育王十二年遣使,也还没有显著的困难。总之,旃王即位、育王登位、遣使弘法的年代,依可信的史料推论,虽不出这二、三年中,实还不能确定。依我看,旃王前三二三年登位,育王前二七〇年登位,似乎更妥当些。但为了避免无法确定的净论,姑取旃王西元前三二四年登位说,育王前二七一年登位说,前二五九遣使弘法说。

四　有关育王的故事

本传为一古老的譬喻集,为大陆佛教界熟识的传记。觉音从大陆去锡兰,是应该知道本传而有所参考的。从南北共传的故事去研究,这一意见,被充分地显露出来。

育王早年的故事:本传说:频婆沙罗王不大欢喜育王,曾奉命镇压呾叉尸罗的叛变,得到成功。《善见律》说:育王出镇的是郁支城(Ujjayinī),即邬阇衍那。《善见律》的传说,可能基于一种情感。佛教南传的摩哂陀,母家在邬阇衍那,这是摩哂陀的外婆家。

兄弟争位的故事:本传说:育王与兄苏深摩(Susīma)争位,杀苏深摩。《善见律》也说兄名修私摩那,但说频王有百子,除了育王的同母弟帝须——毗多输柯(Vītaśoka)而外,育王都把他们杀了。《善见律》所说,不免太过。本传说:频王病危,恰好苏深摩出镇呾叉尸罗;育王取得部分大臣的拥戴,即在华氏城称帝。苏深摩回来争位,育王利用了——出镇北方时所得的外军的协力,击杀了苏深摩。这一传说,大致近于事实。《善见律》说:育王代立四年,才举行灌顶典礼,互争的事情,似乎并不简单。

王弟宿大哆的故事:Vītaśoka,《善见律》作帝须;本传的晋译作宿大哆,梁译作毗多输柯。这位育王同母弟的故事,可分二节说。一、本传说:宿大哆因育王的广作供养,引起不满。见苦行外道还不能离欲,因此更怀疑不严格苦行的释沙门。育王为了转化王弟的邪见,故意使他犯罪,然后给他七天作王,再行处斩的判决。王弟在七天中,证明了深切感到无常苦的比丘,虽衣食丰满,也还是能够离欲的,王弟这才发心出了家。这在《善见律》中,见苦行外道、七天作王,与本传一致。但说王弟得罪了育王,这对于育王让他七天作王的用意,也隐晦不明。而说阿育王四年信佛,立帝须为太子,帝须即于这一年出家;这对于不满育王的动机,也不明。戏剧式的七天作王,可能并非事实,但在本传中是入情入理的。《善见律》叙述简化,于是乎得罪了王,让他七天作王再杀,又忽而不杀,成为不近情的传说。

　　二、本传说宿大哆到远国去出家,曾回华氏城一次。再到边方,生了大病(头疮)。需要吃乳酪,所以移住旷野的牧牛人边。那时,弗那槃达(Puṇḍavardhana)与华氏城的尼乾子外道,有诽毁佛的,引起育王敕杀尼乾子的事件。宿大哆病中垢衣长发,因此被误杀了。这一故事,《善见律》说得很不同。王弟帝须从昙无德出家,另有拘利子帝须(Kontiputta Tissa)比丘,因病中得不到医药而自杀,育王这才大施医药。外道得不到供养,都混进佛教来出家,引起佛教中的诤论。育王派大臣去和解,僧众照样的纷诤,大臣即斩杀僧众,杀到王弟帝须才停手。故事变化很大,内容还是一致:本传杀尼乾子外道,《善见律》大杀僧众——多半是外道出家;本传说尼乾子诽毁佛,《善见律》说外道出家的扰乱佛法。不同的是:本传只是一毗"多输"柯,而《善见律》成为二帝须;本传说王弟被杀,《善见律》说杀到帝须而止;本传以王弟为中心人物来叙述,《善见律》中间隔断,忽然在鸡园寺出现。这是同一故事的演变。大概帝须是阿育王的同母弟,所以《善见律》的作者不好意思说他无医无药,刀下留情了吧!

　　帝须,梵语为 Vītaśoka。晋译(一)初说:"复生一子,名为尽忧",即与宋、梁二译合。但在王弟的本缘中,又作"宿大哆"。考《分别功德论》的王弟故事,与本传同,而王弟也名"修伽跎

路"。《释迦谱》引《求出牢狱经》说:"阿育王弟名善容,亦名违
陀首祇。"违陀首祇即毗多输柯;善容,即宿大哆——修伽跢路
的对译。宿大哆与修伽跢路,我以为即玄奘所传的王弟摩醯因
陀罗。

育王的残暴故事:本传说育王的初年,非常暴虐,曾手杀五
百大臣与五百宫女,使人作泥犁(地狱)的酷刑。这在《善见律》
中,由于别立黑阿育,除了育王的杀兄弟而外,被看作极仁慈的
了。然据摩崖石刻所说,育王在战争中的屠戮,并不怎样的仁
慈!四〇五——四〇七年间,法显亲见华氏城的大塔旁,有石
柱,记着作泥犁城的因缘与年月。玄奘西游,也目睹这一遗迹
(《西域记》卷八)。然又说邬阇衍那有无忧王作地狱处(《西域
记》卷一一)。《善见律》的略而不论,因为将一切暴行归罪于黑
阿育去了。

信佛因缘的故事:本传说:海比丘误入地狱,现神通,育王这
才坏地狱而信佛。《善见律》说:育王见到兄子泥瞿陀(Ni-
grodha)沙弥,才发心学佛。石刻说:育王深觉杀戮的惨酷,所以
归依佛法。海比丘的故事,显然是神话化的。可能的解说是:育
王受海比丘(善意)的感化,这才废除残酷的刑罚。泥瞿陀的故
事,从神话变化而来(见下)。

造塔施金的故事:育王造八万四千塔,布施九十六亿金,是
南北一致的传说。但本传说:育王布施的总计,凡九十六亿金;
而《善见律》以为六年大会时,即布施了这些。本传的传说更原
始些。

供养菩提树的故事:本传说育王特别地尊敬菩提树,引起王

妃的妒忌。佛教的初期,菩提树与菩提叶,都是象征如来成道
的。育王的特为尊敬,非常合理。《善见律》作者的心目中,主
要是锡兰,所以但说育王以菩提树的南枝移赠锡兰;用意也还是
一样。法显得自锡兰的传说:从前某国王,从印度取菩提树子来
锡兰,种于无畏寺侧。那时,高约二十丈。这与同时代的觉音的
传说——阿育王送树来,栽在大寺旁不同。《善见律》的传说,
也只是大寺派的传说罢了!

　　育王与龙王的故事:本传(晋译与梁译)说:育王取得阿阇
世王七舍利塔的舍利,惟罗摩聚落龙王处的舍利,因龙王的要求
而没有取得。《释迦谱》所引的《大阿育王经》、法显的《历游天
竺记》、玄奘《西域记》,都这样说,这是本传龙王故事的旧说。
宋译说:育王向龙索舍利,"诸龙王开怀与",这是乐意地奉上
了。晋译所特有的《阿育王现报因缘》有一相反的传说:龙王不
肯奉给阿育王,育王造了龙王与育王的两躯金像,起初是龙王重
而育王轻。育王大作福事,王像的分量一天天重起来,龙王知道
福力不及育王,只好奉上舍利。《阿育王现报因缘》,本是另一
譬喻集,与本传有很多不同,安法钦却译出而附编于本传中。这
一故事,失译的《杂譬喻经》(上)、《阿育王譬喻经》,都有说到,
都还是重于事相的修福。《善见律》中,进一步(含有象征降伏
自心而现身成佛的深意,锡兰学者怕未必懂得)说:阿育王以金
锁将龙土锁来;育王要龙王化现佛身。金锁锁龙王,与龙王的金
像有关。要龙王化作佛身,是优婆毱多降魔故事的改写。育王
与龙王的故事,本传无疑是原始的形式。然育王不能取得龙王
的舍利,未免与轮王的尊严有损,于是乎有育王作福,降伏龙王

的故事。《善见律》更老实不客气地把他锁了来。降伏龙王,与优婆毱多降伏魔王的故事相类,魔王的化作佛身,锡兰传者也就修正为龙王化作佛身了。

泥瞿陀的故事:《善见律》说:育王的侄子泥瞿陀,七岁出家作沙弥。育王见了,生起信心。育王本供养六万外道;这时才供养比丘,从二比丘、四比丘,到一切都供养比丘。育王每日以钱一千供养泥瞿陀。外道都投入佛法中,作贼住比丘。本传没有这个故事,但安法钦附译的《阿育王现报因缘》,叙述一有趣的神话,与此有关。事情是这样:阿育王太信佛了,外道都嫉妒佛法。有一善咒婆罗门,化作大自在天,与(共计)五百婆罗门来见阿育王,说要吃剃头的沙门。阿育王不敢得罪他,通知鸡园寺,寺众推一最小的沙弥来。沙弥说:"朝来未食,王先施我食,然后我当与彼食。"沙弥将为外道预备的五百分食,都吃了;不够,将五百婆罗门一个个地吃了。小沙弥引王到鸡园寺,见方才的婆罗门都已剃头出家了。这一斗法的故事中,暗示了二点:一、佛弟子把外道应得的供养,都吃了;二、外道被逼,投身佛法中来出家。所以特选小沙弥,不过反显出佛法威力的伟大而已。这故事是荒唐的,却是真实的!《善见律》的七岁沙弥泥瞿陀,将供养外道的六万分食,一一地都转化来供养比丘,这与第一点相合。由于育王的信佛供僧,外道入佛法中作贼住比丘,即与第二点相合。《善见律》的传说,明显地从这一神话而蜕化过来。《杂譬喻经》(上),也有这一故事。负起折破外道任务的,是十三岁的"端正"沙弥。《杂譬喻经》的编者,也以为这就是破灭地狱、引导育王生信的"海"比丘。因为本传所说的海比丘,恰好也是十三岁。破灭地狱，折破外道，所以选用十三岁的沙弥，不外乎证实那四不可思议中的"沙弥虽小不可轻"。本传的古说为十三岁，经《杂譬喻》而到《阿育王现报因缘》，即修正为更年轻的七岁，这即是七岁沙弥泥瞿陀的来源。《善见律》取材于此，脱去神秘的形式，显出故事中的真意义，这是最好不过的！但不知七岁沙弥的象征性，而描写为历史的人物，反而使人误解了。这一故事，为帝须比丘的第三结集奠定了基础。

迎请大德的故事：本传说育王将亲自去迎请优婆毱多，毱多自动前去；乘船与众比丘，沿恒河东下；到了华氏城，育王亲自到恒河边礼迎。这种礼迎的方式，在《善见律》中，即一模一样地礼迎目犍连子帝须。虽然帝须早曾到过华氏城，却又跑回摩偷罗，表演这被欢迎的大礼。《善见律》采用本传，这是极明显的例子。

信佛与遣使弘法的故事：《善见律》所传的育王信佛，遣使弘法，当然是有事实的。但据石刻说：育王的归依佛法，在第九年；十二、三年的遣使弘法，已提到锡兰。《善见律》说：育王第四年信佛，王弟帝须出家；六年已建塔完成，育王的儿女出家；到十七、八年，才派遣传教师弘法。这一切年代，都与可信的史料不合。编造年谱，是锡兰佛教的特长。如没有育王的摩崖石刻发见，谁会相信他们的年代不可靠！

巡礼圣迹的故事，三施阎浮提与半庵摩勒果布施的故事：巡礼圣迹的事实，已因石柱铭刻的发现而证实。三施阎浮的石柱铭刻，法显与玄奘都是亲见的。《善见律》虽没有说，而石柱已湮没不见，但不能说不是事实。

　　王子法益失明的故事:锡兰的传说,摩哂陀出了家,阿育王即没有儿子。本传的法益(Dharmavadhana)王子,是《善见律》所没有的。耆那教传说法益曾造过很多的耆那教寺,这可见确有此人。

　　育王儿女出家的故事,帝须第三结集的故事:《善见律》的着重处,本传是根本不知有此事的。从《善见律》研究起来,它是将育王的信佛、锡兰的传法,紧紧地与王家发生特殊关系:如育王的信佛,由于兄子泥瞿陀;王弟帝须的出家,与第三结集;锡兰的佛法,由育王的儿女亲自传去;锡兰的菩提树,由育王送去。锡兰佛教史的特色,大概就是这些。

六　二大传说的比观

一　从传说的来源演变去考察

　　佛灭到阿育王登位,二百十八年说与百余年——百十六年说,这两种古老的传说,可作一对比的观察。先从传说的来源与演变去比说:

　　一、从传说的译传中国说:锡兰所传的,为齐永明七年(四八九),僧伽跋陀罗(Saṃghabhadra)译出《善见律》,及附《善见律》而传来的“众圣点记”。罽宾所传的,为晋惠帝时(二九〇——三〇六),安法钦译的《阿育王传》;及五世纪初,罗什译的《十八部论》。

　　二、从传说的编纂成书说:锡兰传是四、五世纪间成书的

《岛史》，及觉音的《善见律》等。佛灭二百十八年说的古典叙述，已无可考见。罽宾所传的，是罽宾学者编纂于西元前一世纪末，为二、三世纪间马鸣、龙树等所信用。确定为佛灭百十六年的世友论，也是西元前一世纪的作品。

　　三、从传说的确定说：罽宾传的百余年说，离阿育王的时代不远。因为，这是从迦叶到提多迦，即优婆毱多弟子的时代。传说的师承，没有摩田提，到提多迦为止，显出了这一传说的古老性。这还是摩偷罗时代，上座系（不是分别说系）佛教的传说。锡兰的传说，不妨看作佛教传入锡兰不久的初期传说，与北方所传的百余年说，同样的古老。一是重经与重禅者的传说，一是重律者的传说。

　　四、从传说的动机与性质说：罽宾所传的阿育王传，是譬喻集。罽宾学者虽把罽宾佛教的弘通者——摩田提，附入法系中。把摩伽提的王朝的覆亡、北方政局的混乱，编入传中。然纂集的主要事情，是阿育王的护法史、西方上座系传法的情况，并非为了罽宾的佛教而编集。锡兰所传的，如《善见律》等，是铜鍱部——锡兰佛徒编集的目的，（一）将王舍城第一结集，毗舍离第二结集，华氏城第三结集（这是主要目的），以为结集的重要人物，都是自宗的师承，以表示铜鍱者——锡兰佛教的正统性。（二）育王因兄子泥瞿陀出家而信佛；王弟帝须以分别说者的昙无德为师；王子摩哂陀以分别说者的帝须为师；锡兰佛教由阿育王儿女传去；锡兰的菩提树，是阿育王命女儿送去。分别说系、阿育王家、锡兰佛教——三者的密切结合，是《善见律》等编辑的主要目的。他所重视的，是其他佛教所从来不知的；而其他，什么都不在他们的意中。就是派使弘法,也不过为锡兰佛教作旁衬而已。所以,从作者的心境说,罽宾所传比锡兰所传要客观得多!《岛史》《善见律》,对于三次结集的年代,育王信佛与儿女出家的年代,佛教到锡兰的年代;印度王统、锡兰王统的记年,写得非常认真,不像《阿育王传》那样的疏略。然而考论起来,这是伪史,还不如《阿育王传》不失它的譬喻作风,来得老实!

五、从传说的确定与演变来说:罽宾的传说,西元前一世纪,编集成书;而传说是确定于优波毱多弟子(或再传)的时代。其后,罽宾学者为了高推摩田提,以摩田提编入传法正系,介于阿难及商那和修间。本来,从迦叶到提多迦的传承,虽优波毱多与育王同时,而付法实到提多迦为止。等到摩田提被编为传承中(第三师)人,虽本传仍说到提多迦,而五师传承说,即止于优波毱多。这是北方传说的一度变化;约为迦湿弥罗论师集成《大毗婆沙论》以后,西元三、四世纪间。经五师相承而到阿育王的时代,是锡兰传五师说的先导;对于锡兰的五师传承说,起着重大的影响。晚期的有部律师,改编有部律,以佛灭到阿育王的五师相承说,编为从五百结集到七百结集间的七世相承说。这是北方传说的大变化、大错误!

二百十八年说,也经历同一命运。这一传说,到底什么时候传入锡兰,虽不能定说,但在西元前八七年,大寺与无畏山寺的纷诤期,这一传说必已被大寺的一分学者所信用。锡兰所传的佛元说,主要的有:(一)西元四一〇年(晋义熙六年),依足立喜六《法显传考证》,法显从锡兰(无畏山寺)得来的佛元说,为"泥洹以来一千四百九十七年"。说者以为:这必是"正法灭已四百九十七年"，法显约正法千年说，所以为一千四百多年；如依正法五百年说，即九百九十七年，佛元即西元前五百八十七年。这与缅甸所传的五八九年说，中国所传(《佛般泥洹经》后记)的五八九说，大体相合。(二)如锡兰(暹逻)一般所传的西元前五四三或五四四说，与菩提伽耶碑相合。(三)如众圣点记——附《善见律》传来的——西元前的四八六年说。从佛灭到阿育王登位，为二百十八年满，这是锡兰传所共信的。然他们一般用前五四三年说，这可见大寺的徒裔们，对阿育王以来究有几年，早就弄不清楚，所以依附佛陀伽耶碑记。也许他们以为，这并不与二百十八年说矛盾。从众圣点记而上推，与阿育王出佛灭后二百十八年说合，这可见从阿育王到《善见律》的时代，必有依据；即点记制，必先《善见律》而存在。然而，点记制，也决非古型的。王舍结集与七百结集，都不过诵出而已，当时从哪里去下这一点？阿育王的时代，有没有结集，还是问题。传说以巴利语写定圣典，即大寺与无畏山寺相诤时——西元前八十七年。有成文的律典可点，有不同的传说而需要点，点记制的产生，最可能为此时。所以大寺上座们的点记制，即依据旧有的传说：佛灭到阿育王登位为二百十九年；传入锡兰为二百三十七年；从天爱帝须王登位(佛灭二三七年)以来有多少年。在这种传说的基础上，每年一点地点下去。所以，众圣点记的确实性，即从帝须以来的年代说，创立点记制以后的年年一点，不失为大致可信。而佛灭到育王登位的二百十八年说，除了传说，实不能从点记制的本身，证明它二百十八点的可信。单是这样，这一古老的传说，是值得尊重的。然而，从《岛史》、《善见律》以来，为了证明这二百十八年说,从印度王统、锡兰王统、五师传承去配合,想把这古老的传说造成铁定的史实。这可反成为可怀疑的伪史了!

二　从传说的人事关系去考察

古老的传说,洗尽后起的附会与演变,恢复它的原始传说,这是极重要的!传说的是否可信,这可以讨论了。传说中的事情,必局限于一定的时空;出现于一定时空中的事实,不会孤立的,必与同时及前后的人事,发生关系。除了另一传说的谬误,彼此间总是相合而不会矛盾的。如发现彼此的矛盾不符合,即传说的真实性有问题。所以,再综合上来所论的彼此关系,审论这二种传说。

从佛灭到阿育王登位的年代,本来可以从印度的王统纪年去确定,可惜印度缺乏可信的历史,《古事集》的价值,不会比传说高些。佛典所叙述的,如锡兰的印度王统编年不可信;罽宾传的疏略不备;安法钦的传说;西藏多氏《佛教史》的传说,都彼此相违而难以取信。虽论到百余年说是可能的,然据王统传说,即使锡兰传说不可信,如有国王七、八代,二百余年也是有可能的。关于这一方面的论究,可说毫无成功(确立佛灭年代)希望。我希望:佛陀同时的频婆娑罗王、波斯匿王他们自身或与他相关的史料,将来能有新发现,这才能确定更正确的佛灭年代。

锡兰的王统编年不可信,是无可讳言的。到阿育王时代,所知古王的名字,只有五人。如毗阇耶的时代,离如来涅槃不久,那么五王相传,百余年说,应该比二百余年说更可信些!

佛教自身的人事关系,五师传承中,七百结集时代为第三师,育王时代为第五师,这是南北一致的传说。承认五师说,又坚持二百十八年说,是矛盾而不可通的。关于这,确信锡兰传说的吕澂提出新的解说,如《对点记记年之再商榷》说:

> "后世律家追溯传承,率从第二结集诸上座出发。……南传律师之相承,亦当从第二结集出发。而驮写拘其人,又明明为陀娑婆罗之异称。故南传驮写拘为优波离弟子云者,意谓出于优波离系统,不必即为亲炙者矣!"

以驮写拘遥承优波离,说驮写拘是第二结集时人;这虽与锡兰旧有的传说不同,但未必能延长到二百多年。陀娑婆罗,一作陀婆婆罗;他的弟子树提陀娑,也有作树提陀婆的。娑与婆,《大众律》多相杂不明。《大众律》是推重陀娑婆罗而轻视持律耶舍的。西方系的耶舍(发起七百结集的),因判罪不当,被树提陀婆讥嫌(《大众律》三〇)。耶舍请陀娑婆罗为七百结集的结集者。这与属于西方系的上座律,略有不同。即使承认陀娑婆罗与树提陀娑,与第二结集的耶舍同时,也不足以证明五师相承有二百多年。如为百余年,岂非恰好!

优波毱多与育王同时;与他同时的大德,也都有与育王同时的论据。佛灭来四传或五传,哪里有二百多年?

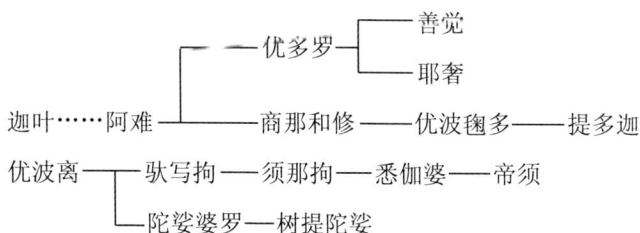

七　结　论

　　二大传说中,锡兰传的不如罽宾传,已非常明白。罽宾所传的《阿育王传》,说佛灭"百年之后",本没有确定年代。然参照同属于罽宾系的,同作于西元前一世纪的世友论,可知"佛灭百十六年",即为百年之后的明确定说。再比对于同属西方上座系(分别说分离以后的)的犊子系说,华氏城的诤论,为百三十七年,可推定为:佛灭百十六年,是育王作王的年代。如这是灌顶的年代,那么十七年诤论时,即佛灭百三十二年。如这是育王自立为王年,那么灌顶于佛灭百二十年,诤论于百三十六年。与犊子系的传说,所差不过一年。这一佛灭年代的传说,虽还不足据以确定为必然无疑的佛元,但传说的古老性、普遍性,决非锡兰传可比!

　　育王登位于佛灭百余年说,也有一项传说的矛盾,即一般所说佛灭百年的七百结集说。虽律家的传说,每与经师(论从经出)的传说不同;但这是各部各派共有的传说,不能不尊重而予以研考。如确为佛灭百年——或百年后而举行七百结集,适为商那和修与须那拘的时代,那么育王登位,即使不是二百十八年,也决不会是百十六年了。考七百结集的年代,广律中并不一致:

　　　　大众律:佛涅槃后。

　　　　五分律:佛泥洹后百岁。

　　　　四分律:世尊般涅槃后百岁。

善见律:世尊涅槃已一百岁。

十诵律:佛般涅槃后一百一十岁。

经这一比观,可见七百结集中开始立异,育王时早已完成分立的大众部律,但说佛涅槃后。育王时代分化,而完成于育王晚年的分别说系,如《五分》、《四分》、《善见律》,都说佛灭百年。与犊子部分化而成的一切有部——《十诵律》,时代为佛灭三世纪初,才确定说佛灭百十年。这可以看出一种趋势,即分部越迟,对七百结集的年代,也传说得越迟。西藏的晚期传说:余部毗奈耶中,有说二百十年或二百二十年举行第二结集的(多氏《佛教史》七·一)。缅甸佛传,也说是二百年。更证明了愈后起的,传说的时代愈迟。统论佛典的记年法,一般都以百年、二百年、三百年等计;这与西元所说的一世纪、二世纪相同。如准确些,即说百年"初"、百年"满"、百年"后"等。分别说系所说的"佛灭百年",起初应为佛灭一百年中的意思;《大众律》但说"佛涅槃后",也可见离佛涅槃不太久。由于或者解说为满一百年,或一百年后,这才双方代表的年龄,也要说是一百多岁了。其实代表多数为阿难、阿㝹楼陀弟子,哪里会是一百年以后?吕澂信用二百十八年说,与五师相矛盾,所以解说为:优波离与驮写拘间,有一时间的距离。佛灭百余年说,似乎与佛灭百年的七百结集说相矛盾,我解说百年为百年中。百年还他百年,觉得这一会通,是自然而合理的。如佛灭百余年而育王出世,那么七百结集的时代,可能为难陀王末年,与西藏的传说相合。然七百结集时的国王,广律中并没有明文;锡兰传以为迦罗输柯王时,不过执定为百年(恰好为一〇〇年),再配合所编的印度王统记年而已！

　　罽宾所传与锡兰所传,同样的古老,而相差为一百年。同一事实的不同传说,决不如同情锡兰传者所说,北方是误以黑阿育为法阿育了。二阿育,根本是莫须有的。这二种传说的不同,我的解说为:佛灭后百年,有七百结集,是律家的传说;佛灭百余年——百十六年,阿育王立,是经师(论师)的传说。这虽各说各的,起初不一定矛盾,实为佛弟子间的共同传说。在传说的过程中,佛灭百年的七百结集,被上座系的律师们解说为已经百年、百年之后;这才百十六年的育王为王,被误会而修正为佛灭百年以后,又过百十六(八)年,成为二百十八(六)说。十六与十八不同仅是小枝节而已。这佛灭到育王的古老传说,纠缠于佛灭百年的七百结集说,这才造成二百十八年说,南北的所传不一。这恰好相差百年,不是偶然的:佛元的讨论者,有深刻重视这恰好一百年的必要！

　　佛灭百十六年,阿育王自立;百二十年,育王行灌顶礼,这不但"持之有故,言之成理",可说各方面都能吻合;与锡兰传的所以不同,也说出它的不同来源。如考定佛元,在现阶段,这是唯一可用的传说。如育王灌顶于西元前二七一,即自立于二七五,即可推得佛灭年,即佛后元年——为西元前三九〇年。

　　(录自《佛教史地考论》,107—194 页,本版 70—129 页。)

二 佛钵考

释尊所受四天王所奉的石钵，等到入灭以后，留在世间，为众生作福田。从前，因为传说纷纭，以为是应化无方，其实起初在毗舍离，后来在弗楼沙，末了到波斯，以后就无从考见了。

晋法显《历游天竺记》说："法显在此国(师子国)，闻天竺道人于高座上诵经，云：佛钵本在毗舍离，今在犍陀卫。竟若干百年，当复至西月氏国；若干百年，当至于阗国；住若干百年，当至屈次国；若干百年，当复来到汉地；住若干百年，当复至师子国；若干百年，当还中天竺；到中天已，当上兜术天上。"《法苑珠林》卷三九，所说大致相同。所说的毗舍离与犍陀卫，是既成的事实；西月支以下，还是预言。

旧传有《钵记经》，现在已经佚失。《法苑珠林》(卷二〇)约略地说到："释迦如来在世之时，所用青石之钵，其形可容三斛有余。佛泥洹后，此钵随缘住福众生。最后遗化，兴于汉境。此记从北天竺来，有两纸许。甲子岁三月，至石涧寺，僧伽耶舍小禅师，使于汉土宣示令知。"石涧寺在寿春，不知这是哪一甲子！在晋宋间，寿春石涧寺与江陵辛寺，往来非常繁密。法显于晋义熙十四年(戊午)在建业译完了经，后来到江陵，就死在辛寺。《钵记》的传出，大抵即依法显所记的敷衍而成。称涅槃为泥洹，也顺于法显的译语。甲子，也许即是宋元嘉元年。

佛钵初在毗舍离，虽没有其他的文证，然大致是可信的。因为佛灭于拘尸那，即离毗舍离不远。佛钵的自东而西，有二文可证：一、《佛灭度后棺敛葬送经》——《师比丘经》说："佛灭度后，诸国诤之。……（钵）转当东游，所历诸国，凶疫销歇。……极东国王，仁而有明，钵当翔彼。王崩之后，其嗣淫荒。……王亡尊钵，忧忿交胸。"此经为西晋失译；佛钵的流传东土而失去，可见大概。二、迦腻色迦王求马鸣及佛钵事，如真谛译《马鸣菩萨传》说："北天竺小月氏国王，伐于中国，围守经时。……汝国有二大宝，一佛钵，二辩才比丘，以此与我，足当二亿金也。……以与之，月氏王使还本国。"《付法藏因缘传》也与此大同：月氏国王为旃檀罽呢咤王；以马鸣、佛钵、慈心鸡奉王而退兵。《付法藏因缘传》说马鸣为华氏城人。《西域记》（卷八）说马鸣难破鬼辩婆罗门，也在华氏城。多氏《印度佛教史》（十七、八章）说：马鸣曾住华氏城的华严寺，也在东方。《西域记》（卷一二）的"东有马鸣"，也可以为证。关于迦腻色迦王的东征，见于《大庄严经论》（卷五）："拘沙种中，有王名真檀迦腻咤，讨东天竺，既平定已。……王倍于佛法生信敬心。"

这些，不是要证明马鸣为华氏城人，与迦腻咤王有关系，是说佛钵本来是在东方的。毗舍离的佛钵，在摩伽陀王——华氏城为王都的辖区内。佛钵的流入北印，适为迦腻咤王都的弗楼沙，那无怪有献钵于月支王的传说。

中国佛徒去西方参礼，见到佛钵时，已在弗楼沙。然所用的

地名非常不同,引起许多误会。现在一起列出来:

一、"犍陀越":如《水经注》引释氏(道安)《西域记》说:"犍陀越王城西北有钵。"

二、"大月支":如《水经注》引竺法维说:"佛钵在大月支国。起浮图高三十丈,七层,钵处第二层,金络络锁悬钵,钵是青石。"

三、"弗楼沙":如法显《历游天竺记》说:"弗楼沙国。……佛钵即在此国。……于此处起塔及僧伽蓝,并留镇守种种供养。……可容二升(斗)许,杂色而黑多,四际分明,厚可二分,甚光泽。"法显记的弗楼沙国,实在即犍陀越的王都。所以又说"今在犍陀越"。那么,犍陀越与弗楼沙,名称虽异,而所指的地方是同的。这在《西域记》(卷二)中,说得更分明:"健陀逻国,……大都城号布路沙布逻。……王城内东北,有一故基,昔佛钵之宝台也。如来涅槃之后,钵流此国,经数百年。"此健陀逻的王都布路沙布逻,即月氏迦腻色迦王都;这可见法维说在大月支国,其实也还是一样的。

四、"罽宾":《高僧传·智猛传》(卷三)说:"到罽宾国,……于此国见佛钵,光色紫绀,四际画然。猛香华供养,顶礼发愿。"《高僧传·昙无竭传》(卷三)也说:"至罽宾国,礼拜佛钵。"智猛、昙无竭,与法维、法显,是同时的先后人,怎么会佛钵又忽在罽宾? 不知罽宾不一定指现在的迦湿弥罗。中国人所称的罽宾,自汉以来,每指犍陀罗一带为罽宾的。唐时,还有指迦毕试而说的。罽宾即健陀罗,近代人很多是知道的。

五、"沙勒":《鸠摩罗什传》说:"什进到沙勒国,顶戴佛钵。"唯有这一则,与其他的不合。罗什初到罽宾修学,其后经沙勒还龟兹。我以为,如不是在罽宾顶戴佛钵,门人传说错了;必定是在沙勒礼敬文石唾壶,误传为佛钵。隋译的《德护长者经》说到:"我钵当至沙勒国,从尔次第至脂那国。"这与《法显传》所说到于阗、到龟兹、到中国一样,是希望而不曾成为事实的。总之,佛钵在大月氏王都——犍陀罗的弗楼沙城,约从西元二世纪中到五世纪中——三百年。

其后,佛钵流入波斯,如《西域记》(卷二)说:"流转诸国,在波剌斯城外。"然《西域记》(卷一一)"波剌斯国",说到"释迦佛钵,在此王宫"。到底在城外或宫内,玄奘从传闻得来,也并不曾确实。佛钵的流入波斯,传说与呔哒的侵入北印度有关。隋那连提耶舍所译的《莲华面经》说:"此大痴人(莲华面,梵语寐吱曷罗俱逻),破碎我钵。……佛破碎钵,当至北方。……彼破碎钵,当向波罗钵多国。"寐吱曷罗俱逻,即《西域记》之摩诃逻矩逻(大族),是大破坏犍陀罗——罽宾的佛法者。波罗钵多即波罗婆,印度是这样称安息人的。所以佛钵的自弗楼沙去波斯,总在西元四七○年顷。魏宋云等到犍陀罗(五二○),记述种种圣迹,却没有说到佛钵,当时是已经移流到北方了!

(录自《佛教史地考论》,403—408 页,本版 265—268 页。)

三　敬答《议印度之佛教》

——敬答虚大师

读来函及前《议印度之佛教》，深觉意见之出入，或可探讨而归于一。大师不吝慈悲，既再示以供研究。学人不敢自外，谨再陈管见，上求郢斤。

一、论事推理之辨：一切佛教乃同依本教流变而来。本教即释尊之遗言景行，弟子（闻佛声而奉行者，即声闻）见闻而受持者。大乘道孕于其中，然就历史而论，则初期以声闻行果为所崇，故名之为"声闻为本之解脱同归"。此后之佛教，莫非据此本教，内为理论之开发，外为方便之适应，而次第发达成之。理论开发与方便适应，有正常者，有强调而失佛意，附会颠倒而无当者，故有抉择洗炼可言。佛教既为次第之发展，错综离合，为"非断非常，非一非异之缘起，孰得而分划之"，然就"事理之特征"，姑划为无常实有之声闻行、性空幻有之菩萨行、真常妙有之如来行三期。而声闻之倾向菩萨，菩萨之倾向如来期，则常为出入两可之间者（外同前而内近后）。学人之论印度佛教史，略如是。研究大师之来表，则以为菩萨心境（后得之他涉智），有此"变缘空真如相"、"性具如来净德"、"藏识种现情器"三者，故三者为一贯之大乘,不容分割为先空后常。此则立足于真常唯心论,即以次第发展成果之《楞伽》《起信》等而说;若立足于性空论及唯识论,则决不如此。以真常唯心论之菩萨心境而推论其不可分,固不足为历史之说明也。性空与真常之前后分划,有多种大乘经之根据,而此类经又无一非真常论者。则学人特援引古人之前例而分划之,实不敢糅成支离破碎也。又云:"印度大乘单以性空为一期,令(密教前)传中国大乘(分割)不全,不无过失",此似以为中国有大乘三宗为一贯者,故印度之大乘不应分割。此亦迹近推理,有强印度佛教以从中国之嫌。否则,印度之判三时教者,其类实多。以学人所见,空常之分划,不应有问题;二者之为平等、为胜劣,则不妨别论之也。

二、先空后常之辨:大师提示之意见,可自历史而研究之者,则"验之向传印华佛史无不符合",及"大乘起于崇佛行果,先从众生心示佛净德"(赞仰佛果而揭出众生之真常净因)之二义。大师合空常为一期,而又先真常而后性空,此与印度之多种三时教说,显然不合。其传于中国者,则曾检之译史。论则西晋竺法护创译龙树论;晋末之罗什,大译龙树、提婆论,十得其八九,此性空论也。真常论则北凉昙无谶、刘宋求那跋陀罗,创译弥勒论;北凉末,道泰译坚慧论;越七十年,魏菩提流支译无著、世亲论;而《起信论》则传出于陈真谛之译:此则性空论早于真常矣。经则大乘初传,印度已渐入真常期,故分别稍难。然就其盛译者而言:罗什以前,如《般若》、《维摩》、《思益》、《首楞严三昧》、《华严》、《法华》,此亦性空也(觉贤所译大部有真常义)。于空而解为真常,则事亦后起。长安三家义,无真常之谈;有"心无"

说，无"唯心"论。无惑乎《涅槃》初翻，僧嵩斥之。《法华》至梁光宅，犹以因中亦了亦不了（不明正因）、果中全不了（佛非常住）为言。自东晋末之觉贤，译《如来藏经》；昙无谶译《大般涅槃》、《金光明》；求那跋陀罗译《楞伽》、《深密》、《胜鬘》、《法鼓》，真常论之大义始著。若《密严》、《楞严》、《圆觉》，则更出其后：此则真常又后于性空矣。大师谓："验之向传印华佛史无不符合"，何彼此所见之异也。《大般涅槃经》乃明显之真常经，已言及《般若》、《华严》、《法华》。佛元六世纪编集之《大毗婆沙论》，亦为该经所采录。大师以之为先于性空，得无可议乎！马鸣之被誉，道安、慧远之世已然，初非以《起信论》得名。中国佛教界之有真常唯心论，亦不自《起信》始。《起信论》之非真谛译，非马鸣作，隋世即有此说。如以此有待考订之作品，用为真常先于性空之证，则不如舍此而别求论证之为当也。至于大乘佛教之起于崇佛行果，事无可疑，然不必为真常论也。马鸣赞佛诸作，崇敬之极，无真常论意。大乘经之明佛果菩萨行者，性空者视为菩萨万行之修集；佛陀虽身相无边，威力无边，寿量无边，亦不见其为真常。必以佛智为本具者，由万行修显为真常耳。指出众生之净因，学派本有二义：一为大众部分别说系之心性本净；二为经量本计之圣法现在。然二者为三乘圣法之共因，非不共法身之因。真常唯心论之性德净因，源于真常心及真常空之合流。真常心（我）思想之开发，由于成立三世之连系，缚脱之连系，不自赞仰佛陀行果来。真常空则一切法空，或者解以为真常不空。此法空，性空经亦有名之为佛性法身者。然此谓"见法即见佛"，及以性空而修行则能成佛，非谓凡夫心之空性，圆具佛之性德净能也。即以《法华经》言："诸佛两足尊,知法常无性。佛种从缘起,是故说一乘。"盖以性空而成立缘起之佛种者,如系珠譬,即以喻闻大乘法发菩提心而为因者(台家解为本具之理性,与"系"义全乖)。迨真常心与真常空合流,乃以为心之空性(空有清净义),义通两者;又以法身为实体,乃视为有具体而微之相好,渐立大乘不共法身因。佛之性德本具,一切众生皆尔,乃发为顿证、秘密、唯心之大流。此则后于性空,随婆罗门教复兴(成印度教)之机运,外应潮流而日盛,不应早于性空者也。

三、空常取舍之辨:拙稿于大乘中见龙树有特胜者,非爱空也。言其行,则龙树拟别创僧团而事未果,其志可师。言其学,三乘共证法性空,与本教之解脱同归合。惟初重声闻行果,此重菩萨为异耳。无自性之缘起,十九为阿含之旧。于学派则取舍三门,批判而贯摄之,非偏执亦非漫为综贯也。言菩萨行,则三乘同入无余,而菩萨为众生发菩提心,此"忘己为人"之精神也。不杂功利思想,为人忘我之最高道德,于菩萨之心行见之。以三僧祇行因为有限有量,此"任重致远"之精神也。常人于佛德则重其高大,于实行则乐其易而速,"好大急功",宜后期佛教之言诞而行僻。斥求易行道者为志性怯劣,"尽其在我"之精神也,盖唯自力而后有护助之者。菩萨乘为雄健之佛教,为导者,以救世为己任者,求于本生谈之菩萨精神无不合。以此格量诸家,无著系缺初义,《起信论》唯一渐成义,禅宗唯一自力义;净之与密,则无一可取,权摄愚下而已。大师以"掩抑许多大经论"为言,此出大师误会,愚见初不如是。佛后之佛教,乃次第发展而形成者。其方便之适应,理论之阐述,或不适于今者,或偏激者,或适应低级趣味者,则虽初期者犹当置之,况龙树论乎!乃至后之密宗乎!反之,其正常深确者,适应于今者,则密宗而有此,犹当取而不舍,而况真常系之经论乎!其取舍之标准,不以传于中国者为是,不以盛行中国之真常论为是,而着眼于释尊之特见景行,此其所以异乎!

(录自《无诤之辩》,117—124 页,本版78—82 页。)

四　论提婆达多之"破僧"

一

　　释尊晚年,遭遇到好些不愉快事件,而提婆达多的"破僧",不仅威胁释尊的安全,而且几乎动摇了佛教的法幢,可说是最严重的事件。这到底是什么事?为了什么?《阿含经》与各部广律,都有提婆达多破僧的记载。提婆达多破僧,成了佛教公敌,当然毁多于誉。晚起(重编)的经律,不免有些不尽不实的传说,但传说尽管扑朔迷离,而事实还可以明白地发现出来。本文就是以抉发这一事件的真实意义为目的。

　　"破僧"是什么意义?僧是梵语僧伽的简称。释尊成佛说法,很多人随佛出家。出家的弟子们,过着团体生活,这个出家的集团,名为僧伽。破僧,就是一定范围("界")内的僧众,凡有关全体或重要事项,要一致参加:同一羯磨(会议办事),同一说戒。如因故而未能出席,也要向僧伽"与欲","与清净",僧众是过着这样的团体生活。这样的和合僧团,如引起诤执,互不相让,发展到各自为政,分裂为两个僧团:不同一羯磨,不同一说

戒,就是破僧。这样的破僧,名为"破羯磨僧";如拘舍弥比丘的
诤执分裂(《五分律》二四),就是典型的事例。这一类破僧,当
然是不理想的,但并不是最严重的,因为各自集会,各自修行,各
自弘法,不一定严重地危害佛教。这一类破僧,最好是复归于和
合。在未能和合以前,佛说:"敬待供养,悉应平等。所以者何?
譬如真金,断为二段,不得有异。"(《五分律》二四)不同的集团,
都不失其为僧伽,所以都应受世间的供养。可是提婆达多的
"破僧",意义可完全不同了!以现代的话来说,应该称之为"叛
教"。不只是自己失去信仰,改信别的宗教,而是在佛教僧团里
搞小组织,争领导权,终于引导一部分僧众从佛教中脱离出去,
成立新的宗教、新的僧团。这称为"破法轮僧",不但破坏僧伽
的和合,而更破坏了正法轮。这种叛教的破僧罪,是最严重不过
的五逆之一。在佛教史上,惟有提婆达多,才犯过破法轮僧的恶
行。所以现在的破僧研究,实在是提婆达多叛教事件的研究。

二

　　提婆达多是一位怎样的人物? 对他的身世、行为,以及在佛
教中的地位,作一番了解,这对于叛教事件的研究来说,是必要
的。提婆达多,异译作"调达"、"提婆达兜";意译为"天授"。
他出身于释迦王族,是"多闻第一"阿难的兄长。他与释迦牟尼
佛,是叔伯弟兄(《五分律》一五),如从世俗来说,他与释尊是有
着亲密关系的。提婆达多出身贵族,"身长一丈五尺四寸"(传
说佛长一丈六尺)(《十二游经》),有"颜貌端正"(《四分律》四)

的仪表。释尊成佛第六年,回故国迦毗罗卫城,为父王及宗族说法,传说此后有五百位释族青年出家。与提婆达多一起出家的,尽是佛门的知名之士,如拔提王、阿那律陀、阿难、优波离等(《五分律》三,《根有律破僧事》九)。当时释迦族有这么多人出家,显然是受了释迦王子成佛的激发。释尊在广大比丘群的翼从中,受到王公以及庶民的礼敬;每一释种子弟,莫不享受了与佛同族的一分光荣。加上净饭王的鼓励,提婆达多也就敝屣尊荣,度着出家的生活。

出家以后的修学生活,如《十诵律》(三六)说:"调达于佛法中,信敬心清净。……出家作比丘,十二年中善心修行:读经、诵经、问疑、受法、坐禅。尔时,佛所说法,皆悉受持。"《出曜经》(一五)也说:"调达聪明广学,十二年间坐禅入定,心不移易,诵佛经六万。"从三学的熏修来说,提婆达多是着实难得的!他的戒律精严,是不消说的了!广博闻持一切教法,实与阿难的风格相同。特别是专修禅定,引发神通。他的学习神通,诸部广律一致记载。可能意乐不怎么纯净,怀有竞胜与夸扬自己的动机。但禅定与神通,虽不能彻底,也并不容易。神通要在禅定的基础上,加以方便修发,所以提婆达多,初夜后夜,精勤不息,经常度着禅定的生活。《西域记》(九)还记有"大石室,提婆达多于此入定"呢!可惜他不曾能以真实智证入法性,不曾能位登不退,所以会以一念之差而全盘失败!佛所以说:"戒律之法者,世俗常数;三昧成就者,亦是世俗常数;神足飞行者,亦是世俗常数;智慧成就者,此是第一之义。"(《增一含》四三·四)

以提婆达多的尊贵身份(世俗的见解,总是特别受到尊敬的），加上精严的戒行、禅定、神通、博闻一切佛法，当然会受到在家出家众的尊敬。在家信众方面，他得到了摩竭陀国王子阿阇世的尊敬，是诸部广律的一致记载。如《四分律》（四）说："阿阇世日日将从五百乘车，朝暮问讯提婆达多，并供养五百釜饮食。"（因为提婆达多与五百比丘共住）在当时，阿阇世王子的尊敬，可说无以复加，竟以为"比佛大师，其德殊胜"呢！（《根有律》一四）在帝国时代，得到了太子的崇敬，一般信众的观感，也就可以想见了！出家众方面，尊者舍利弗就曾真心实意地"称赞调达"（《五分律》三），说他"大神通！大威力"！（《铜鍱部律·破僧犍度》）；"大姓出家，聪明，有大神力，颜貌端正"（《四分律》四）。所以，当释尊常在西部——舍卫与拘舍弥，而提婆达多以王舍城为中心而展开教化时，成为佛教的一时标领，受到了在家出家众的崇仰！

三

《四分律》、《五分律》以及《铜鍱部律》都说：当提婆达多弘化王舍城，得到阿阇世王子尊敬时，释尊在跋蹉国的拘舍弥城。等到释尊沿恒河东下，回到王舍城来，不久就引起了"破僧"事件。据各部广律的一致传说：提婆达多不满释尊而引起怨望，最初是为了向释尊"索众"，受到了释尊的诃斥。"索众"的情形是这样："调达白佛言：世尊年已老耄，可以众僧付我，佛但独受现法乐住；令僧属我，我当将导。佛言：舍利弗、目犍连有大智慧神通，佛尚不以众僧付之，况汝唉唾痴人！"（《十诵律》三六）就文

义来说,提婆达多的意思是:世尊太衰老了!"为诸四众,教授
劳倦"(《根有律》一四),不如将统摄化导众僧的责任交给他,释
尊也可以安心禅悦,怡养天年。但释尊坚决地拒绝了他:舍利
弗、目犍连那样的大智慧、大神通,还没有交托他,何况你这食唾
的痴人! 换句话说,要付托,也轮不到你呢!"痴人",是佛常用
的诃责语。"食唾",《铜鍱律》作"六年食唾",意义不明。这
样,不但没有满足提婆达多的请求,反而赞叹舍利弗、目犍连,使
他感到难堪。"此为提婆达多,于世尊所初生嫌恨"(《铜鍱部
律·破僧犍度》),种下了破僧的恶因。提婆达多的向佛索众,
释尊应该清楚地了解他的用心,这才会毫不犹豫地严厉诃责。
对于这,要从多方面去了解。

　　一、佛法并无教权:在一般人看来,随佛出家的比丘僧,受佛
的摄导。佛说的话,总是无条件地服从,可说佛是无上的权威
者。但真懂得佛法的,就知道并不如此。大家为真理与自由的
现证而精进。法,是本来如此的真理,佛只是体现了法,适应人
类的智能而巧为引导(或称为佛不说法)。人多了,不能不顺应
解脱目标,适合时地情况,制定一些戒律。但这是僧团发生了问
题,比丘或信众将意见反映上来,这才集合大众,制定戒条,而且
还在随事随时的修正中。大家为了解脱,自愿修习正法,遵行律
制。所以在僧团中,有自己遵行的义务,也有为佛教而护持这法
与律的责任。这是应尽的义务,根本说不上权利。僧伽,实在不
能说是权力的组织。就是对于犯戒者的处分,也出于他的自愿。
否则,只有全体不理他("摈");或者逐出僧团了事。在僧团中,
佛,上座,知僧事的,都是承担义务,奉献身心而不是权力占有。

所以没有领袖,为佛教僧团的惟一特色。《中含·瞿默目犍连经》里,阿难充分阐明了这一意义。佛在《长含·游行经》中,说得更为明白:"如来不言我持于众,我摄于众,岂当于众有教令乎!"所以,如提婆达多为了释尊年老,而发心承担摄化教导的责任,这应该基于比丘们的尊仰,而不能以个己的意思来移让。如误解释尊有统摄教导的教权而有所企图,那是权力欲迷蒙了慧目,根本错误了! 向佛索众,怎么说也是荒谬的!

二、助佛扬化的上座:释尊晚年,摄导众僧的情形,究竟怎样呢? 释尊是老了,如阿难说:"世尊今者肤色不复明净,手足弛缓,身体前倾。"(《相应部》四八·四一)腰酸背痛,不时需要休息。释尊的摄导僧团,事实上有赖于上座长老的助理。从经律看来,奉佛的教命而为众说法,或奉命执行某项任务,主要是阿那律陀、阿难、舍利弗、目犍连。阿那律陀,也是佛的堂弟,大阿罗汉,天眼第一。可惜他的肉眼有病,不能多承担为法的义务。释尊晚年,也可说从阿难出任侍者(释尊五十六岁)以后,佛教就在内有阿难,外有舍利弗与目犍连的助理下,推行教化。阿难重于内务;而一般的教化,游行教摄,都是舍利弗与目犍连同心协助。这里且引几节经文来证明。佛说:"此二人,当于我弟子中最为上首,智慧无量,神足第一。"(《五分律》一六)又说:"舍利子比丘,能以正见为导御也;目犍连比丘,能令立于最上真际,谓究竟漏尽。舍利子比丘,生诸梵行,犹如生母;目犍连比丘,长养诸梵行,犹如养母。是以诸梵行者,应奉事供养恭敬礼拜。"(《中部》一四一;《中含》七·三一)释尊对于舍利弗与目犍连的功德,对二人的教导学众、陶贤铸圣,赞誉为如生母与养母一样,那是怎样的器重呢!经上又说:"若彼方有舍利弗住者,于彼方我则无事。"(《杂含》二四·六三八)"我观大众,见已虚空,以舍利弗、大目犍连般涅槃故。我声闻惟此二人,善能说法,教授教诫。"(《相应部》四七·一七;《杂含》二四·六三九)这是二大弟子涅槃以后,释尊所有的感叹。僧团中没有他们,显然有(空虚)僧伽无人之慨。有了舍利弗,释尊就可以无事(放心);没有了他,又非释尊自己来处理不可。这可见二人生前,在僧伽中所有的地位了!某次,舍利弗与目犍连,与五百比丘来见佛。声音吵闹了一点,释尊叫他们不必来见,到别处去。后来,释尊又慈愍他们,让他们来见佛。释尊问他们:我不要你们来,你们的感想怎样?舍利弗说:我想:"如来好游闲静,独处无为,不乐在闹,是故遣诸圣众耳!……我亦当在闲静独游,不处市闹。"释尊立即纠正他:"莫作此念!……如今圣众之累,岂非依舍利弗、目犍连比丘乎!"目犍连说:我想:"然今如来遣诸圣众,我等宜还收集之,令不分散。"释尊听了,赞叹说:"善哉目犍连!众中之标首,惟吾与汝二人耳!"(《增一含》四五·二)从这一对话中,看出了释尊是器重二人,而将教诲圣众(僧)的责任,嘱累他们。内有阿难,外有舍利弗(目犍连),觉音的《善见律》,也透露这一消息:"时长老阿难言:除佛世尊,余声闻弟子,悉无及舍利弗者。是故阿难若得(衣、食、药)……好者,先奉舍利弗。……(舍利弗说)我今应供养世尊,阿难悉作,我今得无为而住;是故舍利弗恒敬重阿难。"彼此相敬,内外合作,在释尊衰老而不胜繁劳的情形下,使僧众清净,佛法得迅速地发展开来。所以从表面看来,释尊统摄的僧团,部分责任,在阿难与舍利弗、目犍连的身上。为众说法，是他们；有什么事，也要他们去（如去黑山驱逐马师与满宿）。

上座长老，本来还有不少。摩诃迦㫋延，游化到阿槃提国去了。摩诃迦叶，不大顾问僧事，总是与一类头陀行者，自己去精进修行。

三、提婆达多与舍利弗、目犍连：释尊晚年摄理僧伽的实际情形，如上面所说，得力于舍利弗与目犍连——二大上首弟子的摄理助化，二人也就成为佛的"胁侍"，"双贤弟子"。后起之秀的提婆达多，舍利弗也曾予以赞扬。但在提婆达多的声望不断提高时，从经律看来，对于舍利弗与目犍连，早就存有深刻的意见了。提婆达多的向佛"索众"，并无反佛叛教的意义。他承认"世尊是诸法之主"（《四分律》四），只是希望在僧团中，获得教授摄理的地位；初步是企图得到舍利弗与目犍连的地位。释尊不答应他，又赞扬舍利弗与目犍连，问题就这样的恶化起来。

舍利弗、目犍连与提婆达多，彼此存有歧见，有几点可为证明。（一）提婆达多的弟子月子比丘，来见舍利弗。舍利弗问起：提婆达多怎样的说法教化？月子说："提婆达多如是说法言：心法修心法，是比丘能自记说：我已离欲，解脱五欲功德。"舍利弗批评说："何不说法言：比丘心法善修心，离欲心，离嗔恚心，离愚痴心，……自记说言：我生已尽！"（《杂含》一八·四九九）同样是"修心"，但彼此的着重不同，也就不免成为不同的派别。这如神秀的"时时勤拂拭，莫使惹尘埃"，被慧能修改为"本来无一物，何处惹尘埃"，就流为北禅与南禅的对立一样。提婆达多的见地，与他的"五法是道"有关，到下面再为说明。（二）

提婆达多的上首弟子,也是最忠实的四大弟子之一——瞿迦梨(或作瞿婆利等),对舍利弗与目犍连曾有过严重的讥毁。事情是这样:舍利弗与目犍连,逢到暴雨,进入一石室中避雨。石室中,先有一位牧牛的女人在里面。这位牧女,胡思乱想,欲意缠绵,以致流失不净。雨停了,舍利弗与目犍连离去,恰巧为瞿迦梨所见。他知道了二人与牧女同住石室,又看出了牧女的曾有欲情,所以断定为:舍利弗与目犍连行不净行。他向诸比丘说:"诸君常言,舍利弗、目犍连污清净行,我向者具见此事。"他见了释尊,举发舍利弗与目犍连为"恶欲者"。释尊一再告诉他:"汝宜及时悔心!何以故?此等梵行全。"瞿迦梨也再三地说:"知如来信彼人意净,但为眼见舍利弗、目犍连为恶。"(《鼻奈耶》四)瞿迦梨谤舍利弗等而堕地狱,为多种经律所说到。这显然是由于一向存有敌意,所以借此来打击二大上首的道誉。(三)提婆达多的另一大弟子——迦留卢提舍,对这事也与瞿迦梨一样(《相应部》六·八)。(四)一次,"舍利弗患风,有一(作药用的)呵梨勒果,着床脚边。瞿迦梨来,……见,语诸比丘:世尊赞叹舍利弗少欲知足,而今藏积我等所无。"(《五分律》二六)这么大的小事,也要拿来对舍利弗诽毁一番,可以想见情形的严重了!据这几点来说,舍利弗与提婆达多的见地不相同;而提婆达多系的比丘,早在不断地诽毁舍利弗与目犍连。这为了什么?不外乎想取得僧众的同意,而获得僧伽中的领导地位而已。

四、揭发破僧的序幕:释尊六十岁以后,大部分时间常在舍卫城(《僧伽罗刹所集佛行经》)。大概年事渐高,所以减少了长途游化的生活。各方比丘众,每年安居前后,尽可能来礼见释尊。此外,就是舍利弗等大弟子,游化摄导,以保持僧伽的和合。该是那个时候吧! 提婆达多弘化于王舍城,得到了辉煌的成就,竟取得阿阇世王子的信敬;大有释尊初来王舍城,得到频婆娑罗王信奉的那种情况。提婆达多开始怀有统摄僧众的雄心;他的野心,目犍连最先报告了释尊,那时释尊在拘舍弥(《五分律》)。等到释尊回王舍城来,比丘与信众们,当然会集中而归向于释尊。就是释尊的上首弟子——舍利弗与目犍连,论智慧、神通,论(出家)年龄,论德望,都远远地超过了提婆达多。在这种情形下,提婆达多得到了三大力量的支持,开始走入歧途,向佛索众。索众的话,说来似乎好听,而其实是嫉视舍利弗与目犍连,进而要求释尊不要再顾问僧事。领导权的争取,与出家的初意,为法教化意义相离得太远了! 也难怪释尊的诃斥。

四

提婆达多向佛"索众"没有达成目的;他在三大力量的诱惑与鼓舞下,更向破僧的逆行前进。三大力量是:王家尊敬,释种拥戴,苦行风尚。

一、王家尊敬:起初,提婆达多得到王子阿阇世的尊敬供养。后来,父王频婆娑罗的政权渐落入阿阇世手中,终于篡夺王位,父王也就被囚禁而死。那时,提婆达多受摩竭陀国阿阇世王的尊敬供养,当然也受到王家、民众、部分出家众的尊敬。在佛教中的优越地位,是可以想见的! 但这只能造成他的有利情势,诱发他统摄佛教的野心,而不能以政治权力来干预宗教,取得统摄僧伽的资格。古代宗教的成立与发展,是凭借自身的感召,大众的信仰,而不是取决于政治的支持。所以王家的尊敬,不可以政治权力来解说。事实上,阿阇世王也没有以政治权力来干预宗教,造成提婆达多统摄僧众的地位。

经律一致记载:提婆达多的破僧,是受了利养恭敬的损害。如佛在拘舍弥时,最初发觉提婆达多的用心,就告诉比丘们:"芭蕉、竹芦,以实而死;驱驉怀妊,亦丧其身;今调达贪求利养,亦复如是。"(《五分律》三)"利养恭敬",或说"名闻利养"、"名利",是引发提婆达多破僧的因素。说到贪求名利的过失,约可分三类:(一)出家后,一切为了名利,那是"形服沙门"。这种人的罪行昭彰,是不可能造成破僧罪的。(二)有些出家人,多闻持戒,精进修行,不失为清净比丘。但德望一高,利养不求而自来。名利一来,逐渐腐蚀了精进的道念,有的变得生活糜烂,甚至堕落不堪。对这类比丘,佛每以"利养疮深"来警策。提婆达多与上二类不同,是属于另一类的。他受到利养恭敬,受到赞叹,不免得意忘形,不再认识自己,而自视越来越高。于是,更精严、更刻苦的修行,更能将自己所得的施散给同学,而追求更大的尊敬。根源于我见的主宰意识(慢,权力欲)越来越强,觉得自己最伟大,僧众的统摄非自己不可。这是领袖欲,是从王家尊敬 ——利养恭敬所引发的。

二、释种拥戴:释种,指释迦族出家的比丘、比丘尼众。释尊出身于释迦王族;从佛出家的弟子,不问他的种族如何,一律平等。为了与其他外道出家不同,称为"释沙门",所以说:"四姓出家,同称为释。"释尊摄化的出家弟子,确是不分种族阶级,一律平等的。但出身于释迦族的比丘、比丘尼,与佛同族,多少有些优越感。对于僧伽的统摄,在释尊晚年,或预想到涅槃以后,极可能认为,应由释族比丘来统摄,来继承释尊摄化四众的事业。从世间来说,这些也是人情之常,但与佛法却并不相合。从经律看来,拥戴提婆达多的,恰好就是释族的出家众。这一问题,似乎还少有人说到,所以要多多引述来证成这一论题。

提婆达多有四伴党,也就是提婆达多集团中的核心人物,名三闻达多、骞荼达婆、拘婆(迦)离、迦留罗提舍(人名译音,经律中每译得多少不同;这是依《四分律》说的)。其中三闻达多与拘迦离,是这一系的杰出人士。据《根有律破僧事》(九)说:四人都是"释种出家"。《众许摩诃帝经》(一三)说到释种出家,有名"海授"的,即三闻达多的意译。又如迦留罗提舍,《根有部苾刍尼律》(五)意译为"根本";吐罗难陀尼说他"是释迦种"。这可见提婆达多系的主要人物,都是释种了。此外,律中有名的六群比丘,是难陀、跋难陀、迦留陀夷、阐那、阿湿鞞、不那婆娑。《僧祇律》(二六)说:"六群比丘共破僧。"而《五分律》(二五)所说的调达眷属,也列有额鞞(即阿湿鞞)、分那婆薮(即不那婆娑)在内。比丘犯戒,释尊因而制定学处(戒);在律师们说起来,几乎都是这六位初犯的。这姑且不作深论,要说的是:助提婆达多破僧的六群比丘,不是释种,就与释种有密切关系。如《萨婆多毗尼毗婆沙》(四)说:"五人是释种子王族:难途,跋难途,马宿,满宿,阐那。一人是婆罗门种,迦留陀夷。"其中,难陀释子、跋难陀释子,是弟兄;在律中是被说为贪求无厌的比丘。阿湿鞞与不那婆娑(意译为马宿、满宿)"事事皆能,亦巧说法论议,亦善阿毗昙"(《萨婆多毗尼毗婆沙》四)。在律中,是"行恶行,污他家"(依中国佛教说,是富有人情味)的比丘。阐那(或译车匿)是释尊王子时代的侍从,有部说他是释种,但从《僧祇律》(七及二四)看来,是释族的奴仆。在律中,是一位"恶口"比丘。迦留陀夷是"净饭王师婆罗门子"(《十诵律》一七),是释尊王子时代的侍友(《佛本行集经》一六);在律中,是被说为淫欲深重的比丘。这六位释族或与释尊有关系的比丘,都曾是提婆达多的拥护者。再说到比丘尼:佛世的比丘尼,以释迦族,及释迦近族——拘梨、摩罗、梨车族女为多(《僧祇律》三九;《四分律》四八)。女众更重视亲族及乡土的情谊,当然是提婆达多的拥护者了。被律师们看作犯戒、不护威仪的恶比丘尼,《四分律》与《僧祇律》作"六群比丘尼";《根本一切有部律》作"十二众苾刍尼";而《十诵律》索性称之为"助调达比丘尼"。例如提婆达多伴党迦留罗提舍,"是释迦种"。他有姐妹七人,都出家为比丘尼,偷罗难陀就是其中的一人(《十诵律》四一、四七)。偷尼自称:"我生释种,族姓高贵"(《根有部苾刍尼律》一九);她是十二众比丘尼的首领(《根有律杂事》三二)。偷罗难陀尼曾赞叹"提婆达多、三闻陀罗达、骞驮罗达婆、瞿婆离、迦留罗提舍"为"龙(象)中之龙";说"舍利弗、目犍连、大迦叶"为"小小比丘";律说"偷罗难陀尼为提婆达部党比丘尼"(《四分律》一三;《十诵律》一二)。总之,释种的比丘、比丘尼,多数拥护提婆达多,极为明显。

再举二事来说明:一、六群比丘的"恶口"阐那,到底是怎样的呢?他说:"大德!汝等不应教我,我应教汝。何以故?圣师法王,是我之主;法出于我,无豫大德。譬如大风吹诸草秽,并聚一处。诸大德等种种姓,种种家,种种国出家,亦复如是;云何而欲教诫于我?"(《五分律》三)《善见律》(三)译为:"佛是我家佛,法是我家法,是故我应教诸长老,长老不应反教我。"他不能接受比丘们的教诫,显然是由于"贡高";由于自己是释种,曾事奉释迦太子而起的优越感。他的理由是说:佛出于释迦族,法是释迦佛说的,所以应由我们释种比丘来摄化教导你们(僧众)。这种想法,不正是释种比丘、比丘尼,拥戴提婆达多来向佛"索众"的意趣吗? 二、六群中的迦留陀夷,虽在律师们看来,极不如法,但应该是非常杰出的比丘。他出家不久,就证阿罗汉果(《善见律》一七);是波斯匿王夫人末利的门师(近于中国的归依师)(《四分律》一八;《十诵律》一八;《僧祇律》二〇);曾教化舍卫城近千家的夫妇证果(《十诵律》一七);赞佛的"龙相应颂"(《中含》二九·一一八),为《发智论·杂揵度》所引用("那伽常在定",就是出于此颂)。某次,迦留陀夷对于舍利弗所说的:三学成就,"若于现法不得究竟智,身坏命终,过抟食天,生余意生天,于彼出入想知灭定"(《中含》五·二二),曾一而再、再而三地否定他的见解,从僧中论净到佛前。这是思想上的不合;末了由释尊呵责迦留陀夷,才停止辩论。那一次,释尊也同时呵责阿难:"上尊名德长老比丘为他所诘,汝何以故纵而不检! 汝愚痴人! 无有慈心,舍背上尊名德长老!"在律中,比丘们辩论诘责,阿难从来也没有,不曾使用判决胜负、中止辩论的权力。释尊为什么要呵责呢? 不免有"是他所作而我得责"的感慨了! 其实,是释尊见到他在释族比丘系、十方比丘系的争辩中,他"舍背上尊名德长老"舍利弗,而采取了中立观望的态度。说到阿难,与舍利弗、目犍连本来非常友善。他的慈心重,温和谦顺,虽有学不厌、教不倦的特德,但没有目犍连、提婆达多、大迦叶那样的强毅果决。他作佛的侍者,忠于职务,没有私心。在释族比丘与十方比丘的对立中,提婆达多向佛索众,进而破僧的过程中,阿难始终是以佛的意见为意见。只有在迦留陀夷与舍利弗的辩诘中,采取了中立立场,也仅此一次受到了释尊的呵责。

　　释迦比丘与十方比丘,早就有些不协调。作为十方比丘上首的舍利弗与目犍连,从经律看来,受到了一次又一次的诽毁、责难。等到提婆达多的德望高起来,向佛"索众"(引起破僧),三闻达多等四伴党是绝对支持的。六群比丘、六群比丘尼,是附和的。其他的释族出家者,也多少有些同情吧!

　　三、苦行风尚:印度恒河流域的苦行精神特别发达。与释尊同时而多少早一些的尼犍亲子,出于毗舍离王族,立耆那教,特重苦行。一直到现在,印度还有不少的耆那教徒。释尊出家修学时,也曾苦行了六年。在当时,苦行主义确是非常风行的,如《五分律》(二五)说:"此摩竭、鸯伽二国人,皆信乐苦行。"破(法轮)僧,是从佛教中分出一部分比丘而自成僧伽,自立新宗教,这不但要僧中有人附和,更要适合时代趋势(契机),而得信众的归依。时代是苦行主义风行,而提婆达多正是一位头陀苦行者。他向释尊索众而不得,内有释种出家的拥戴,外应时代苦行的风尚,这才索性标揭苦行教条,起来破僧。

　　提婆达多所标榜的,主要是"五法",广律中都有说到,《四分律》叙述得最明白。提婆达多以为："如来常称说头陀少欲知足乐出离者，我今有五法，亦是头陀胜法，少欲知足乐出离者：尽形寿乞食，尽形寿着粪扫衣，尽形寿露坐，尽形寿不食酥盐，尽形寿不食鱼及肉。"（《四分律》五）这是与头陀行相近的；头陀行值得称赞，这五法可说更精严些。于佛法缺少正见的，会迷迷糊糊地跟着走，还自以为了不起呢！但所说的五法，各律传说也略有不同，惟《毗尼母经》（四）与《四分律》一致。兹列表如下：

```
《四分律》    《十诵律》    《铜鍱律》    《五分律》

常乞食————受乞食————常乞食————常乞食

粪扫衣————受衲衣————粪扫衣

常露坐————受露坐————树下坐————八月露坐·四月住草庵

                              ┌不食酥乳
不食酥盐———————————————————┤
                              └不食盐

不食鱼肉———断鱼肉————不食鱼肉————不食鱼肉

      受一食

        常住阿兰若
```

此外，还有《根有律》的《破僧事》，前后三说——卷十、十一（《律摄》同此说）、二十，多不尽相同。综合地看来，衣服方面，主张尽形寿粪扫衣，不受施主施衣。住处方面，主张尽形寿住阿兰若，露地坐，树下坐，不受住房屋。饮食方面，主张尽形寿乞食，不受请食。特别主张不食酥、盐、鱼、肉等。这些，与头陀行相近，也与受比丘戒时所受的四依法相近。四依法是：尽形寿依粪扫衣住；依乞食住；依树下住；依陈弃药住。那么提婆达多的五法，为什么成为反佛法的标帜呢？

五

提婆达多标榜"五法",造成了破僧的恶行。五法与佛法的不同何在？有些律师，也有点邪正不分，如《毗尼母经》(四)说："提婆达多五法，不违佛说，但欲依此法坏佛法也。"这是不对的！如五法不违佛法，那唱道五法怎么会坏佛法呢？要知提婆达多的五法与佛法完全不同，试以两点来说明：

一、提婆达多的五法，是绝对的苦行主义，尽形寿奉行而毫无通变。自以为："出家求道，宜应精进。瞿昙沙门亦有此五法，但不尽形寿；我今尽形寿受持此法。"(《善见律》一三)。释尊是中道主义：鹿野苑最初说法，即揭示了不苦不乐的中道行。这不是偏激的一边，而是有通变性、宽容性、多方适应性的。如佛说四依(四圣种)，是出家者立下决心，做最艰苦的准备。出家依信众而生活，不一定能四事具足；如遇到生活艰苦的时候，那是意料中事，能忍受艰苦，身心安定而不失道念(否则就退心了)。实际上，出家受四依法，并不是一定非苦不可。所以不一定乞食，也可以受请；不一定粪扫衣，也可以受施衣；不一定树下坐，也可以住房舍重阁；不一定陈弃药，也可以食酥等。又如十二头陀行，佛也曾赞叹。那因为有些苦行根性，爱好这些苦行。其实修解脱行的，不一定要修头陀行。如修八正道，头陀行者可以解脱；人间比丘也可以解脱；在家弟子享受丰富，也可以解脱。以释尊自身来说，没有修头陀行，有时受百味饮食，价值百千两金的金缕衣，高楼重阁，百千人共住，岂不也还是少欲知足，乐独住吗？众生根性不等，如一定受五法，或持十二头陀行，那只能适应少数人，而反障碍了多数人出家修学。所以释尊不同意提婆达多的五法，如《善见律》（一三）说："若许调达五法者，多有善男子出家，若受持此法，则于道有（障碍）难。"又如《萨婆多毗尼毗婆沙》（三）说："此五法，佛常日赞叹。……所以赞叹者，云四圣种能得八正道，成四沙门果。今调达倒说云：八圣道趋向泥洹，反更迟难。修行五法以求解脱，其道甚速；是故说为非法。"这是说，佛制四圣种（四依），只是为了比丘依信众而生活，得来不易，所以不可不得少为足，随缘修行，修八圣道而证圣果。而调达却重于苦行，以为八圣道不够精进；修精苦的五法，才容易得道。这是落入苦行主义，所以是"非法"。苦行主义是：学道非尽形寿修苦行不可；修苦行才容易解脱。这种偏激的苦行主义，与佛的中道主义不合，所以提婆达多以五法为教，造成了破僧的局面。

二、释尊的中道行，我曾解说为"以智化情"。换言之，中道的佛法，不重于事相的物欲的压制，而重于离烦恼，显发心清净性，解脱自在。而提婆达多的五法，却是重于物欲的压制。越着重这方面，就越流于苦行。上面曾说到：提婆达多说法的要点是："心法修心法，是比丘能自记说：我已离欲，解脱五欲功德。"（《杂含》一八·四九九）可见提婆达多的修心决要，是压制物欲。不受五欲（微妙的色声香味触）功德，专精苦行，养成厌恶五欲、不再爱好五欲的习性。称之为离欲，解脱，以为是真解脱了。这样的修心法，浅些的是戒行，深些的是定行（定是离欲的，喻为"如石压草"）。不知道烦恼丝毫未动，只是暂时潜伏而已。一遇因缘,贪嗔痴全部发动,定也退了,神通也失了,戒也会犯了。所以佛说:惟有"智慧成就者,此是第一之义"。提婆达多重于精苦的戒行、定行,重在外在物欲的克制,而不修内心智证的净化,所以舍利弗批评他:"何不说法言:比丘心法善修心,离欲心,离嗔恚心,离愚痴心"而得心解脱呢!

这样,佛说的中道行,是宽容而多样性的,不是偏激的两边。修心方面,是以智证法性而销融情欲,而不是专在物欲的压制上做工夫。而提婆达多的五法,偏于苦行;修心偏于压制物欲。在一般看来,也许觉得他精苦卓越,比释尊的正法更高妙呢! 提婆达多不也自以为:"瞿昙沙门亦有此五法,但不尽形寿,我今尽形寿受持此法";自以为"头陀胜法"吗? 提婆达多标榜这五法,以为胜于释尊的中道,这当然会因此而破僧了!

提婆达多以五法为教而破僧,经过如下:一、提婆达多等议决,再向释尊提出,希望释尊能采取五法,制为比丘必学的戒法。释尊当然否定了,认为:常乞食是好的,但也不妨受请食;……不食鱼肉是可以的,但也不妨食三净肉(《善见律》一三)。提婆达多这一着,是相当厉害的:因为如释尊采用而制为必学的戒法,那是提婆达多的苦行主义胜利了。他在僧伽中,也自然提高到领导地位。如释尊不采用,那就可以标榜苦行,自以为精进。"瞿昙(释尊)不尽形寿持,我能尽形寿持",超佛一等。二、提婆达多与他的伴党不断宣传五法,以为这才能迅速而容易解脱。三、恰好逢到那年饥馑,比丘们在安居期中的生活相当艰苦。提婆达多获得王家的护持,所以随从他的部分比丘,生活过得比较好。这是个有利的时机,提婆达多就在大众中,提出五法来进行表决("行筹")。结果,有五百位初学比丘赞同他的意见。这样他就率领这一群比丘,到伽耶山住下,而在同一界内自行布萨说戒(《十诵律》四六;《鼻奈耶》五等)。对佛说的经教、比丘僧的制度服装,也多少修改(《十诵律》三六;《萨婆多律摄》四等),成立新的僧伽,就这样达成了破僧的目的。

六

再说破僧的结果及其影响。提婆达多真的破僧了,作新佛、立新教了,但并不如预期的理想。因为在释尊授意、经舍利弗等采取对策后,提婆达多就完全失败。一、提婆达多既宣扬五法是道,佛就命僧伽推举舍利弗(或说阿难),到王舍城,向信众们宣告:"若受调达五法者,彼为不见佛法僧。"(《五分律》三;《十诵律》等大同)这是说,提婆达多的五法与佛法不合,要佛教信众不受他的诱惑,而削弱他的力量。二、在出家众中,对于提婆达多及其伴党,先由与他们亲密友善的去劝说;再由多数比丘去劝告;再由全体僧众来一劝再劝:"汝莫为破和合僧勤方便,当与僧和合。"(《五分律》三等)这样的极尽人事,展开一致的反分裂运动。对提婆达多来说,仁至义尽;对僧众来说,也从一致行动中加深了团结。三、众律一致记载:提婆达多率领五百比丘,实行破僧,舍利弗与目犍连立刻采取对策,也到提婆达多那边去。提婆达多正在欢喜,以为舍利弗等也来附从他,而不知舍利弗暗暗地向五百比丘劝告说服,目犍连以神通感召,马上又把五百比丘带回释尊这边来。这么一来,提婆达多的破僧,仅剩他自己与伴党四人了。这可能不止仅剩五人，但多数比丘确乎都在释尊这一边。提婆达多破僧，没有能成立强大的新宗教，不如预期的理想；而阿阇世王的信敬也淡薄了。提婆达多的新教梦一旦破灭，晚年挫折，不久也就死了！

提婆达多破僧的失败，原是必然的。只是提婆达多醉心于权威，妄自夸大，不自量力罢了！如王家尊敬，仅能造成有利情势，但并不能以政权干预来统摄僧伽，创立新教。释种比丘的拥戴，可能支持他索众，却不能支持他破僧。从索众而发展到破僧，已变质为叛弃佛教，与释尊为敌。传说有推石压佛、纵象害佛的故事，敌害释尊，释种比丘怎能支持他呢？而且，释种六群比丘、比丘尼，多数根性是近于"乐行"的；佛弟难陀、侍者阿难，也还是一样。那么提婆达多的标榜苦行，也就等于取消了支持自己的力量。苦行，诚然是时代风尚。但比丘的头陀苦行者，如大迦叶、优波斯那等集团，都是十方比丘。对于释种中心运动，早就不表同情，焉能因标榜苦行而就改变他们的立场！何况这些苦行头陀，从佛已三四十年，提婆达多又凭什么使他们追随自己，执弟子礼呢！所以，轰轰烈烈的破僧运动，一经舍利弗、目犍连传达释尊意旨，展开反分裂运动，提婆达多就立刻失败下来。

破僧的结果是失败了，但对佛教的影响是广汐的、深远的。在社会信众方面，引起不良反应。当舍利弗传达释尊的意旨，到王舍城宣告提婆达多的非法时，引起了社会的疑难与讥嫌。如说："时彼众会皆悉唱言：沙门释子更相憎嫉，见调达得供养，便作是语。"（《五分律》三〇；参《十诵律》三六；《四分律》四）提婆达多素为朝野所景仰，突然而来的评斥，是会使人惊疑的。有人以为:"是上人调达,身口可作恶耶?"(《十诵律》三六)就是比丘,有些也会不信的(《增一含》一一·一〇;四三·四)。从传记看来,阿阇世王于释尊缺乏信心,所以破僧事一告段落,释尊就回舍卫城。后因王舍城多疫,阇王才心悔,礼请释尊还王舍(《根有律药事》五)。经耆婆的引导,阿阇世王又归依释尊(《长部》二;《长含》二七)。不久,释尊就东去毗舍离,作涅槃前的最后游行。这可见释尊晚年,王舍城的法化,是不免受到影响的。在出家众方面,影响更大。提婆达多是释种,伴党也是释种;提婆达多失败了,释种比丘不免受到十方比丘的嫉忌诽毁。六群比丘被看作毁犯的象征,众恶归之。甚至释族而新求出家,也不免受到留难,或者拒绝。释族比丘与十方比丘间的不和谐,为后来佛教分化的一大因素。余波荡漾,一直延续到七百结集的时代。

七

有些是可以不必说的,但不妨附带地叙述一下,以说明广律,有些是律师们的口头传说,治律者应有所抉择。提婆达多破僧,罪大恶极,这是不消说的;但有些也不免是造口业。如提婆达多修定而发神通,因神通而化阿阇世王子,这才受到利养恭敬,引起索众破僧。依《铜鍱律》、《四分律》(四)、《五分律》(三),修定发通,是从释尊学习的。有些人觉得:如不教他发神通,那不是不会破僧吗?释尊怎么会教他?为了说明与释尊无关,有的说:释尊不教他,五百大罗汉也不教他,阿难以亲属爱而教了他(《十诵律》三六)。有的说:是从阿难的和尚——十力迦叶学习的(《根有部苾刍律》一四;《根有律破僧事》一三)。照这种想法,如不让提婆达多出家,不是更好吗?因此有的说:释尊不许他出家,后来他自剃须发("贼住"),从破戒比丘修罗陀学习的(《增一含》四九·九)。传说不同,只是为了满足那种浅薄的想法。其实,从佛学习而得定发通,有甚么过失呢!

提婆达多破僧,就是想作新佛;作新佛,就非处处模仿释尊不可,故事就这样的多起来。释尊体格极强,所以耆婆为释尊治病,用酥一斤。提婆达多有病,也就非服酥一斤不可。可是体力差,消化不了,病苦反而增加了。释尊可怜他,以神力治了他的病,提婆达多反而说:释尊有这样高明的医术,可以依此为生(邪命)。这故事已有点不近情了!还有,释尊有三十二相,身作金色。提婆达多为了身作金色,以沸油洒身,然后涂上金箔,痛苦不堪(《根有律破僧事》一八)。释尊脚下有千辐轮相,提婆达多就叫铁匠来,用热铁烙足以造成千辐轮相(《根有律破僧事》一八)。这二则故事,我觉得不一定刻画出提婆达多的愚痴,只表示了故事编造者的过于幼稚!

这还不过幼稚可笑而已,还有荒谬的呢!提婆达多破僧失败,又想回故国作王。他求见耶输陀罗,想与她结婚,以便登上王位。耶输陀罗与他握手;耶输陀罗力大,使提婆达多的五指出血。提婆达多还不死心,又去见"舍迦"(即释迦)种,要求让他作王。大家要他取得耶输陀罗的同意,结婚,才公推他作王。他再进宫去见耶输陀罗,耶输陀罗执住他的双手,十指流血,狼狈而逃(《根有律破僧事》一〇)。前年日本摄制释迦传影片,有提婆达多入宫,强占耶输陀罗事,引起了佛教界的公愤,其实这是根据古代律师的荒谬捏造而改编的。考释尊八十岁入涅槃,为阿阇世王八年。提婆达多的索众、破僧,在阿阇世王登位前后。所以这是释尊晚年,约在释尊七十到七十五岁间的事。提婆达多与释尊的年龄相近,也是七十高龄的耆年了!耶输陀罗比释尊小不了几岁,那时已出家近二十年了。故事的编造者毫无时间观念,只顾说来好听。这到底是丑诋提婆达多呢?还是诬辱耶输陀罗呢?

（录自《华雨集》三,1—36 页,本版 1—24 页。）

五 王舍城结集之研究

一

　　王舍城五百结集,是佛入涅槃以后,佛教界的第一大事。这一次结集,决定了初期佛教的动向,也造成了佛教分化的必然形势。对佛教来说,这一次结集是无比重要的! 先来说:谁发起这次结集? 为什么要结集? 结集些什么?

　　释尊入灭以后,一代的教说,当然是要结集的,结集是佛弟子的共同要求。但结集的倡议者、主持者,对于结集的成果如何,是有特殊关系的。古代一致传说,王舍结集是大迦叶发起的。大迦叶为有名的大德,以"头陀第一"而受到尊敬。释尊最后的游行,到拘尸那入灭,大迦叶并没有随从。但知道了释尊将要入灭,就率领五百比丘,急忙赶来。在佛入灭的第七天,大迦叶赶到了拘尸那,就以年高望重的上座身份,主持了庄严的荼毗大典。就在大典期中,发起结集法藏的会议,而决定在当年的安居期中,在王舍城召开结集大会。王舍城,是大迦叶一向游化的区域;这一次,也还是从王舍城赶来(《僧祇律》三二;《涅槃经后分》)。从王舍城来,又决定去王舍城结集法藏,对这次结集,大迦叶显然起着重要的决定作用。

为什么要发起结集?传说是:一、出于诸天的劝请:这可解说为佛教界的一致要求(《阿育王传》六;《有部毗奈耶杂事》三九)。二、出于大迦叶的意思:巴利《铜鍱律·小品(一一)·五百犍度》,《五分律(三〇)·五百集法》,《四分律(五四)·集法毗尼五百人》,《僧祇律(三二)·杂跋渠》,《十诵律(六〇)·五百比丘结集三藏法品》,一致说到:当大迦叶来拘尸那,途中得到释尊已入涅槃的消息时,有比丘说:“彼长老(指佛)常言:应行是不应行是,应学是不应学是。我等于今始脱此苦,任意所为,无复拘碍。”这位比丘的言论,也见于巴利《长部》的《大般涅槃经》、《长阿含·游行经》等,所以是声闻经律的一致传说。这位比丘,《铜鍱律》(《善见律》同)、《长部·大般涅槃经》,说是老年出家的须跋陀罗。《五分律》、《四分律》、《长含·游行经》,说是(六群之一的)释种跋难陀(《般泥洹经》作释种桓头)。《迦叶赴佛般涅槃经》作“老比丘波或”。波或即波婆的异译,是地名而非人名。此外,《十诵律》等,只说是老年出家不懂事的比丘(摩诃罗)。总之,大迦叶发见了这种论调(实在就是阿难传佛遗命——“小小戒可舍”的主张),非常不同意,因而下了立即召开结集会议的决心。重视这一召集会议的主要动机,再与结集大会所发生的重要事项,作综合的研究,也就能理解王舍结集的特性。

当时结集了些什么?这首先要说,释尊的身教言教,在王舍结集以前,早就有了部分的编集。王舍结集以后,也还要继续篡集流通。释尊在世时，圣典的集成部类，至少有"法句"、"义品"、"波罗延"、"邬陀南"、"波罗提木叉"——五种。"法句"，是德行（法）的类集。"义品"，或译作"义足"、"义句"，是甚深义的类集。"波罗延"，译为彼岸道，是到彼岸（涅槃）的法门。"邬陀南"，译为（无问）自说，是释尊因物因事而说的感兴语；这与诗教六义的"兴"一样。这四类，或是佛说的，或是佛与弟子的问答；还有编集者的叙述语。文体方面，都是易于传诵的偈颂。"波罗提木叉"（别解脱），是佛所制的成文法典。佛世有半月半月诵波罗提木叉的制度，可见早就有了编集。但波罗提木叉是因事立制，所以是不断增加，逐渐完成。佛入涅槃时，比丘戒就有二百五六十戒吗？这是很难说的。南传《增支部》（三・八三、八五——八七）一再说到："一百五十余学处（戒）每半月诵。"虽然汉译的相当部分（《杂阿含经》），已改为二百五十余戒，但玄奘所译《大毗婆沙论》引经，也还说到"诵戒百五十事"，可见一百五十戒的古说，不只是南传铜鍱部的传说。佛世所诵的波罗提木叉，也许就是这样的吧！

说到王舍城的结集，是在大迦叶领导下完成的。由优波离诵出律藏，阿难诵出经藏。但说到论藏，无论是内容，是诵出者，传说得都不相同。如《僧祇律》、《铜鍱律》、《五分律》，根本没有说到论藏的结集。铜鍱律论——觉音的《善见律》、《法藏部》的《四分律》虽说到阿毗昙藏，但没有说诵出者是谁。而且，《善见律》所说，是《分别》等七部论；而《四分律》所说的"有难、无难、系、相应、作处"，与《舍利弗毗昙》所说相合。摩偷罗有部的《十诵律》，说阿难出阿毗昙藏，举五戒为例；《智度论》与此相合。首举五戒,意指有部的《法蕴足论》。《根本说一切有部律杂事》说大迦叶诵出摩呾里迦,与《阿育王传》相合;这是有部譬喻师的传说。《西域记》(三)也说迦叶出论,但说是阿毗达磨。此外,真谛三藏《部执论疏》,传说富楼那出阿毗昙藏。这样的或者没有说到,说到的又全不相合,所以王舍结集论藏的传说,是难以使人相信的。关于阿难出经、优波离出律的实情,留待以后研究。

二

在结集法会中,大迦叶对阿难有了不寻常的行动。起初,拒绝阿难参加结集法会。后来因阿难传达佛的遗命——"小小戒可舍",而对阿难作一连串的责难。我在《阿难过在何处》虽曾多少说到,但还应进一步去了解。大迦叶崇尚苦行,不染尘欲(男女欲与物欲),厌恶女性,威严峻肃,更有自视极高的高慢余习。他自以为受到佛的特别重视:佛曾当众称赞他,佛有九次第定、六通,迦叶也能得到(《相应部》一六·九;《杂含》四一·一一四二)。虽然得九次第定与六通的大阿罗汉,佛弟子中并不太少,但大迦叶却觉得与佛相同,引以为荣(《相应部》一六·一〇;《杂含》四一·一一四三)。他在多子塔初见释尊,自称弟子时,以自己所穿的贵价衣,折叠为佛作座。佛称叹"此衣轻细",他就发心供养。释尊于是说:"汝当受我粪扫衣,我当受汝僧伽梨。"(《相应部》一六·一一;《杂含》四一·一一四四;《根有部苾刍尼毗奈耶》一)他换得佛所穿的粪扫衣,也觉得是不凡之遇(这顶粪扫衣,早就坏了,但被想像为付予重任,因而造成无数的衣的传说)。受佛赞叹、受佛粪扫衣二事,使迦叶自觉为有摄导僧伽、结集法藏的当然责任(《善见律》一)。不但如此,迦叶还有与佛几乎平等的传说。《杂阿含经》(四一·一一四三)说:佛在舍卫国,大迦叶从阿练若处来。众比丘见他"衣服粗陋,无有仪容"——留着长长的须发,大家都轻慢他。佛因此说:"善来迦叶!于此半座。我今竟(不)知谁先出家,汝耶?我耶?"与此相当的巴利经典,没有这一段,这是北方的特有传说(大迦叶在北方受到特别推重),意义非常深长!释尊的分与半座,不只是尊重,而表示了与佛的地位平等。传说顶生王升忉利天时,忉利天王也分与半座,顶生王与忉利天王共同治理天宫。所以这表示与佛平等,与佛共同统摄僧伽。说到出家的谁先谁后,就事实说,迦叶未见佛以前,早就出家苦修(但迦叶不承认从外道出家)。后在多子塔见佛,就执弟子礼,也没有"善来"受戒的仪式。释尊的这一问,表示他出家很久了,也表示了佛不以师位自居。虽然迦叶当时说:"佛是我师,我是弟子",而且退坐到旁边,但传说的影响极深。如《迦叶赴佛般涅槃经》,竟说:"佛每说法,(迦叶)常与其对(应是并)坐。人民见之,或呼为佛师"了!虽然这是北传特有的传说,未必为当时的事实。这是推重大迦叶集团所有的传说,多少会与大迦叶的意境有关。这一与佛平等的传说,又表现在"独觉"的传说中。大迦叶行头陀行,常着粪扫衣,乞食,林间住。佛见他年老了,劝他舍头陀行,大迦叶不肯,说:"我已长夜习阿练若,粪扫衣、乞食,赞叹粪扫衣、乞食。"(《相应部》一六·五;《杂含》四一·一一一四一)这在

《增一阿含经》(一二·六)里,说得更详明:"我今不从如来教,所以然者,若当如来不成无上真正道者,我则成辟支佛。然彼辟支佛,尽行阿练若……我行头陀,如今不敢舍本所习,更修余行。"这表示了大迦叶的重要意境,他以为自己不见佛,也会证悟解脱的。这不但自视过高,对于所受释尊的教益,也缺少尊重。他以为,见佛以前,一向勤修头陀行,这是辟支佛行,现在不愿改变,修习声闻行——受施衣,受请食,寺院中住。总之,大迦叶自视极高,我行我素,而不愿接受释尊的指导。释尊是无比的宽容,见他如此,也就称赞他一番(头陀行并非坏事,而只是不要以为非此不可。如习以成风,这对于摄理僧事,游行教化,显有违碍)。从上来的叙述,可见大迦叶虽还推重释尊,自称弟子,但确信自己与佛的功德同等,不需要释尊的教化;觉得自己所修的头陀苦行尽善尽美,所以不愿放弃改行声闻的行仪。

我在《论提婆达多之破僧》(三),说到佛世的佛教,内有阿难,外有舍利弗、目犍连,协力同心,赞扬护持如来的法化。舍利弗称"第二师","逐佛转法轮将"。舍利弗与目犍连,被称为"双贤弟子"(左右辅弼)。阿难虽年资较浅,却被尊为"毗提诃牟尼"。传说一切佛,都有三大弟子——智慧,神足,多闻(《长含·本行经》)。佛说惟有舍利弗、目犍连、阿难,才会止息僧伽的诤事(《四分律》五八)。这可见舍利弗等三位在僧团中所有的崇高地位,决非大迦叶所及的。佛灭前二或三年,舍利弗与目犍连相继入灭,三位合作的僧伽中心,显得空虚,释尊也不免有空虚的慨叹(《相应部》四七·一四;《杂含》二四·六三九)。这时候,头陀第一的大迦叶,在佛教中的威望急疾地重要起来;

释尊也希望他多多地摄理僧事,多施教化。据经律所说,释尊曾多次向大迦叶劝告。一、劝他舍头陀行,如上面所说。本来,头陀的隐遁苦行,虽不能契合佛的精神,但不累尘欲(佛曾称赞他),与世无诤,也没有劝他舍弃的必要。经上说:"迦叶,汝年老,可弃粗重粪扫衣,受施衣,请食,近我而住。"(《相应部》一六·五)"近我而住",汉译作"可住僧中"(《杂含》四一·一一四一)。可见这是希望他舍头陀行,与佛共住,住在僧团中;这才能摄理僧事,助扬教化,但结果为大迦叶所拒绝了。二、释尊一再劝他,与佛一样地为比丘们说法,但又为迦叶拒绝了。理由是:"今诸比丘难可为说法教授教诫;有诸比丘闻所说法,不忍不喜。"(《相应部》一六·七、八;《杂含》四一·一一三九、一一四〇)这说明了有些人不满意、不欢喜他的说法。有一次,事情明显地表白出来。佛劝他说法,他还是说:"有诸比丘,闻所说法,不忍不喜。"佛问他这是什么意思,他就说:"我见有二比丘:一名槃稠,是阿难弟子;一名阿浮毗,是摩诃目犍连弟子。彼二人共诤多闻。"(《相应部》六·六;《杂含》四一·一一三八)听闻佛法,目的为了修行,大迦叶所说是对的。但论议佛法的学风,在智慧第一、多闻第一的门下,佛世早就展开。流风不已,后发展为蜫勒、阿毗达磨等论藏。论辩法义的学风兴起,难免有互诤胜负的情形。这是大迦叶所不能同意的;论辩法义者,也未必尊敬大迦叶。大迦叶说的"有诸比丘不忍不喜",显然指当时佛教中心——舍利弗、目犍连、阿难的门下。槃稠与阿浮毗,只是特出的例子而已(《长老偈》——目连偈注,传说舍利弗的甥儿[出家],也不满大迦叶而有所嫌责)。当时,阿难在场,说了几句,受到大迦叶的严厉警告。阿难说："且止！尊者摩诃迦叶！且忍！尊者迦叶！此年少比丘少智恶智。""尊者摩诃迦叶语尊者阿难言：汝且默坐！莫令我于僧中问汝事。"末后一句,《别译杂含》(六·一一二)作："汝莫于僧中作偏党语!"就文而论,阿难没有说他们的互诤胜负是对的,只是希望大迦叶容忍他们,不要为了年少出家的没有真实智慧,而不肯为比丘们说法。但大迦叶却认为阿难偏护了他们,所以警告阿难,不要惹我在大众中举发你的过失。大迦叶在佛前说这些话,而且以大众力量来威胁,未免太严重了！阿难默然地容忍下去;佛叫二人来训诲一顿,才算了事。从这可以看出:一向围绕于释尊左右,由舍利弗等三位摄导的僧伽,青年多,逐渐倾向于议论。这种学风,与大迦叶的头陀学风不合。所以佛要他到僧中来,为比丘们说法(应在舍利弗、目犍连入灭以后),他一概拒绝。这不只是不愿意,而是因为学风不同,彼此间有了距离！

三

　　大迦叶的风格,大迦叶与阿难间的固有关系,已如上说,再来说王舍的结集大会。佛在世时,大迦叶维持了对佛的一分敬意;我行我素,不顾问僧事,但也不多与阿难等争执。可是一到释尊入灭,大迦叶就以上座的身份,对佛教,对阿难,有所行动,企图转移佛教旧来的倾向。

　　发起结集,那是佛弟子所一致赞同的。论到地方,决定在王舍城(或说七叶岩,或说毕钵罗窟),是出于大迦叶的决定。说到参加大会的比丘,律部都说五百比丘;而大乘的《智度论》(二)、《西域记》(九),说有一千比丘。《僧祇律》(三二)说:大迦叶率一千比丘到王舍城,选得五百人;这也许是异说的来源。阿难从佛游行到拘尸那,相从的是五百比丘;大迦叶率众来拘尸那,也是五百众,二众相合,恰好是一千。可见参与大会的五百众,就从这一千人中推选出来。但这是多少可疑的:佛弟子——大阿罗汉那么多,散居各地,大迦叶为什么不广为召集,而进行这少数结集呢?《僧祇律》说,大迦叶遣使去邀请著名的大德,大家听见佛已入灭,也就入灭了。迦叶觉得,召请无益,也就与五百众举行结集了。这是说,并非大迦叶不邀请,而是大家不肯发心参加,这是为了解释少数结集的疑问而成立的传说。这一传说,北方的经律,更有所推演。除了说被邀请的入灭而外,又说大迦叶击犍椎集众,于是有众多的比丘从十方来。在这远来的大众中,再选出五百众(合于旧传)(《有部毗奈耶杂事》三九);或说一千众(《大智度论》二;《西域记》九);或说八万四千众(《撰集三藏及杂藏传》)。但就事论事,结集者是五百众,主要是大迦叶学团、优波离集团,及随从游行众中推选出来。不要别人参加,也许有住处等实际困难,但大迦叶主导的少数结集,以王舍城旧众为主而在王舍城结集,是怎么也解脱不了嫌疑的。

除《十诵律》外,都说到阿难的参加结集,是经过一番留难的。就是从拘尸那到王舍城,在行程中,也看出阿难被冷落的迹象。如有部的《十诵律》与《杂事》,说大迦叶先行。《僧祇律》说:留阿那律守舍利,阿难供养舍利,迦叶与千比丘先行。《善见律》说,大迦叶与阿那律,各率二百五十众去王舍;阿难与余比丘,先到舍卫,再转往王舍城。这都表示了,阿难是迟一程才到达王舍城的。阿难多闻第一,侍佛二十五年,召开结集大会,而没有阿难参加,这是不可想像的事!然而大迦叶竟以阿难"位居学地",不是阿罗汉为理由而提了出来。《善见律》(一)说:大众说:"大德迦叶!应取阿难足五百数,此是圣众意也。"虽然参与大会的五百众,不满阿难的大有人在,然而为了结集,到底少不了阿难。关于留难阿难,或说大迦叶拒斥阿难,经大众的说项而准予参加的(《铜鍱律·小品·五百犍度》;《四分律》五四);或说大迦叶勉顺众意,姑准参加(列席)而又拒斥,等到证了阿罗汉,才得参加的(《有部毗奈耶杂事》三九;《毗尼母经》四;《迦叶结经》);或说先予拒斥,等到证得罗汉,才获准参加的(《五分律》三○;《善见律》一;《智论》二)。总之,阿难的参与结集大会,曾一度发生困难。

阿难参与法会而发生困难,理由是不是阿罗汉。等到阿难获准参加,传说大迦叶还表明心迹,说他并无轻慢心——不是恶意的。但从上面叙述,迦叶对于阿难,早有距离。等到参与结集大会,为了戒律问题、女众问题,大迦叶又一连串地责备阿难,要阿难于僧(大众)中忏悔。结合这些而研究起来,对阿难一度不能顺利参加结集的原因,不能不重新论定!

四

五百结集的另一重要人物,是优波离。优波离本为释迦王族的理发师,属于当时的贱民。释尊站在平等的立场,摄受他出家。优波离是著名的"持律第一",经常"与持律者俱"(《相应部》一四·一五;《杂含》一六·四四七)。持律与持戒不同;持戒是受持学处(戒),清净不犯,是每一出家者的本分。持律是通二部毗尼,精识开遮持犯,熟悉于僧伽的一切作法——羯磨。举喻说,持戒如国民的奉公守法;持律如法学者、法官、大法官。持律者,才被称为律师。

优波离是著名的大德(除《优波离问》等),流传的事迹并不太多,尤其是有关法义的。他曾向佛要求,住阿兰若。佛告诉他:修学应契合机宜。你先应成就戒,守护根门,正念正知。末了告诉他说:"汝宜僧中住,安稳。"(《增支部》一〇·九九)当然,优波离是大阿罗汉,但在起初修学过程中,释尊明察机宜,要他渐次而入;先要着重戒律的陶冶,成就法器。优波离的持律,特重僧伽律制,应与这一教授有关。

优波离持律第一,对于戒,当然是清净不犯;谨严的风格,是可以想像到的。他与女众的关系,不知为了什么,也不大友好。传说他与持律者外出游行,尼众多沿路嗔骂他,使他乞食难得(《五分律》一八)。为了毁坏一座尼塔(或说是尼的兄长),为尼众所毁骂。好在事先避开,否则会被痛殴一顿(《铜鍱律·大分别波逸提》;《五分律》一三;《四分律》四七;《有部杂事》三三)。优波离与尼众的关系,与大迦叶一样,所以在结集大会上,大迦叶对阿难的连串责难,如小小戒可舍、度女众出家,优波离与大迦叶采取了一致的立场。

说到大迦叶与优波离的关系,先应该了解三类出家人。一、依戒而住的律行:这是住在僧中,也就是大众共住,纳入僧团

的。即使为了专修,住阿兰若,也一定参与半月布萨。对于衣
服,可以粪扫衣(从垃圾堆等捡别人所丢掉的破衣破布,拿来洗
洗缝缝,作成衣服),也接受信众布施的新衣。而且在净施制度
下,还可以保留法定三衣以外的更多衣服。饮食方面,一定是受
布施的。或者乞食,或者受请。受请中,或僧次受请;或个人受
信众的供养;或受某一信众的长期供养——每日托钵去受食,也
可以着人去把饮食取回。在特殊的节日,还可以受别众请食。
受请的饮食,通常比乞食所得的好得多。住处方面,游行时也偶
然树下坐等,但经常住在僧坊。住阿兰若时,也大抵住在小屋
中。这是佛世比丘最一般的情形。二、修头陀行,这是少数人。
不住僧中,过着个人的生活(头陀行者与头陀行者,就是住在附
近,也不相组合),但也可以半月来僧中布萨。衣服方面,一定
是粪扫衣,不受布施,而且是限于三衣。饮食方面,一定是常乞
食,不受信众的别请。住处方面,一定是阿兰若,不住城邑村落,
而且是不住房屋的。三、一切粪扫者,这是极少数的。不入僧
中;不但不住房屋,不受施衣,而且饮食也不受布施。山林旷野,
拾些无主的树果,农夫遗落的谷类,祭祀所抛弃的饮食。一切粪
扫者,是"不受施派",是极端少数。大迦叶也曾一切粪扫,拾所
弃的食物而生活,受到佛的呵责(《五分律》七)。不受施而食,
《五分律》说犯突吉罗,《铜鍱律》说波逸提。这些极少数的一切
粪扫者,附于佛法而实违反佛法。"少欲知足,易养易满",为头
陀行与律行的共同原则,而实际行持不同。戒行有弹性,能容纳
多数人修学,头陀行仅能为少数所接受。优波离为律行者,但他
曾要求住阿兰若(佛命他"僧中住"),可为同情头陀行,而为了

尊重佛的意思,安住律行的明证。优波离同情头陀行,生活谨严,与尼众的关系不佳,这与大迦叶相近。这所以能互相和合,主持王舍结集。然从当前情况及未来佛教的影响来说,优波离学团是真正的成功者! 大迦叶是头陀行者,对僧事、僧伽制度,素不关心。对说法教化,也并无多大兴趣。只自觉德高望重,而不为舍利弗、目犍连、阿难门下所尊敬;不满智慧、多闻的佛教倾向;又常受尼众所轻慢,而免不了不满阿难(舍利弗等已入灭了)。优波离尊者推重大迦叶,不但是教内的耆年大德,而更是一向尊敬苦行的(如提婆达多),阿阇世王所尊敬的大德。在大迦叶的主导下,优波离学系成为实质的佛教中心。依传说,不仅《铜鍱律》、《五分律》、《四分律》,就是有部旧传的《十诵律》,都说先由优波离集出毗尼(阿难后出法藏)。有关五百结集的记录,广律虽已标题为“五百集法”,“五百集法毗尼”,“结集三藏法品”,而古典的毗尼本母,是称为“五百集毗尼”的(《十诵律》五六;《萨婆多摩得勒迦》六)。所以王舍结集,实以集毗尼为首要任务(出经为次要的)。大迦叶发起结集的原因,为了毗尼;首先诵出的,是毗尼;大会责难阿难的,也有关毗尼。在这次结集中,毗尼取得了优先的地位。对戒法,否决佛命的小小戒可舍,而确定了轻重等持的原则,逐渐完成严格而琐碎的规律。对尼众,采取严厉管教的态度,树立尼众绝对尊敬男众的制度。上座的权威也提高了;被称为正统的上座佛教,是在这样的情况下完成的。而大迦叶的头陀行呢,在真正重律学派中,并未受到特别尊重(因为头陀行不重律制),但头陀行因大迦叶而更深地与律行结合。如《增一阿含经》,显出了头陀行的特别尊重。有部旧传的《鼻奈耶》,竟说如来的因事制戒,都出于头陀行者("十二法人")的提供意见了! 以戒律为主,加深头陀精神的佛法,也就是所说的小乘了!

五

大迦叶与优波离的王舍结集,在重律的学派来说,可说是成功的,有着深远影响的。但不同的立场,不但阿难曾当众表示出来(小小戒可舍),而会外的比丘众,也不完全满意这一结集。当王舍城的结集终了,《铜鍱律》、《四分律》、《五分律》,都有富兰那长老率领五百比丘,从南方来王舍城,与大迦叶重论法律的记载。这位富兰那长老,《五分律》列为当时的第二上座。研考起来,这就是释尊早期化度的第七位比丘,耶舍四友之一的富楼那(说法第一的富楼那,应为另一人)。富兰那对大迦叶结集的提出异议,说明了王舍结集当时就为人所不满(这也就是界外大众结集传说的初型)。据《铜鍱律》说:富兰那长老这样说:"君等结集法律,甚善,然我亲从佛闻,亦应受持。"(《小品·五百犍度》一一)这是说,你们可以结集,我所知道的,也要受持流通的。这一异议,《四分律》与《五分律》举出异议的实例,如《五分律》说:"我亲从佛闻:内宿,内熟,自熟,自持食从人受,自取果食,就池水受,无净人净果除核食之。……我忍余事,于此七条,不能行之。"这七事(《四分律》作八事),各部的解说小有出入,今依《五分律》说:内宿,是寺院内藏蓄饮食。内熟,是寺院内煮饮食。自熟,是出家人自己煮饮食。自持食从人受,是自己伸手取食,不必从人受(依优波离律,要别人授——手授或口授,才可以吃)。自取果食,是见到树果,可以自己取来吃。就池水受,是自己从水里取(如藕等)来吃。无净人净果除核食之,是得到果实,如没有净人为净,自己除掉果核,就可以吃了。这都是有关饮食的律制。依优波离说,是不可以的(犯突吉罗);但富楼那长老统率的大众,认为是可以的。这些,佛虽曾一度禁止,但已经开许,所以他们不能接受这七事的制约。富兰那长老的主张,不就是小小戒可舍的一例吗?今日中国佛教的饮食规制,岂不就合于富楼那长老的律制吗?

　　大迦叶与优波离为主体的王舍结集,以毗尼为重。阿难所诵出的经法,当时还不曾成为论辩主题。但王舍结集中存在的问题,还是存在。少数不能完全代表大众,这在佛教的发展中,会明显地表显出来!

　　　　(录自《华雨集》三,37—58 页,本版 25—39 页。)

六　论毗舍离七百结集

一

佛灭以后,佛教界的第二件大事,是毗舍离的七百结集。这一次结集,起于耶舍迦乾陀子。他在跋耆族的毗舍离,见到了"十事非法",主要是跋耆族比丘以铜钵向信众乞取金钱。耶舍认为不合佛制,在信众面前,指证乞求金钱的非法,这可引起了跋耆比丘的反感,将耶舍驱摈出去。耶舍到西方去,到处指斥跋耆比丘的十事非法,邀集同志,准备到东方来公论。跋耆比丘知道了,当然也多方去宣传,争取同情。后由西方来的七百位比丘,在毗舍离集会。采取代表制,由东西双方,各推出代表四人,进行论决。结果,跋耆比丘的十事,被判为非法。

七百结集的论定"十事非法",为现存各部律的一致传说,可见当时的佛教,虽有学团分化的情形,还没有发展到宗派对立的阶段。据《僧祇律》说:事为"佛涅槃后"。《五分律》《四分律》,作"佛泥洹后百岁",意思是:佛灭后一世纪;佛教一向以佛灭纪年,总是说佛灭一百年、二百年等,《善见律》解说为恰好第一百年,就未免误会了!《有部律》说"佛涅槃后一百一十年",那是近于《异部宗轮论》说,看作阿育王时代的事。但这是不对的,七百结集应早在阿育王以前。应解说为:在佛灭一百年以内(参阅拙作《佛灭纪年抉择谈》)。

属于上座系统的律典——《铜鍱律》、《五分律》、《四分律》、《十诵律》,所说大致相同;今依之而论述。《大众律》与《根本说一切有部律》,虽同样地判决十事为非法,而叙述的人事颇有些出入,这留到末后去说明。

<h1 style="text-align:center">二</h1>

七百结集,是东方与西方比丘间的异议,所以先从东西方说起。佛时,以东方摩竭陀国的王舍城、西方憍萨罗国的舍卫城为两大重镇,相去四十五由旬(一由旬约合三十里)。佛陀晚年,多住舍卫城,因而游化东方的提婆达多向佛"索众",引起了破僧事件(参阅拙作《论提婆达多之破僧》)。一直追随佛陀的阿难,由于多住西方,也与久住东方的大迦叶存有多少歧见(参阅拙作《阿难过在何处》、《论王舍城五百结集》)。这一情势,佛灭后逐渐嬗变。在东方,摩竭陀的首都由王舍城移到恒河南岸的华氏城,与恒河北岸相距五由旬的毗舍离遥遥相望。七百结集时代,东方佛教的重心,以毗舍离为首;而跋耆族比丘为东方系的主流。在西方,舍卫城衰退了,佛教向西扩展,摩偷罗的佛教逐渐隆盛起来,成为西方佛教重镇。摩偷罗距离舍卫城约四十由旬,东西的距离更远了。佛在世时,摩偷罗的佛法并不发达,

传说:"末土罗城有五种过失:一者土地不平,二者处饶荆棘,三者瓦石充满,四者人民独食,五者多诸女人,所以(释尊)不入此城。"(《根有律药事》一一)。这是一片荒瘠的边地,但已预记了此地佛教的未来隆盛。《增支部》(五·二二〇)也有摩偷罗五失的传说。摩偷罗城外,有优楼漫荼山(或作乌卢门荼山、牟论陀山),初由那吒、婆吒弟兄在这里建寺,负有盛名(《阿育王传》三;《根有律药事》九等)。该寺的建设,是阿难弟子商那和修的时代。还有优尸罗山、阿吽恒河山,都为后来西方大德的道场。

佛灭以后,比丘们虽多少有不同的意见,但大家依法修行,也以律持身,和合共住,并无强烈的宗派对立。以阿难来说,佛灭以后,大迦叶(《杂含》四一·一一一四四;《相应部》一六一一)、优波离(《四分律》五七等),虽对之总是有点不调和,也不成大问题。王舍城结集以来,大体上大家尊重僧伽的意思,尊敬大迦叶;说到律,推重优波离;说到法,推重阿难,成为一般公认的摄导僧伽的大德。从传记上看来,王舍城中心的佛法——阿难与优波离的弟子,渐向西方宏化,而建树了西方佛教重心摩偷罗的佛教。如阿难的弟子商那和修,再传弟子优波笈多(见《阿育王传》等);优波离的弟子陀娑婆罗(《大众律》二三);四传弟子目犍连子帝须(《善见律》),都是以摩偷罗为住处,而向外开展的。阿难自身,经常以王舍城、华氏城、毗舍离为游化区;他的晚年,特重于东方。所以阿难入灭,他的遗体——舍利,有分为两半,为华氏城与毗舍离所供养的传说(《阿育王传》四;《根有律杂事》四〇;《西域记》七;法显《佛国记》)。这表示了阿难晚年的弘法,得到了恒河两岸的一致尊敬。阿难晚年的化导,对东方佛教,无疑会给予深远的影响!

三

　　七百结集中的西方比丘,引起问题的是耶舍伽乾陀子,有部传说为阿难弟子(《善见律》的译名不统一,极易引起误会)。从他所争取的同道,所代表的佛教来说,是属于西方系的。支持耶舍的同道,论地点,有波利耶比丘、阿槃提比丘、达儭那比丘。最有力的支持者,是摩偷罗的三菩陀、萨寒若的离婆多。波利耶比丘,《铜鍱律》说六十人;《五分律》说共九十人;《十诵律》也说波罗离子比丘六十人。在当时,被称为"波夷那与波梨二国比丘共诤"(《四分律》)。在这次争议中,波利耶比丘首先支持耶舍,这可见波利耶比丘的重要性了。传说当时波利邑比丘都是头陀行者,或粪扫衣者,常乞食者。在经律中,早在佛世,波利邑比丘即以头陀苦行著称(《杂含》三三·九三七;《铜鍱律·小品·迦稀那衣犍度》);到那时,还保持重头陀苦行的风格。《铜鍱律》及《五分律》曾说:佛在毗兰若(属拘萨罗)三月食马麦,贩马人是从波利耶来的(《五分律》一);波利耶比丘从沙祇到舍卫城来(《五分律》四·二二);有估客从波利到拘萨罗来(《五分律》二〇)。这可以推见波利耶比丘是从西方来的。考《西域记》(四),有波利夜呾啰,在摩偷罗西五百里,应为今 Alwar 地区。阿槃提的首府优善那,即今 Ujjain。达儭那意译为"南"。在早期经律中,有南山,南路。南山在王舍城以南,今 Sona River 上流地区。南路即达儭那,总是与阿槃提一起说到,而又说在阿槃提以后,所以应为阿槃提以南。法显《佛国记》说到达傶的大伽蓝,与玄奘所传(《西域记》)的南憍萨罗相合。当时佛法向西南的开展,已有了重大成就。摩偷罗本为佛教"中国"的边缘;阿槃提为边地;而现在已能起而与东方——"中国"相争衡。西南佛教的隆盛,明白地表现出来。

　　主持公论而要取得胜利,在以上座为重的当时,非有声望卓著的大德,是不能成功的。所以耶舍到摩偷罗的阿吁恒河山,恳求三菩陀舍那婆斯相助;这就是阿难弟子商那和修,向西方宏法,劝发那吒弟兄建立寺院的大德。还有离婆多,"多闻通达阿含,持法持律持母"(《铜鍱律》);"得慈心三昧,有大眷属"(《五分律》);"梨婆多大法师,难问阿毗昙"(《十诵律》):这是一位博通三藏,声望卓著,有众多弟子的大法师。《十诵律》说梨婆多在萨寒若;《铜鍱律》说在萨寒若会到了他;《五分律》说在拘舍弥;《四分律》说求离婆多于婆呵河边,又约会共从婆呵河出发。虽然传说不同,其实地域相近。依《增支部》(六·四六;一〇·二四、八五)所说,萨寒若属支提国,支提与拘睒弥为邻;拘舍弥在今 Allāhābād 西南三十一哩的 Kosam 村。支提在拘舍弥以西;现有 Rewt 河,应即《四分律》说的婆呵河。萨寒若应在该河流入阎浮那河处附近,因为离婆多从此沿河而下毗舍离;毗舍离的跋耆比丘,也曾由水道来见离婆多。离婆多游化的中心区,在拘舍弥附近的萨寒若。论地点,在东西方的中间;约学行风格,也与西方系不完全相同。离婆多代表了中间(偏西)系,所以为东西双方所极力争取的大德;在这次会议中,有左右教界而起着决定性的作用。拘舍弥一带,与阿难、阐那有深切关系。

离婆多本来不愿意参与此一论争,所以听说耶舍他们要来找他,他就预先离开了那里(《铜鍱律》,《四分律》)。然而非获得离婆多的有力支持,不可能取得胜利,所以耶舍与三菩陀不远千里而一程一程地追踪而来。依《铜鍱律》,离婆多初在须离,虽未能确指所在,但一定在摩偷罗与僧伽赊之间。因为佛在毗兰若(属拘萨罗,近雪山)三月安居后,也是经须离而到僧伽赊、伽那慰阇的。离婆多先走一步,到了僧伽赊,耶舍追踪而来,可是又迟了一步,离婆多已去伽那慰阇了。僧伽赊是佛从天而下处,在今 Etawah 洲的 Sankisa。伽那慰阇即奘译的羯若鞠阇——曲女城,在今 Kanauj。离婆多的行踪,是向东偏南走。以后又经过优昙婆罗、阿伽楼罗;耶舍一直追踪到萨寒若,才见到了离婆多。离婆多为耶舍的至诚所感动,才答应帮助他。于是集合了波利耶比丘、阿槃提比丘、达㥜那比丘;还有摩偷罗比丘、离婆多的学众,总有七百比丘,沿恒河东下,以盛大的阵容来到毗舍离。

四

　　毗舍离比丘,是跋耆族,意译为金刚。跋耆族分布的地区极广,由毗舍离向北,一直到波波以南的负弥城,还是跋耆族,如《中含》(三六)《地动经》说:"金刚国,城名曰地。"地即负弥的意译,属于跋耆。由毗舍离"东北行五百余里,有弗栗恃国"(《西域记》七),弗栗恃为跋耆梵语的对译。弗栗恃"周四千余里";西北去尼泊尔千四五百里;从该国的"东西长南北狭"而论,约从今 Purnes 北部,向东到 Goalpara 一带,位于锡金、不丹以南,古称央掘多罗(北央伽)。可见跋耆族的区域极广。这次论争,被称为"波夷那波梨二国比丘共诤"(《四分律》)。考《五分律》有波旬国,即波夷那的音译。佛涅槃前,受纯陀最后的供养,是波波国。但在白法祖译的《佛般泥洹经》(上)、东晋失译的《般泥洹经》(上),都作波旬国,可见波夷那为波旬的异名(经律中,每有同一地点有不同名称)。波波——波夷那与拘尸那相邻,都是摩罗族,译义为力士。当时的论争,波夷那比丘起着领导作用,这可以想见,由于佛在拘尸那入灭,引起该一地区佛教的隆盛。虽东方佛教的中心区在毗舍离,而波夷那比丘却是东方的中坚。

这一次论争,跋耆、波夷那比丘,向外争取僧伽的同情支持,所持的理由,着重于地域文化。如《铜鍱律·小品·七百结集犍度》说:"诸佛皆出东方国土。波夷那比丘是如法说者,波利耶比丘是非法说者。"《四分律》作:"波夷那、波梨二国比丘共诤。世尊出在波夷那,善哉大德!当助波夷那比丘。"《十诵律》作:"诸佛皆出东方,长老上座莫与毗耶离中国比丘共诤。"这意思说:释尊出于东方,所以一向是边地的波利耶(阿槃提、达㡧那)比丘,不能正确理解佛的精神、佛的意趣。论佛法,应以东方比丘的意见为正,应该支持东方波夷那比丘。释尊并无地域观念,平等地对待十方比丘,这是毫无疑问的。但从文化的传统影响来说,释迦族——东方的圣者,应多少受到释迦——东方文化特性的陶冶。以这点来说,释迦族及东方人民,应该更易于理解,更正确地契合佛的真精神。这样,东方比丘宣示的理由,也就不无意义了!但当时的东方比丘,是否与释迦族有关?释尊诞生于释迦族的迦毗罗卫；约当时的政治关系说，附属于侨萨罗，不妨说佛出侨萨罗，这是无疑的事实。所以，以"佛出东方"为理由，已多少感到希奇。而如《四分律》所说"世尊出在波夷那"，更使我们惊异了！释迦族与跋耆、波夷那有何关系，而东方比丘以此为理由而争取比丘僧的同情呢！

考究起来，释族与跋耆等东方民族，有着密切关系。一、佛在王舍城乞食，为一婆罗门所诃拒："住！住！领群特慎勿近我门。"（《杂含》四・一〇二）《别译杂含》（一三・二六八）与"领群特"相当的，为"旃荼罗"，可见佛被婆罗门看作卑贱的阶级了。巴利文典与此相当的，为《小部》的《经集》（一・七），"领群特"或"旃荼罗"一词，作 Vasālika，即毗舍离人。正统的婆罗门，对东方的毗舍离人，确乎是一向轻视的。佛出迦毗罗卫而被称为毗舍离人，一定是容貌、语言等相同（或近似），也就是同一民族的分支，这才会被称为毗舍离人。可称为毗舍离人，那更可称为波夷那人（与迦毗罗卫更近）了！在跋耆与波夷那人看来，佛是出在他们这一族系的。

二、《长阿含》的《种德经》（一四・二二）、《究罗檀头经》（一五・二三），有六族奉佛的传说，六族为：释迦、俱利、冥宁、跋耆、末罗、酥摩。释迦，为佛的本族。俱利，即《西域记》（六）蓝摩国的民族。俱利与释迦族最为密切，传为释迦的近支。首府天臂城，《杂含》（五・一〇八）即作"释氏天现聚落"。与释族互通婚嫁（释族素不与异族结婚[《五分律》二一]），如佛母摩耶、夫人耶输陀罗，都是拘利族。冥宁，《长阿含》（一一）《阿㝹夷经》，说到"冥宁国阿㝹夷土"。《四分律》（四）作"弥尼搜

国阿奴夷界"；《五分律》(二)作"弥那邑阿瓮林"。冥宁的原
语,似为 Mina。阿瓮夷即释尊出家时,打发车匿还宫的地方,在
罗摩东南境(《西域记》六),近拘尸那。在巴利经律中,与冥宁
相当的,是 Malla(摩罗)。自此以东,就是拘尸那与波波等摩罗
族。但六族中,冥宁与末罗(即摩罗)并列,从音声、区域来说,
都可推断冥宁为摩罗的音转,摩罗族的分支。跋耆为摩罗东南
的大族,已如上说。酥摩,为七国中的数弥(异译速摩、苏摩
等),巴利语 Sovīra,梵语苏尾啰,即喜马拉雅山区民族,一般认
为即今尼泊尔一带。《长含》特地说到这六族信佛,都是恒河以
北到喜马拉雅山区民族,意味这六族的特别信奉。七百结集中
的东方比丘,也就是这六族比丘的教团。

三、释尊被称为"释迦牟尼",意义为释迦族的圣者。而佛
的堂弟,多闻第一的阿难,竟被尊称为"毗提诃牟尼"——毗提
诃族的圣者(《相应部》一六・一〇;《杂含》四〇・一一四三;
《小部・譬喻经・独觉譬喻》)。毗提诃为东方的古王朝,有悠
久的传统。《奥义书》与业力说,都在毗提诃王朝发达起来。毗
提诃的首府弥绨罗,在恒河北岸,毗舍离"西北减二百里"(《西
域记》七)。毗提诃王朝解体,恒河南岸的摩竭陀国,尸修那伽
王朝兴起。据《普曜经》(一)、《大方广庄严经》(一),摩竭陀王
族也是毗提诃族。而北岸的毗提诃族,散为跋耆、摩罗、拘利、释
迦等族。阿难晚年游化于东方,受到恒河两岸(摩竭陀、跋耆
等)民族的崇奉,被称为"毗提诃牟尼",即毗提诃族的圣者。确
认跋耆等东方民族与释族有密切关系(参阅拙作《佛教之兴起
与东方印度》),那么释尊被称为毗舍离人、波夷那人;阿难被称

为毗提诃的圣者,也就觉得确实如此了。

东方比丘以民族文化为理由,以佛教的正宗自居,实与佛世的释族比丘中心运动相近。阐陀说:"佛是我家佛,法是我家法,汝等不应说我,我应教汝等。"这岂非与"佛出东方,长老莫与毗耶离中国比丘共净"的意境一致吗?释族比丘,自提婆达多"索众",变质为破僧而失败,阿难受到大迦叶学团的压制,释族又以毗琉璃王的征服而受惨重的损害,不免一时衰落,而造成重律的(或苦行的)上座佛教的隆盛。但经阿难晚年长期在东方宏化,逐渐促成东方民族,也可说泛释族佛教的兴盛与团结。七百结集中的东方比丘,继承了这一传统。阿难从佛二十五年,深受释迦族圣者(释迦牟尼)宗风的陶冶,如尊重大众的(佛自己不以统摄者自居;阿难答雨势大臣的疑问,最足以表达此意);正法中心的;律重根本的;男女平等的;阐扬法义的;少欲知足而非头陀苦行的;慈悲心重而广为人间化导的。这次净议中的"十事"——"器中盐净,两指净,近聚落净,住处净,后听可净,常法净,不搅乳净,阇楼伽酒净,无缕边坐具净,金银净"(此依《铜鍱律》,诸部律小有出入);除金银戒外,尽是些衣食住等琐细规制。跋耆比丘的容许这十事,实只是继承阿难所传如来的遗命,"小小戒可舍"的学风而已。

五

西方的上座们,经验丰富,懂得论净的胜负关揆所在。如对于离婆多的争取,千里追踪,真做到仁至义尽。又如七百比丘到了毗舍离，三菩陀与离婆多首先访问当时东方的第一上座一切去(或译乐欲)。首先交换意见，而取得一切去的支持。再看东方系比丘，显然是差多了。他们也知道离婆多的重要，远道去拜访，但重在争取离婆多的上首弟子(这一着，最是坏事)，想以弟子们来左右离婆多的意见。这不但以"佛出东方"为号召，对离婆多来说，并无民族的共同感；而争取他的弟子，更刺伤了离婆多。结果，离婆多驱逐了少数弟子，而自己作了西方的忠实同道。还有一位名沙蓝的长老，本是东方系的。据说：他在独自考虑中，受了天神的启示，而认定东方为非法非律。沙蓝改变了主意，东方比丘们并不知道，还推选他做代表，这怎能不失败呢！又如一切去长老，也不曾能推重他，取得他的支持。总之，东方系但知人数众多，想以多数来决定一切。但这样的人多口杂，是不适宜于讨论的。于是双方推选代表，取决多数；一切去、沙蓝、离婆多，都赞同西方的主张，而东方不能不失败了。尊重僧伽的公决，东方也不能不接受十事为非法(《僧祇律》也这样说)。但这是东方系最后的失败，大众的力量越来越强，不久终于不受上座的节制而独立成部了。

六

七百结集的争议，起因于"乞求金银"(《僧祇律》只此一事)。在"波罗提木叉"——"戒经"中，并没有"乞求金银戒"(学处)，这是值得注意的事！这不是说比丘可以乞求金银，而是说，可乞求与不可乞求，是次要问题，主要是比丘们可否受取

金银,也就是可否持有(私有)金银等货币。对于这点,想略为
论列。

在"戒经"中,与金银有关的,属于尼萨耆波逸提的有三戒
(学处),属于波逸提的一戒(捉取他人遗落的金宝)。属于尼萨
耆波逸提的三戒是:不得受取金银;不得出纳求利;不得贩卖。
贩卖,即一般的商业。出纳求利,是贸易金银(如现在的买卖黄
金、美钞、股票,以求利润),抵押存放生息。这可见比丘是容许
持有金钱的;否则也就不会有贩卖,出纳求利了。现在,专门来
说不得受取金银的实在情形。

统观各部广律,对于金银钱等(货币),有"净受"与"不净
受"的二类。不净受,是不如法的受取,犯尼萨耆波逸提。这是
说,不如法受取的金钱,应该舍(尼萨耆)去。不如法受取的过
失,应该向僧众忏悔(波逸提)。对于不净受的金钱,应该"舍",
是怎样的舍呢? 中南部旧传的《僧祇律》、《五分律》、《铜鍱
律》,是比较严厉的。依《五分律》(五)说:凡受取而不净的,
"应僧(四人以上)中舍,不得(舍)与一二三人"。舍给大众,大
众也还是不要,委派一位比丘,把金钱拿去丢在河里、坑里。这
似乎相当的严厉,而事实却并不如此。被委派的比丘,不必丢
弃,也不用向僧众请示(请示,那就行不通),可以自己作主(论
理,这是非法的),"使净人以贸僧所(须)衣食之物来与僧,僧得
受。若分者,唯犯罪人不得受分"。净人买了东西来,大众心照
不宣,就共同受用了! 我想,这也许是金钱的得来不易,说丢弃,
未免不合实际,才有这表面上丢弃,而暗地里受用的现象。戒律
流于形式,虚伪,这是最不足取法的了!《僧祇律》(一〇)与《五

分律》，原则上相近，似乎真实些。《僧祇律》没有作形式的丢弃，而是"僧中舍已，不得还彼比丘，僧亦不得分。若多者应入无尽藏中"。无尽藏，是寺院的公有经济机构，对外存放而收取利息。多的舍入无尽藏，少的用作四方僧卧具等。《僧祇律》是严格的，更近于古制的。

流传于北方的《有部律》、《四分律》，对于不净受的金钱，处理的态度是宽容的多了！依《四分律》（八），不净受的金银钱等也是要舍的，但并非舍给僧众，而是对一位守（护僧）园人，或归依佛法的优婆塞说："此是我所不应，汝应知之。"这就是舍。既然是守园人或优婆塞，是明白这一"作法"的意义的，所以，"若彼人取还与比丘者，比丘当为彼人物故受，敕净人使掌之"。这是说，比丘已经舍了，守园人或优婆塞（为比丘作净人的），会还给比丘的。那时，就不要以为这是自己的，要作为是对方所有的金钱，叫他管理。自己什么时候需要，就什么时候向净人索取物品。这样的"净施"一番，不净受来的金银，就可以想作别人的而等于持有了，也就是不净的成为净了。有部《十诵律》（七）、《萨婆多毗尼毗婆沙》（五）态度更宽容些。先将金银等分为"重宝"与轻物：铁钱、铜钱……木钱，如不净而受了，犯突吉罗。这是不必舍的；可见低值的铁钱、铜钱，是可以（自己）持畜的了。金银（琉璃、玛瑙）等重宝，重价的货币，是应该舍的，但又分多与少。数目太小，那就"少应弃"，丢了就是舍。如多呢，与《四分律》一样，舍给"同心（知心、知己）净人"，而事实上仍旧属于自己所受。总之，《五分律》等是舍给大众，不再为本人所有；而《四分律》等是舍给知心的净人，实际上还是属于本人。

　　上面所说,是对于"不净受"的处置办法。但怎样是"不净受",怎样才是"净受"呢? 如有布施金银钱,而"比丘自手捉金银及钱,若使人捉,若发心受"(《五分律》五),就是不净受。《四分律》说五种取:手拿也好,用衣服拿也好,要施者把钱放在衣角(在中国当然是衣袋了)里也好,放在地上也好,叫净人拿也好,总之,如自己想受取这些金钱,看作自己所有的,那就是"不净受",犯尼萨耆波逸提。这应该是佛制的本意。原始的出家特性,是舍离夫妇等家庭关系,及舍弃私有的财物,而过着乞化的生活,名为比丘。所以佛制,除生活的必需品而外,比丘不得受取金银等(珍宝)货币。不得受取,当然不必说"乞求"了。"不得捉取",中国习俗以为两手不能拿钱,早就误解了! 然而这一原则,在实施起来是非常困难的。我们的生活必需,饮食最简单,当天乞食为生就得了。就是乞不到,饿一天也没有什么了不起。但其余的衣、医药、旅费,到临时乞化,有时会发生困难的。而且,有的信众施衣、施药,所施的金钱(这可能信众的事务繁忙;对僧众来说,也可以买得更适合些),难道就不要吗? 这就产生佛教特有的"净人"制。每一比丘,应求一"执事"的净人。这或是寺内的"守园人",或是归依的优婆塞(现在泰国都是少年),请他发心代为管理。如得到净人的答应,那就好办了。如《根本说一切有部毗奈耶》(二一)说:"若有他施衣价,须受便受;受已,便作彼人物心而持畜之。"除了有部的特别方便外,一般是:比丘不能作自己物想,不能自己拿,也不能叫净人拿走。只能作为别人的东西,而对净人说:"知是! 看是!"叫净人看到金钱,叫净人知道,净人是懂得代为拿去,而不要明说的。

这样才是净受,不犯。

　　可是,问题又来了。如还没有净人,或者净人不在场,那怎么办呢?据《善见律》(一五)看来,那只有留着等待净人,或佛教的信众了。但如时间不早,又没有人来,不知道应该怎么办?一切仰赖净人,到处有净人跟着,这在古代印度,也就不可能完全做到。《根本说一切有部毗奈耶》(二一),据一般来说,也是"应使人持,不应自捉"的。但另有一套非常方便的办法,比丘自己把金银受过来。"受已,持物对一苾刍而作是语:长寿(即长老)存念!我苾刍某甲,得此不净物,我当持此不净物,换取净财。如是三说,随情受用,勿致疑心!"换句话说,不妨自己先拿了,只是向别的比丘申明,这就是净受。北方的有部,对于铁钱、铜钱,是不犯舍堕(犯突吉罗),是可以持有的。即使是金银,也可以自己提取,自己保存。只要不作私人所有想,向别的比丘申明,就称为净。有了这种制度,北方有部比丘,大概都是自取自持。有部比丘来我国的最多,中国僧众没有净人制,很少手不捉金银,大概是深受一切有部的影响吧!蕅益大师也觉得:"怀素所集羯磨,亦后采取此法。此在末世,诚为易行方便,断宜遵奉矣。"(《重治毗尼事义集要》五)

　　有部律师,我国的四分律师——怀素、蕅益,虽推重这一自己拿、自己持有的办法,认为清净,但从佛制"不得自手捉"的明文来说,总不免感到有点问题。有部的化区,净人制并不普遍,这才不能不有通变办法。其实,净人制也是问题多多。净人受取的金钱,略分二类:一、完全由净人保藏;二、由净人拿来放在比丘房里。这都有时会发生困难的,如放在比丘的房里,"若比

丘多有金钱（而）失去"（《僧祇律》一〇），或是被人偷去，也许
是藏在哪里而自己忘记了。比丘平时不能手摸钱，不见了，也不
能翻箱倒笼去找的。找到了，是犯尼萨耆波逸提的。这因为，原
则上不能说是自己的钱呀！想作自己的钱而去找，就犯了。如
放在净人那里呢，到要衣要钵时，可以去向净人求索（衣钵，不
是索钱）。如净人不买给比丘呢，可以明白地向他求索三次。
再不给，可以一声不响的，到净人面前去三次。再不给呢？如再
去求索，求到了犯尼萨耆波逸提。因为原则上，这不是比丘的钱
呀！所以如三索三默而还是不给，或请别的长老去说，或向布施
的施主去说；让施主知道了去索回。这一制度，除了比丘真能心
无系著，否则是纠纷不了。即使不起纠纷，也会气愤不过，增长
烦恼。论理，金钱不是比丘私有的，所以没有法律上的保障。比
丘也不许强索，不免助长了净人吞没金钱的风气。

　　原则上，比丘私人不应该持有金钱，而在人事日繁，货币越
来越重要的社会中，事实上又非持有不可。没有钱，有钱，都是
够麻烦的！律制的根本意趣，是不得私有，当然也不得乞求。但
在实际情况中，不得私有，已经过"净施"而成为可以持有；不得
乞求，当然也要演化为清净的乞求了！跋耆比丘的乞求金银，是
这样的：逢到六斋日，信众们来寺院礼佛听法。拿放满了水的
钵，放在多人集坐的地方，"指钵水言：此中吉祥！可与衣钵革
屣药值"。这是公开的乞求；为众的乞求；将布施所得的金银，
均平地分给比丘们。这是在东方经济的日渐繁荣，货币流通越
来越重要的情况下，适应环境而有的新的作法。无尽藏的制度，
也是起源于毗舍离的。西方的上座们，忘记了比丘不得受畜金

银的根本意趣,自己早已从"净施"而成为可以受畜,看作如法如律。对于不太习惯的公开乞求,心里大不满意,这是当时东西方争执的主要问题。

在"波罗提木叉"中,没有不得乞求金银戒,而是不得受畜金钱。当时的西方比丘,虽引用这"不得受取金银"学处(戒),而其实是引用《摩尼珠聚落主经》(《杂含》三二·九一一;《相应部》四二·一〇)。在某次王臣间的闲谈中,摩尼珠聚落主以为:释子是不应乞求金银的。佛知道了,就告诉比丘们:"汝等从今日,须木索木,须草索草,须车索车,须作人索作人,慎勿为己受取金银宝物。"这一经文,还是着重在不应"受取";因为可以受取(如衣钵等),也就可以乞求了!受取与乞求,在佛的律制来说,毫无差别。西方比丘容许"净施"的受取,而坚决反对清净(水净)的乞求,从《摩尼珠聚落主经》来说,可能是适应西方社会的一般要求,但忽略了适应于东方民族间的佛教情况。总之,不得乞求金银,是律无明文规定,规定的是"不得受取金银"。东方以为,既可以受取,就可以乞求。西方却容许受取,而不许乞求。"如法如律",原是不大容易明白的。我一向不曾好好地研究它,也就说不出究竟来。近十年来的中国佛教,似乎越来越重律了!希望有人能作深入的研究,因为这是僧制的一大问题。

<h2 style="text-align:center">七</h2>

大众部的《僧祇律》,但说乞求金银一事,对东西方的争议

经过,非常简略。大众部是东方的学派,所以不愿多说吧! 七百结集的大德,除耶舍(又作耶输陀)而外,有优波离的弟子陀娑婆罗(这实在是优波离的二位弟子,而被误传为一,留待别考),这就是《铜鍱律》所传的陀写拘。《僧祇律》是东方系的,所以对持律耶舍——七百结集的发起者,表示非常的轻视,曾讥讽:"耶舍制五波罗夷",说他不明戒律(《僧祇律》三〇)。

从摩偷罗传出的有部旧律——《十诵律》,对七百结集的记述,大体与上座系各律相同。但发展于迦湿弥罗的《根本说一切有部毗奈耶杂事》(四〇)所说大有出入。据《杂事》说:从佛世的大迦摄波(即大迦叶),传阿难,奢搦迦(同时还有末田地那),邬波笈多,地底迦,黑色,善见;"如是等次第诸大龙象皆已迁化。大师圆寂,佛日既沉,世无依怙,如是渐次至一百一十年后",有七百结集。奢搦迦就是三菩陀舍那婆斯;邬波笈多就是优婆鞠多;从大迦叶到优婆鞠多,是根据《阿育王传》的五师相承。奢搦迦就是三菩陀,为七百结集中的重要大德。邬波笈多与阿育王同时。这样,怎会又传地底迦等三代,才是佛灭一百一十年呢! 这是晚期的七世付法说,《杂事》把它编于七百结集以前,实在错误至极! 不足采信!

(录自《华雨集》三,59—86 页,本版 40—57 页。)

七　阿难过在何处

一

　　阿难称"多闻第一",为佛的侍者,达二十五年。在这漫长的岁月里,敬事如来,教诲四众,始终是不厌不倦。明敏慈和,应对如法,在佛的大弟子中,是一位值得尊敬的圣者!

　　以律典为主的传记,大同小异地说到:阿难侍从如来,到拘尸那,佛入涅槃。那时,长老大迦叶率领五百位大比丘,远远地赶来参预荼毗大典。大迦叶当时发起选定五百位大比丘,在王舍城结集法藏。在发起结集时,阿难几乎为大迦叶所摈弃。在结集过程中,大迦叶所领导的僧伽,对阿难举发一连串的过失。阿难不承认自己有罪,但为了尊敬僧伽,顾全团体,愿意向大众忏悔。如来在世时,阿难是样样如法的(仅因优陀夷而为佛呵责过一次);如来涅槃没有几天,就被举发一连串的过失,这是不寻常的,有问题的!民国三十年,我在《哌嘣文集序》就指出大迦叶与阿难间有着不调和。我还以为两人的个性不同,但现在看来,这里面问题很多呢!阿难受到责备,到底是些什么过失？研究这一连串的过失，就充分明白这是什么一回事，发见了僧团的真正问题。这是佛教史的重要关节，让我不厌烦地叙述出来。

阿难受责，载于有关结集的传记；各派所传，大同小异。一、南传《铜鍱律·小品》之十二《五百犍度》，有五突吉罗（或译恶作）。二、化地部《五分律》第五分之九《五百集法》（三〇），有六突吉罗。三、摩偷罗有部旧传《十诵律·五百比丘结集三藏法品》（六〇），有六突吉罗。四、大乘中观宗《大智度论》（二），有六突吉罗。《论》文仅出五罪；与《十诵律》相同，只是次第先后而已。五、大众部《摩诃僧祇律·杂跋渠》（三二），有七越毗尼罪（即突吉罗罪）。六、法藏部《四分律》第四分《五百集法毗尼》（五四），有七突吉罗。七、《毗尼母经》（四），有七过，但仅出不问微细戒，及度女人出家二事。八、白法祖译《佛般泥洹经》（下），有七过，但只说到不请佛住世。七、八两部经律，大抵与五、六相近。九、迦湿弥罗有部新律——《根本说一切有部毗奈耶杂事》（三九），有八恶作罪。十、《迦叶结经》有九过失，与《杂事》同。此外，《撰集三藏及杂藏传》（安世高译），只说了重要的四事。在这些或多或少的过失中，可归纳为三类：一、有关戒律问题；二、有关女众问题；三、有关侍佛不周问题。真正的问题，是不问微细戒，及请度女众，所以《毗尼母经》只提到这两点。而《铜鍱律》、《五分律》、《十诵律》，都以不问微细戒为第一过；而《四分律》等，都以请度女人为第一。大抵当时阿难传佛遗命——"小小戒可舍"，这一来，引起了大迦叶学团的旧痕新伤；这才一连串地举发，连二十年前的老问题也重新翻出来。

这些或多或少的过失,总列如下。但众传一致的,仅一、二、五、六——四事。

一、不问佛小小戒

二、请佛度女人出家

三、听女人先礼致污舍利(佛身)——《四分律》与《僧祇律》作不遮女人礼佛致污佛足;《杂事》及《迦叶结经》作以佛金身示女人致为涕泪污足

四、以佛阴藏相示女人

五、不请佛久住世间

六、佛索水而不与——《杂事》作以浊水供佛

七、为佛缝衣而以足蹑——《杂事》作浣衣;《十诵律》作擘衣

八、佛为说喻而对佛别说——《迦叶结经》作他犯他坐

九、命为侍者而初不愿

二

阿难被责的真实起因,是阿难在结集大会中,向大众传达了释尊的遗命:"小小戒可舍。"据传说:什么是小小戒,由于阿难没有问佛,所以法会人众异说纷纭。结果,大迦叶出来中止讨论,决定为:"若佛所不制,不应妄制;若已制者,不得有违。如佛所教,应谨学之。"(《五分律》三〇)什么是小小戒,既然大家莫衷一是,那不如奉行如来的一切律制。已制的不得舍除,没有制的不得再制,那是怎样的忠于佛制!然而,"小小戒可舍",到

底是释尊最后的遗命。所以大迦叶的硬性决定,不免违反佛陀的本意。为了这,大迦叶指责阿难,为什么没有详细问佛,犯突吉罗罪。这一问题,导火线一样,大迦叶接着提出一连串的指责。所以阿难的被责,决不只是为了没有问明白,而更有内在的问题。

什么是小小戒? 小小戒,或译微细戒、杂碎戒、小随小戒、随顺杂碎戒禁。在结集法会上,虽并没有定论,但在各家律典中,都曾给予明白的解说。

一、一切戒法(《十诵律》一〇;《鼻奈耶》七;《萨婆多毗尼毗婆沙》六)

二、除四事(《根有律》二七;《萨婆多部律摄论》九;《二十二明了论》)

三、除四事十三事(《僧祇律》一四;《四分律》一八)

四、除四事十三事二不定法(《五分律》六)

如照第一类(《十诵律》等)解说,那佛说"小小戒可舍",不等于全部取消了律制吗? 这是决无可能的。那怎么会作这样的解说? 这无非强化反对"小小戒可舍"的理由。照这类律师的看法,小小戒可舍,那就等于取消了一切律制! 所以凡主张小小戒(杂碎戒)可舍的,就是不重律、不持戒的比丘。这一推论,是有充分根据的。比较有关五百结集的各家广律,阿难的传达佛说,有二类不相同的句法。一、如《僧祇律》的"我当为诸比丘舍微细戒";《四分律》的"自今已去,为诸比丘舍杂碎戒";《有部杂事》的"所有小随小戒,我于此中欲有放舍,令苾刍僧伽得安乐住"。看起来,这是为了"苾刍僧伽得安乐住",而作无条件的放舍。其实是衬托出舍小小戒的过失,而刻划出那些主张舍小小戒的丑恶。原来,小小戒可舍,在现存的律典中是被看作非法的。如大迦叶在来拘尸那途中听到跋难陀说:"彼长老(指佛)常言,应行是,不应行是(即律制)。我等于今始脱此苦,任意所为,无复拘碍。"(《五分律》三〇)这里的不再持律,无复拘碍,不就是舍小小戒,得安乐住吗?但这是大迦叶所反对,为此而发起结集的。又如波逸提中的轻呵毗尼戒(学处)也是说:"用是杂碎戒为?半月说戒时,令诸比丘疑悔热恼,忧愁不乐。"(《十诵律》一〇)这是说,这些杂碎戒,使人忧愁苦恼,所以不必要它。这岂非与舍小小戒,令僧安乐一致!大迦叶为此而决定了发起结集毗尼,而阿难竟公然传达如来的遗命"小小戒可舍",这简直与大迦叶为难。明了大迦叶与律师们的见地,根本不同意小小戒可舍,那对一连串的责难阿难,也就不觉得可怪了!

二、另有一类不同的句法,如《十诵律》说:"我般涅槃后,若僧一心共和合筹量,放舍微细戒。"南传《铜鍱律》及《长部》(十六)《大般涅槃经》说:"我灭后僧伽若欲舍小小戒者,可舍。"《毗尼母经》说:"吾灭度后,应集众僧舍微细戒。"这不是说随便放弃,也不是说舍就舍,而整篇地舍去众学法、波逸提等。这是要"僧伽一心和合筹量"的共同议决,对于某些戒,在适应时地情况下而集议放舍。这里,请略说释尊制戒的情形。释尊因犯制戒,是发生了问题,才集合大众而制为学处(戒)。其中重要的,如不净行、大妄语等,一经发现,立刻集众制定,不得再犯。有些当时只呵责几句,以后又有类似的情形发生,觉得有禁止必要,于是集众制定。要知道,"毗尼中结戒法,是世界中实"(《智

度论》一）；是因时、因地、因人而制的，多数有关于衣食行住医
药等问题；是为了僧伽清净和乐，社会尊敬信仰而制立的。所以
如时代不同、环境不同、人不同，有些戒法，就必须有所改变。就
是释尊在世，对于亲自制定的学处（戒），或是一制，再制；或是
一开，再开；或是制了又开，开了又制。因为不这样，戒法就不免
窒碍难行。所以如戒法（学处）固定化，势必不能适应而失去戒
法的意义。释尊是一切智者，深深理会到这些情形，所以将"小
小戒可舍"的重任交给僧伽，以便在时地机宜的必要下，僧伽可
集议处理小小戒；这才能适应实际，不致窒碍难通。但苦行与重
戒者，以为舍小小戒，就是破坏戒法，不要一切戒法，只是为了便
于个人的任意为非。这与释尊"小小戒可舍"的见地，距离实在
太远，也难怪他们坚决反对了！据《五分律》（四）等说：僧伽也
可以立制——波逸提等。但头陀苦行的优婆斯那，不肯尊敬僧
伽的制立，而只承认佛制。大概头陀行者、重律制者，确信律制
愈严密、愈精苦愈好，这才能因戒法的轨范而清净修行。所以佛
所制的，或佛所容许的（头陀行），也就是他们自己所行，也许自
觉得行而有效的，不免做了过高的评价；认为这样最好，学佛就
非这样不可。这才会作出这样的结论："若佛所不制，不应妄
制；若已制，不得有违。"从此，戒律被看为惟佛所制，僧伽毫无
通变余地。在律师们看来，戒律是放之四海而皆准，推之百世而
可行的。从此不曾听说僧伽对戒可以放舍，可以制立（如有制
立，也只可称为清规等，而一直受到律师们的厌恶）。二千多年
来的佛教界，只容许以述为作，私为改写（否则各家律典，从何
而来差别），不能集思广益，而成为僧伽的公议。时过境迁，明

知众多学处的无法实行,而只有形式上去接受(受而不持是犯,所以陷于犯戒的苦境而无可奈何)。有些索性把它看成具文,一切不在乎。总之,释尊所制的戒律,本是适应通变而活泼泼的;等到成为固定了的、僵化了的教条,就影响到佛法的正常开展。追究起来,不能不说是由于拒绝"小小戒可舍"的如来遗命所引起的。

阿难传佛遗命,不但没有为大众所接受,反而受到一连串的责难。这是既成事实,也不必多说了。惟各家律典,同有轻呵毗尼(学处)戒,再为一说。由于阐陀或六群比丘,宣称"用是杂碎戒为",而经如来制立学处,结为波逸提罪。佛世早已制立学处,判为非法,那释尊又怎么遗命——小小戒可舍?不准比丘们说小小戒可舍,而又遗嘱说小小戒可舍,这似乎矛盾得有点难以相信。这总不会是:重法的阿难学系,传佛小小戒可舍的遗命,被大迦叶所领导、优波离等重律学系所拒绝。为了不使重法学系的重提遗命,而特地制立这一学处吧!论理是不会这样的,但矛盾的事实,值得律师们多多思考!

三

与女众有关的过失,最重要的是阿难恳求佛度女众出家。此事见于各家广律的"比丘尼犍度";还有南传《增一部》(八·五一)的《瞿昙弥经》与汉译《中含》(二八·一一六)《瞿昙弥经》。大迦叶指责阿难求度女众出家,犯突吉罗,见于有关五百结集的律与论。

　　求度女众出家的当时情况是：佛的姨母摩诃波阇波提瞿昙
弥，与众多的释种女，到处追随如来，求佛出家。但再三请求，得
不到释尊的允许。她们是够虔诚的，由于不得出家，而苦切得不
得了。

　　阿难见到她们那种流离苦切的情况，不觉起了同情心，于是
进见释尊，代为请求。据比丘尼犍度，及阿难自己分辩的理由
是：一、摩诃波阇波提，乳养抚育释尊，恩深如生母一样。为了报
恩，请准其出家（这理由，只适用于瞿昙弥一人）。二、阿难问
佛：女人如出家修道，是否能证初果到四果——阿罗汉，佛说是
可以的。阿难就请佛准女众出家，因为不出家，是不能得究竟解
脱（四果）的。这两项理由，是《铜鍱律》、《五分律》、《四分律》、
《僧祇律》、《阿含经》所一致记载的，可断为当时代请的理由。
此外传说有：一、诸佛都有四众弟子，所以今佛应准女众出家。
这是一切有部的传说，如《十诵律》（《智度论》）、《根有律》、《迦
叶结经》。但在《五分律》，恰好相反，佛以“往古诸佛皆不听女
人出家”而拒却。《十诵律》等有了四众出家说，就没有能得四
果说。以四众代四果，可见为传说中的变化。过去佛有否四众，
不仅传说相矛盾；凭阿难的立场，也不可能以此为理由。二、摩
诃波阇波提等，都是释种，阿难怜念亲族，所以代为请求。这只
是迦湿弥罗有部——《根有律杂事》、《迦叶结经》的一派传说，
想当然而已。

　　为了报答佛母深恩，女众能究竟解脱生死，阿难一再请求如
来，准许女众出家，这到底有什么过失呢？阿难不认为自己有
罪，但大迦叶领导的法会大众，显然别有理由。《铜鍱律》等，只

责怪阿难的苦请如来,而没有别说什么,但在《毗尼母经》(三)、《大智度论》(二)、《撰集三藏传》,却说出了"坐汝佛法减于千年"的理由。意思是,如来本不愿女众出家,为了阿难苦求,才允许了,这才造成佛法早衰的恶果。《毗尼母经》说了十大理由,大意为女众出家,信众减少尊敬供养了,比丘缺少威德了,正法也不久住了。从经律看来,释尊晚年的僧伽,没有早年那样的清净,大有制戒越多,比丘们的道念修持越低落的现象。为了这一情形,大迦叶就曾问过释尊(《相应部》一六·一三;《杂含》三二·九〇五)。这应该是由于佛法发展了,名闻利养易得,因而一些动机不纯的,多来佛教内出家,造成了僧多品杂的现象。同时,由于女众出家,僧团内增加不少问题,也引起不少不良影响。头陀与持律的长老们,将这一切归咎于女众出家;推究责任而责备阿难。如大迦叶就曾不止一次地说到:"我不怪汝等(尼众),我怪阿难。"(《十诵律》四〇等)意思说:如阿难不请求,女人不出家,那不是这些问题都没有了吗?不是梵行清净,正法久住了吗?佛法的品杂不净,引起社会的不良印象,大迦叶领导的僧伽是归罪于尼众的;这才是指责阿难的理由。

说到女众出家会使佛法早衰,是各家广律的一致传说,而且是作为释尊预记而表白出来。例如《四分律》(四八)说:"譬如阿难!有长者家女多男少,则知其家衰微。……如好稻田而被霜雹,即时破坏。如是阿难!女人在佛法中出家受大戒,即令正法不久。"第一比喻,如中国所说的阴盛阳衰。女人出家多于男众,也许不是好事,但这不能成为女众不应出家的理由。因为请求出家,并不就是多于男众。以第二比喻来说,以男众喻稻麦,以女众喻霜雹(《铜鍱律》作病菌);但男众真的是健全的禾苗,女众就是霜雹、病菌吗?为比丘而制的重罪——四事十三事,都与出家的女众无关,但一样地犯了。所以上述二喻,只是古代社会重男轻女,以女子为小人、祸水的想法。释尊起初不允许女众出家,如认为佛早就把女众看成病菌,那是不合理的。佛会明知是病菌,而仍旧移植病菌于禾田吗?当然,女众出家,问题多多,释尊是不能不加以郑重考虑的。在重男轻女的当时社会,女众受到歧视。据律典说,女众从乞求而来的经济生活,比比丘众艰苦得多。往来,住宿,教化,由于免受强暴等理由,问题也比男众多。尤其是女众的爱念(母爱等)重,感情胜于理智,心胸狭隘,体力弱,这些积习所成的一般情形,无可避免地会增加僧伽的困难。但是,释尊终于答应了女众出家。因为有问题,应该解决问题,而不是咒诅问题。在慈悲普济的佛陀精神中,女众终于出家,得到了修道解脱的平等机会。

"女众出家,正法减少五百年",如看作头陀行者大迦叶、重律行者优波离等,见到僧伽的流品渐杂,而归咎于女众出家,作出正法不久住的预想,是近情的。律师们却传说为释尊的预记,因而陷于传说的极端混乱。根据经律,现有三项不同的叙述:一、阿难一再请求,佛允许了!阿难转告瞿昙弥,女众出家已成定局。那时,佛才预记女众出家,正法减损五百年。阿难听了,没有任何反应。这是南传的《铜鍱律》与《中部》的《瞿昙弥经》所说。二、所说与上面一样,但末后阿难听了:"悲恨流泪,白佛言:世尊!我先不闻不知此法,求听女人出家受具足戒,若我先知,岂当三请?"这是《五分律》说的。阿难听了而没有反应,是

不近情的。如照《五分律》所说，那在结集法会上，早就该痛哭
认罪了，为什么不见罪呢？三、阿难请佛，佛就告诉他，女人出
家，正法不久，并为说二喻。但阿难不管这些，继续请求，佛才准
许了。这是《四分律》、《中阿含·瞿昙弥经》说的。以常情论，
如明知这样，还是非请求不可，这还像敬佛敬法、多闻敏悟的阿
难吗？老实说，在请度女人时，如释尊早就预记，无论说在什么
时候，都与情理不合。也就由于这样，律师们将预记放在哪一阶
段都不合，然而非放进去不可。于是或前或后，自相矛盾！

　　阿难求度女众出家，受到大迦叶的责难，原因是不单纯的，
这里再说一项，那就是与大迦叶自己有关。大迦叶出身于豪富
的名族，生性为一女性的厌恶者。虽曾经勉强结婚，而过着有名
无实的夫妇关系，后来就出家了。这是南传《小部·长老偈》、
北传有部《苾刍尼毗奈耶》等所一致传说的。也许是他的个性
如此，所以在佛教中，与尼众的关系十分不良好。他被尼众们说
是"外道"（《相应部》一六·一三；《杂含》三二·九○六；《十诵
律》四○）；说是"小小比丘"（不是大龙象）（《十诵律》一二）；说
他的说法，"如贩针儿于针师前卖"（这等于说：圣人门前卖字）
（《相应部》一六·一○；《杂含》四一·一四二）；尼众故意为
难，使他受到说不尽的困扰（《十诵律》、《根有律》等）。大迦叶
无可奈何，只能说："我不责汝等，我责阿难。"大迦叶与尼众的
关系一向不良好，在这结集法会中，因阿难传述小小戒可舍，而
不免将多年来的不平，一齐向阿难责怪一番。

　　阿难不认有罪，好在他为了僧伽的和合，不愿引起纷扰，而
向大众忏悔。如换了别人，作出反击：女众出家，是我阿难所请

求的,也是释尊所允可的。这是二十年前(?)事了！如以为我阿难有罪,为什么释尊在世,不向僧伽举发？现在如来入灭,还不到几个月,就清算陈年老帐！如真的这样反问,也许金色头陀不能不作会心的微笑了！

四

有关女众的其他两项过失,也是有关侍奉不周的问题。一、据《铜鍱律》说:佛涅槃后,阿难让女人先礼世尊舍利(遗体);女人涕泪哭泣,以致污染了佛足。法显译的《大般涅槃经》(下),也这样说。这一过失,包含两项事实;其他的部分经律,有的只各说一端。如《五分律》,但说"听女人先礼";《四分律》与《长含・游行经》、《般泥洹经》(下),只说"不遮女人令污佛足"。拘尸那末罗族人,男男女女,都来向佛致最后的敬礼。阿难要男人退后,让女人先礼。据阿难自己辩解说:"恐其日暮不得入城"(《五分律》);"女人羸弱,必不得前"(《大般涅槃经》下),所以招呼大众,让女人先礼。如在现代,男人见女人让坐;如有危险,先撤退妇孺。那么阿难的想法,也就合乎情理了！人那么多,女人怎么挤得上去？为了礼佛致敬,如天晚不得回城,家里儿啼女哭,怎么办？如深夜在途中发生什么意外,又怎么好？让男人等一下,以当时的情形来说,阿难的措施,应该是非常明智的。但大迦叶代表了传统的男性中心,就觉得极不合适,所以提出来责难一番。说到女人礼佛时(一向有礼足的仪式),啼啼哭哭,以致污染佛足。据《长含・游行经》等说,大迦叶来礼佛足时,见到了足有污色,就心里不高兴。这虽然由于"女人心软","泪堕其上",到底可说阿难身为侍者,照顾不周。如来的涅槃大典,一切由阿难来张罗,一时照顾不周,可能是有的。这是不圆满的,但应该是可以原谅的。

二、阿难在佛涅槃以后,以佛的阴藏相给女人看,如《十诵律》(《大智度论》所据)、《僧祇律》、《根有律杂事》、《迦叶结经》所说。这与上一则,实在是同一事实的两项传说。以律典来说,恒河上流,摩偷罗中心的一切有系,以《十诵律》为本。说阿难以阴藏相示女人,就没有说女人泪污佛足。恒河下流,华氏城中心的上座系,以《铜鍱律》及《五分律》为本。说到女人先礼,致污佛足,就没有说以阴藏相示女人。这可见本为部派不同的不同传说,并非二事。但晚期经律,互相取舍,有部新律(迦湿弥罗的)的《杂事》,双取两说,这才成为二过。依情理说,女人先礼,泪污佛足,是极可能的。而阴藏相示女人,就有点不成话。《杂事》把这两项说作:阿难以佛的金色相示女人(不是没有遮止女人),以阴藏相示女人。看作阿难自己要这样做,就有点难信。这种各派不一致的传说,应加抉择!经律的传说不一致,但里面应有一项事实,这应该是女人先礼佛而污佛足吧!女人先礼,在大迦叶领导的学众来说,是大为不满的。

五

还有三项过失,是责怪阿难的"侍奉无状"。三月前,佛从毗舍离动身,到拘尸那入灭,一直由阿难侍从。佛在拘尸那涅槃了！怎么会涅槃呢？虽说终归要涅槃的,但面临如来涅槃,圣者们不免惆怅,多少会嫌怪阿难的侍奉不周。所以下面三项过失,阿难是否有过,虽是另一问题;而大迦叶提出来说说,也还是人情之常。

第一、没有请佛住世。经律一致传说:佛在毗舍离时,与阿难到附近的遮波罗支提(取弓制底)静坐。佛告阿难说:这世间,毗舍离一带地方太安乐了！不论什么人,如善巧修习四神足成就,要住寿一劫或过一劫,都是可能的,如来也是善修四神足成就。这几句话,暗示了世间并非厌离者所想像的一刻都住不下去,如来是可以久住世间的。如那时阿难请佛住世,佛会答应阿难而久住的。但佛这样地说了三次,阿难毫无反应,一声也不响。不久,恶魔来了。恶魔曾不止一次地请入涅槃,佛以要等四众弟子修证成就,佛法广大发扬为理由而拒绝他。现在恶魔旧话重提,释尊就答应他。于是"舍寿行",定三月后涅槃。阿难知道了急着请佛住世,但是迟了。如来说一句算一句,答应了是不能改变的;方才为什么不请佛住世呢？佛说:那是"恶魔蔽心",使阿难不能领悟佛说的意思,所以不知请佛住世——传说的经过是这样。

这一传说所含蓄的,启示的意义,非常深远。一、圣者们(一般人更不必说)的理智与情感,是多少矛盾的。从现象来说,谁也知道诸行无常,有生必灭,但面对如来入涅槃,也不免有情感上的懊怅,总觉得不会就这样涅槃了的。从实际来说,入涅槃是超越生灭而安住于寂灭,根本用不着悲哀,但面对现实,还是一样的感伤。这在大乘《大涅槃经》,表现得最明白。纯陀明知如来是金刚身,常住不变,又一而再、再而三地哀求如来不入涅槃。所以佛入涅槃,佛弟子心中所引起的,情感与理智交织成的,应该是:"佛就这样涅槃了吗? 佛不应该这样就涅槃了的。"佛的涅槃,深深地存于弟子们的心中。二、四神足是能发神通的定。修四神足而可以长寿,应该是佛教界的共信。所以有"阿罗汉入边际定延寿","入灭尽定能久住世间"的教说;而定力深彻的,确也有延长寿命的事实。那么,释尊四神足善修,定力极深,怎么不住世而就涅槃了呢? 三、传说中的"舍寿行",表示了佛寿本来长久,是可以住世而不那么早入涅槃的。这是佛弟子心中,存有佛寿久远的信念。四、恶魔一直是障碍佛的修行,障碍佛的成道,障碍佛的说法——不愿世间有佛有法的恶者。佛有久远的寿命,深湛的定力,是可以久住,应该久住世间,而竟然不久住了,这可说满足了恶魔的夙愿。佛怎么会满足恶魔的希愿呢? 阿难日夕侍佛,在做什么呢? 阿难不请佛住世,如来早入涅槃——这一佛弟子间共同的心声,因佛涅槃而立刻传扬开来,成为事实。正如耶稣一死,门徒们心中立刻现起复活的愿望,就成为事实一样。

本来,这只表示佛弟子心中"佛不应该这样就涅槃了的"的心声;但一经公认,阿难的问题可大了! 不请佛住世,要负起如来早灭、佛不久住的责任! 阿难当时以恶魔蔽心为理由,不认自己有过失。这等于说,当时只是没有领会到这话的意义,有什么过失呢! 《般泥洹经》(下)说得好:"阿难下(座)言,佛说弥勒当下作佛,始入法者,应从彼成。设自留者,如弥勒何?"这是该经独有的反驳,肯定了释迦佛入涅槃的合理性。也许在传说中,有的觉得大迦叶的指责太过分了吧！

　　第二、如来索水而不与：《五分律》（除《杂事》）等一致说：大迦叶责备阿难，为什么如来三次索水而不奉水？ 在连串的责难中，这是最近情的。据南传《长部·大般涅槃经》、汉译《长含·游行经》说：释尊受纯陀供养以后（约为涅槃前一日），在向拘尸那的途中，病腹下血。天又热，口又渴，在近脚俱多河附近，身体疲极而小卧休息，释尊嘱阿难取一点水来喝喝，也好洗洗身（冲凉是最好的清凉剂）。阿难因为上流有五百车渡河，水流异常混浊，所以要释尊等一下，走向前面才有清水可喝。病渴求水而不可得，这对病人来说，是太不体贴了！ 当然可以看作侍者不敬佛，不尽责的。但阿难以为水太浊，怎么好喝呢！ 佛不久就涅槃了，所以在一般人来说，不管水清水浊，要水而不奉水，阿难总是不对的。据律典所说，阿难没有奉水，连浊水也不取一点来，是错误的！ 因为没有清水，取点浊水来也是好的，如说："若佛威神，或复诸天，能令水清。"（《四分律》五四；《智论》二意同）不奉水一事，在传说中变化了！《根有律杂事》及《佛般泥洹经》《般泥洹经》，就说阿难当时奉上浊水，释尊只洗洗身而已。可是奉上浊水，当然还是错误的，大迦叶责备说："何不仰钵向虚空，诸天自注八功德水，置汝钵中。"（《杂事》三九）这一事实，应该是不奉水，或者取点浊水洗洗而已。但另一想法，佛的威力，天神的护持，哪有要清水而不可得的道理？ 所以《长部》的《大涅槃经》，说佛三索以后，阿难不得已去取水，见到河水非常澄清，于是赞叹世尊的威力！《长含·游行经》说：阿难不奉水，雪山的鬼神就以钵奉上清水。这样，阿难虽一再不奉水，而释尊是喝到清水了！这应该更能满足信仰者的心愿！

第三、足踏佛衣：这是各家一致的传说，但问题单纯，只是责阿难不够恭敬而已。阿难对佛的僧伽梨（或说雨浴衣），在折叠的时候（或说缝衣时，洗濯时），用脚踏在衣上。这未免不恭敬。阿难说：当时没有人相助，恰逢风吹衣起，所以踏在脚上。这一事实，在经律中还没有找到出处。不过这些小事，可能是佛入涅槃前不久的事。以叠衣来说，阿难每天都在为佛服务呢！

六

在传记中，还有几项过失，但只是一家的传说，是不足采信的。一、佛要阿难任侍者，阿难起初不答应，《四分律》（五四）说："世尊三反请汝作供养人而言不作，得突吉罗罪。"此事见于《中阿含·侍者经》，《根有律破僧事》等。侍者是不容易的任务，阿难当然要郑重考虑。末了，阿难以三项条件而答允了，受到释尊的赞叹（考虑得周到），这怎能说是犯呢？二、《根有律杂事》（三九）说："世尊在日，为说譬喻，汝对佛前别说其事，此是第三过。"这到底指什么事，还不明了。与《杂事》相符的《迦叶结经》说："世尊诃汝，而汝恨言他犯他坐，是为三过。"该就是这件事了。邬陀夷与舍利弗共净灭受想定，而阿难受到仅此一次的诃责。当时阿难对白净说："是他所作而我得责。"（《中含》五·二二）南传《增支部》（五·一六六）有此受责一事，而没有心怀嫌恨的话。依汉译《中含》，也只是自己为他受过，不好意思问佛而已。三、《迦叶结经》又说："是众会中无淫怒痴，而汝独有三垢之瑕……是为九过。"《迦叶结经》所依据的《杂事》，在说了阿难八过失以后，接着说阿难烦恼没有尽，不能参与结集法会，要阿难离去。《迦叶结经》的编者，显然的出于误解，也就算为一过。其实，如没有断尽烦恼也犯突吉罗罪，那么证罗汉的弟子都犯了！从传记来看，北方的律师，对阿难来说，已不免尽量搜集资料，而有罗织的嫌疑了！这是与当时情形不合的。

七

大迦叶领导僧伽，对阿难举发一连串的过失；当时的真实意义，经上面逐项论究，已充分明了。不外乎戒律问题、女众问题、侍奉不周问题。关于戒律，阿难传达释尊的遗命，"小小戒可舍"，代表了律重根本的立场。于小随小戒，认为应该通变适应；如僧伽和合一心，可以筹量放舍。而大迦叶代表了"轻重等持"的立场，对小小戒可舍，看作破坏戒法，深恶痛绝。所以结论为：佛制的不得舍，未制的不得制，而成为律惟佛制，永恒不变。这是重法学系、重律学系的对立。重法学系是义解的法师，实践的禅师（"阿难弟子多行禅"）。重律学系是重制度的律师，谨严些的是头陀行者。这两大思想的激荡，在五百结集、七百结集中，都充分表达出来。

关于女众，阿难请度女众出家，释尊准女众出家，代表了修道解脱的男女平等观。大迦叶所代表的，是传统的男性中心，以女众为小人、为祸害的立场。这所以漠视问题全部，而将正法不久住的责任，片面地归咎于女众。阿难让女众先礼舍利，也被认为有污如来遗体,应该责难了。——上来两项问题,阿难始终站在释尊的立场。

关于侍奉不周,主要是释尊入涅槃,激发了佛弟子的思慕懊怅,而不免归咎于侍者。父母不管多老了,如一旦去世,孝顺儿孙总会觉得心有未安的。为了父母去世,弟兄姊妹们每每对于延医、侍病,引起不愉快。所以释尊入灭,想到阿难不奉水,一定是没有尽责,释尊才不久住世。这一类问题,确乎是人情之常。可是在那时,加重了对阿难的指责。从前请度女众出家,所以"正法不久住"。现在不请佛住世,所以"如来不久住"。如来的早灭,正法的早衰,都被看作阿难的过失。问题本来平常,但一经理论化,问题就极端严重了! 好在阿难有侍佛二十五年,从无过失的光荣历史;而结集法藏,事实上又非阿难不可。这才浮云终于不能遮掩日月,而阿难还是永久的伟大、无限的光辉!

（录自《华雨集》三,87—114 页,本版58—76 页。）

八　佛陀最后之教诚

一

佛在临入涅槃以前,也就是涅槃那一天的晚上,曾为比丘们作了一次最后的教诲。最后的遗教,是值得佛弟子特别珍重的!在佛教流传的教典中,现在存有不同的二项遗教——《遗教经》,(声闻的)《大般涅槃经》。先说《遗教经》,有关该经的文典凡四:一、姚秦鸠摩罗什所译的《佛遗教经》,也名《佛垂般涅槃略说教诫经》。二、陈真谛所译的,世亲所造的《遗教经论》。三、凉昙无谶所译的,马鸣所造的《佛所行赞》(二六品)《大般涅槃品》的一分。四、宋宝云所译的《佛本行经》(二九品)《大火品》的一分。

《遗教经》是《阿含经》所没有的,也就是初期结集《阿含经》时,还没有被采录。但马鸣依据它而作赞,世亲依据它而造论,可见在佛灭五百年后,这部经是非常流行的,大抵盛行于西北印度。

佛要涅槃了,这对受佛教导的比丘们,是一项严重的问题。

从修学的依止来说,一向禀承佛的教诲而修行,以后又有谁来教导呢? 依谁修学呢? 这在"所作未办"的学众,是怎样的怅惘、悲伤! 从师生的情感来说,佛对弟子、对众生,一向是恩深如海。现在竟要涅槃了,别离了,为了自己与众生,弟子们怎能不悲感、不忧恼呢! 所以佛弟子面临佛入涅槃的迫切问题,是修学上的彷徨,情感上的困扰。《遗教经》,就是对这两点而作简略的开示。因此,贯彻全经的主要意义是,佛的入灭,对学众的修学是没有关系的,只要依佛所说的法去勤修就得了。对佛自身来说,是了无遗憾的,是应该的,甚至是值得欢喜的!

　　《遗教经》分序说、正说、结说——三分。从开始到"为诸弟子略说法要",是序说。此下是正说分,就是对所说两大问题的开示。关于修学的依止问题,四十多年来,佛所说的太多了,现在只是略示纲要,策勉学众去进修。到佛陀晚年,如《涅槃经》所一再提示的,无量法门,统摄为戒、定、慧、解脱——四法;这是佛弟子所应依止修学的。本经也不外乎这些,但略分为二:一、戒律行仪;二、定慧修证(蕅益解,判为共世间法要、出世间法要)。戒律行仪,指示比丘们要安住于律仪的生活;在日常生活中,内心外行,做到清净如法。这可分五节:一、依持净戒;二、密护根门;三、饮食知量;四、觉寤瑜伽;五、忍谦质直。

　　说到依持净戒,就是受持波罗提木叉,这如"戒经"所说。经上接着说:"不得贩卖……不得畜积。"那主要是严禁比丘们的邪命——不如法的经济生活。因为有了正业、正语、正命的律仪生活,才能成就法器,定慧修证。所以经上说:"因依此戒,得生诸禅定,及灭苦智慧。"律仪的意义,是非常深远的!

密护根门,饮食知量,觉寤瑜伽(《阿含经》通例,还有正念正知一段),是达成清净持戒的必要修法,也是引发定慧的应有方便。什么叫密护根门? 这或译作"根律仪",律仪的本义是护。这是要学众在六根门头,见色闻声……时,随时照顾。不为外境所惑,取著贪染而起烦恼,引发犯戒的恶行。本经先说制五根,次说制意根。"制而不随"四字,正是密护根门的用功诀要。饮食知量,常勤修习觉寤瑜伽,是指示学众,在饮食睡眠这些日常生活上,高举解脱的理想,不致于为了贪吃(贪滋味、营养、肥美等)、贪睡,懈怠放逸,而障碍了精进的修学。修习这样的密护根门,饮食知量,勤修觉寤瑜伽,自然如法如律,身心清净;不但戒学清净,修道证悟的法器也陶冶成就了。

忍谦质直,是揭示比丘众所应有的内心特德。慈忍而不暴戾嗔忿;谦卑而不憍慢自高;质直而不谄曲虚伪。这特别是比丘众:安住于僧团(第一嗔不得),依存于信施(憍慢个什么),勤求于深法(谄曲就不能入道),所应有的德性。如上所说的内心外行,精进修习,就是达成安住净戒的修法。这些,如《阿含经》、《瑜伽·声闻地》等详说。

定慧修证的内容,是少欲、知足、远离、精进、正念、定、智慧、不戏论,这就是八大人念。众生的根性不一,虽或有初闻佛法,立能彻悟法性,但依一般的修习常轨,总是先在僧团中,学习律仪,听闻经论。养成"直其见,净其业"的道器,然后于阿兰若处专修定慧。前七念,是阿㝹楼陀本着自己的修习经验,觉得"大人"(解脱的圣者)应有这必要的修道项目。佛又为他说第八的不戏论。不戏论,不是少说闲话,而是证入离戏论的寂灭法性。

众生所有的,虚诳妄取的乱相乱识,名为戏论。这一切寂灭,就是证入无分别无戏论性。这是《阿含经》以来,一切佛法的不二法门。在这《遗教经》中将过去说过了的八大人念,作为定慧修证的项目。与前说的戒律行仪,合为佛弟子所依止修学的轨范。这是纯正的声闻乘的解脱道。

关于情感上的困扰问题,是由于一旦失却师导,免不了惆怅悲伤,都好像少了什么似的。所以佛的开解与安慰,基于一项原则,即佛的涅槃,是一切圆满,一点遗憾也没有。这一章(蕅益解,判为流通分)可分为四节:一、法义究竟;二、信解究竟;三、化度究竟;四、解脱究竟。

法义究竟:如说:"世尊所说利益,皆已究竟。"利益众生的法门,过去佛已说得究竟圆满了。佛为弟子的师导,是以这些法义来教化。如不受法,不勤修,那与佛共住同行,也毫不相干。反之,即使佛入涅槃,如依这些法而精进修行,还不等于见佛闻法。所以不要为了佛灭,错想为无所依止而彷徨。只要"念所受法,勿令忘失。常当自勉,精进修之"!

信解究竟:难道当前的比丘众,对甚深的四谛法义还有些疑惑吗? 有疑,应及速问佛。因此而显出了"是诸比丘,于四谛中决定无疑"。既已信解无疑,那对佛的入灭,为什么还要惆怅伤感呢?

化度究竟:阿㝹楼陀代达佛弟子的心情:大家对四谛法是无疑的,但证前三果的"所作未办"者,还不能没有悲感。"所作已办"的阿罗汉,从众生着想,也不能没有"世尊灭度一何疾哉"的感伤——为什么不久住世间,广度众生呢? 对于这,佛作了"自利利他,法皆具足;若我久住,更无所益"的开示。意思说:佛自身,自利利他的功德,一切究竟圆满了。对众生来说,应该受度的,已得度了;现生还不能得度的,也已"作得度因缘",使之种善根,或渐渐成熟了。所以无论是现在将来,已没有任何遗憾。要知佛的出世化导,有关于众生的因缘。如所作的都作了,就应该涅槃。否则,一切佛"久住世间",有什么利益呢!

解脱究竟:佛弟子觉得佛要无常了,要别离了,所以心怀忧恼。佛就这点来说:佛现有父母所生身,与大家一样的危脆,是生老病死——众苦的渊薮,所以要修行,要解脱。现在佛入涅槃,是究竟解脱。色身的无常,是必然的;对涅槃来说,那是"如除恶病","如杀怨贼"。大家应为佛的涅槃而欢喜;应该引为自己的榜样,"当勤精进,早求解脱",怎么还如愚人一般,忧愁苦恼呢? 上来是从弟子的不同心境,作不同的开解、安慰、策勉,使他们不为忧伤的情感所困惑。

末后,"汝等比丘,常当一心……是我最后之所教诲"一段,是结说。本经初开示依法好自勤修,次开解佛灭不用忧伤,而结归于策勉大众"一心勤求出(离的解脱)道",显示了佛对弟子的无尽悲心。

二

声闻乘的《大般涅槃经》,以如来入灭为主题,叙述佛的沿路游化,最后到拘尸那,度须跋陀罗,作了最后的教诫。该经的不同传诵,现存有六部:一、巴利文《长部》(一六)《大般涅槃

经》第六诵品(一——七),以下简称《长部》。二、姚秦佛陀耶舍
等译,《长阿含经》第二《游行经》(下),简称《游行经》。三、西
晋白法祖译的《佛般泥洹经》(下),简称"法祖译本"。四、晋失
译的《般泥洹经》(下),简称《泥洹经》。五、东晋法显所译的
《大般涅槃经》(下),简称"法显译本"。六、唐义净所译的,《根
本说一切有部毗奈耶杂事》(三八),简称《杂事》。这六部类似
的经律,在教化须跋陀罗以后,入涅槃以前,都有对弟子的最后
教诫,这就是现在所要论究的内容。这一部分,为《阿含经》与
广律所记录,所以是声闻各派所共传的。它的结集流通,要比
《遗教经》早些。《涅槃经》的最后教诫,有关开示依止、安慰学
众部分,虽广略不同,而意趣与《遗教经》相近。有关论决僧事
部分,是《涅槃经》所特有的。这都是佛灭前后,存在于僧团中
的问题,编集者以如来的最后教诲而表达出来。

　　这些最后的教诫,由于传诵的学派不同,所以次第有先后,
论题有增减,意义有出入;这不是传诵的错误,而是代表了所属
学派的不同。现在先总列对照于下。

游 行 经	长　　部	法显译本	泥洹经	法祖译本	杂　　事
1 安慰阿难	x	x	x	x	x
2 敬念四处	x	x	3		5
3 出家			1	1	2
4 治罚恶口	4	4	x	x	x
5 教诲女人	x	x			
6 依止经戒	1	1	2	2	3
7 舍小小戒	3	3			

游 行 经	长　部	法显译本	泥洹经	法祖译本	杂　　事
8 敬顺和乐	2	2		3	4
9 审决无疑	5	5	4	4	6
10 念无常	6	7	5	5	7
		6 乞僧自恣			1 善知识

　　表中的 x,表示该经有这一论题,但早在教化须跋陀罗前说了。从表列看来,《长部》与"法显译本"相近。这又与《游行经》相近,仅是次第的先后不同;这都是分别说系的诵本。《泥洹经》与"法祖译本"非常接近,应是同本异译。与有部律的《杂事》,是较为接近的。

三

　　今依《游行经》的次第,逐项来论说。

　　一、安慰阿难:佛度了须跋陀罗,阿难感到佛要入灭,而自己还"所业未成",情爱未尽,不觉得悲从中来。佛特地安慰他,赞誉他侍佛的功德极大;有四种未曾有法,胜于过去诸佛的侍者。勉以"汝但精进,成道不久"! 这一安慰、赞叹,是其他五本所共有的,但都记录在到了拘尸那,教化须跋陀罗以前。这一记录,见于汉译《中阿含》的《侍者经》(《中含》八·三三)。而四种未曾有法,也见于巴利文的《增支部》(四·一二九)。

　　二、敬念四处:阿难想到佛灭以后,大家要见佛而不可能了。当然,阿难自己也在其内。思慕佛而无法再见,这是怎样的忧

感？这正是情感上的极大困扰。佛告诉阿难："不必忧也！"有
四处：佛的诞生处，成道处，初转法轮处，入涅槃处。只要忆念佛
在这四处所有的功德，到这四处去游行礼敬，也就等于见佛了。
初期佛教，提倡四大圣迹(后来又扩展为八大圣地)的朝礼，满
足了景仰思慕世尊的诚心。《遗教经》说："此(波罗提木叉)则
是汝大师，若我住世，无异此也。""我诸弟子展转行之，则是法
身常在而不灭也。"这是佛为比丘们所作深刻的、理智的开示，
但对一般人来说，非从事相的、情感的着想不可。四大圣迹的朝
拜，后来舍利的供养、佛像的塑造，都是为了安慰信众，启导信众
的敬信。这一问题，《长部》与"法显译本"，记录于佛度须跋陀
罗以前；《杂事》、《泥洹经》，与《游行经》相同；但"法祖译
本"缺。

　　三、出家：这一问题，依《长部》及"法显译本"，不能说是问
题。须跋陀罗外道来出家，所以说到佛教的制度；外道来求出
家，要经四月的考验合格，然后受比丘戒。《阿含》与广律，都说
到这一制度，所以应为佛陀早就制定了的。但其他四本，却别有
所指，而意见也不同：

　　1.《长含·游行经》说："我般涅槃后，诸释种来求为道者，
当听出家授具足戒，勿使留难！诸异学梵志来求为道，亦听出家
授具足戒，勿试四月！"对于这，《杂事》别有解说："(释种)此是
我亲，有机缘故。其事火人，说有业用，有策励果故。"《杂事》解
说为：外道不必四月试，那不是一切，而是：(一)事火婆罗门外
道出家(如三迦叶等)，他们信业果，也承认现生的功力；(二)是
释种的出家外道，他们是佛的亲属。这二类外道出家，可以不经

四月的考验。《杂事》的解说,理由并不充分。以亲属关系而予
释种外道以特别方便,是违反佛教精神的。如依《游行经》说,
释种并非指外道而说,但这是更难理解了。在佛法中,除了外道
出家,不论是释种、非释种,一律平等。只要不犯遮难,有师长,
有衣钵,谁也有出家受具足戒的资格;为什么要特别说到释种
呢?《游行经》说:如释种来求出家,"勿使留难",这反证了当时
的教界,对释种出家,存有故意留难的情况,这到底为了什么?
原来在释尊晚年,释种比丘展开了释种中心的运动,企图获得僧
团的领导权。在这一机运中,提婆达多被拥戴而起来"索众"。
提婆达多是释种;他的四位伴党,也是释种;支持他的六群比丘、
十二群比丘尼,也都是释种及与释种有特别关系的(参阅《论提
婆达多之破僧》四)。提婆达多的"索众",变质而发展为破僧,
结果是失败了。释种比丘中心的僧团运动,也归于失败。释种
比丘受到十方比丘僧的抑制与歧视,如阿难,有侍佛二十五年的
光荣史,结集法藏的大功德,在五百结集大会,还不免受到大迦
叶等的苛责,何况别人?律部所说的制戒因缘,百分之九十以上
由于释种比丘。而六群比丘,更被描写为为非作恶的典型人物。
释种比丘,普遍地受到了过分的抑制与歧视。理解这佛教界的
实际情形,对释种而要求出家的,给以故意留难的情形,就会充
分地体会出来。佛灭百年,释种比丘为中心的意向完全消失,但
对释种而请求出家的,还存有习惯性的故意留难。这种不合理
的情形,当然需要纠正。反应在学派的经律中,就是"释种来求
出家,勿使留难"的正义之音。

　　2.《泥洹经》与"法祖译本",对出家有不同的意见。因为出

家者的动机不一（分四类），所以先要试三月，如觉得"志高行洁"，才为他授（沙弥）十戒。如奉戒三年，清净不犯，再为他授（比丘）二百五十戒。这是规定为：出家三月，受沙弥戒；作沙弥三年，再受比丘戒。这样的规定，在经中、印度学派的律中，是没有的。可以说，这是面对出家者——贫穷、负债、逃役的太多，会影响僧团的清净，而提出非常严格的办法。该经与有部律，部分相同，如解说为北印度及西域佛教界鉴于僧品秽杂而作出这样的特殊制度，也许不会离事实太远。不过，依印度经律的本意来说，这种制度是过于严格了一点。

四、制罚恶口：恶口比丘车匿（或译阐陀），是释迦太子的侍从。出家后，多住拘睒弥，受到优填王的护持。他是释种比丘中心运动的健者，宣称："佛是我家佛，法是我家法，是故我应教诸长老，长老不应反教我。"（《善见律》三）坚决主张，释种比丘在僧团中应有优越的地位。这位不容易讲话的，十方僧众所感到最难应付的，被称为"恶性"、"恶口"。怎样对付他？应该"梵坛罚"，是"诸比丘不得与语，亦勿往返、教授、从事"（《游行经》）。这是最严厉的惩罚，等于与他断绝关系，使他寂寞地漂流于僧伽边缘；这就是默摈（并非勒令还俗）。依经律研究起来，这是值得注意的；这真的是释尊涅槃前的遗嘱吗？

阐陀（车匿）比丘的事迹，经里有不同的传记。A. 佛在世时，阐陀在王舍城入灭。他"有供养家，极为亲厚"，所以舍利弗怀疑他没有究竟，但佛肯定地说，阐陀已证阿罗汉。这一记录，见于巴利文的《相应部》（三五·八七）、《中部》（一四四），及汉译的《杂阿含经》（四七·一一六六）。B. 如来涅槃后，阐陀在

波罗奈住。向上座们请益,都不合机宜。后来,到拘睒弥,阿难
为他说《教迦旃延经》,因而悟入。这也是《相应部》(二二·
九〇)、《杂阿含经》(一〇·二六二)所共说的。A 说阐陀死于
佛世,B 说佛涅槃后才证果,这显然是不相合的。

　　依《涅槃经》说:佛入涅槃时,阐陀还在人间,佛为他制立了
梵坛罚法。《铜鍱律·小品》(一一)《五百犍度》也说:结集后,
阿难奉了僧命,率众去拘睒弥处罚阐陀。阐陀起了惭愧心,精进
修行,证了阿罗汉果,这才解除梵坛罚的处分。《五分律》
(三〇)《五百集法》所说,也大致相同,并明说受阿难的教诲,
"得法眼净"(初果)。这都是与 B 说相合的。但检读广律,发现
了矛盾的叙述。阐陀的"恶性违谏",早就制立了学处(僧伽婆
尸沙)。阐陀比丘不见(不承认)罪,僧伽为他作不见举(发过
失),不共住(摈),如《十诵律》(三一)、《四分律》(四五)、《僧
祇律》(二四)、《五分律》(一一)、《铜鍱律·小品·羯磨犍度》,
都明白说到。《十诵律》说:阐陀被举,还是不服罪,说:"我何豫
汝等事? 我不数汝等!"他藐视僧伽,不接受处分,到处去游行。
可是,"诸国土比丘闻车匿被摈,不共作羯磨,……布萨,自恣;
不入十四人数;不得共事,如旃陀罗。"僧伽到处默摈他,阐陀这
才心服了,回到拘睒弥,愿意接受处分。这就是梵坛罚,是佛早
就制立了的。阐陀应早巳心服;如恶性难改,老是那样,僧伽尽
可依据佛制而予以制裁。到底有什么必要的理由,要再度提出,
成为如来最后的遗教呢?

　　如《涅槃经》等(B 说)可信,那广律所说,佛世制罚阐陀的
记录,就有问题。如信任广律,佛世已制罚阐陀,那就佛涅槃时,

不应再提出来请示。这就使我联想到经中对阐陀的不同传说
了。从当时教界的实情去理解,事实应该是这样的:释种比丘中
心运动失败了,"佛是我家佛,法是我家法"的主张者——阐陀,
也就接受处罚。阐陀的作风,虽为十方比丘所不满,批评他"有
供养家,极为亲厚",但佛却肯定地说他已证阿罗汉果;而且阐
陀早已在王舍城去世了。这是广律及《杂含》(还有《中部》)A
说的实情。然而释种比丘的力量还在,释种中心的意向也并未
消失,僧伽需要一再提起阐陀比丘,作为宣传与说服"恶性"的
典型实例。这所以传说为佛临入涅槃,曾指示坚决的处罚。既
传说为佛的遗命,因而阐陀的忏悔、受教而悟入的事,也联想为
佛灭以后,成为 B 说。不同的传说,同样地被编入了经与律。
事实上,阐陀早已在王舍城去世了。如来遗命的制罚恶口比丘,
只是如来灭后,僧伽以阐陀为实例,用作说服抑制释种的方法
而已。

　　五、教诲女人:经上说:如女众——优婆夷来求教诲,比丘们
最好不要见她。见了,最好不要与女众说话。如不得已而说法,
那就得检点自己,摄护三业。这表示了比丘对于女众,应看作危
险物。在波罗提木叉的波逸提中,就有为女人说法,不得过五六
语的限制。五六语,《铜鍱律》与《僧祇律》,解说为说法不得过
五六句。也许实际上行不通,所以《五分律》、《四分律》、《十诵
律》,别解为不得说五蕴、六处以外的话。初期佛教,如王舍结
集法会,对于请求容许女众出家,也被认为罪过,可想见佛灭以
后,僧伽的领导者是怎样的看待女性了! 这一问题,《泥洹经》、
"法祖译本"、《杂事》是没有说到的;《长部》及"法显译本"虽有

而叙述在前。惟有《游行经》作为如来最后的教诲,这代表了过度重视这一问题的学派。

六、依止经戒:如来入灭了,学众有无所依止、无师可禀承的怅惘,所以佛说经戒为所依止;这与遗教的意趣,大致是一样的。不过佛说极为简要,没有《遗教经》那样的具体。《游行经》说:"阿难!汝谓佛灭度后,无复覆护失所恃耶?勿造斯观!我成佛来所说经戒,即是汝护,是汝所恃。"经中明白举出了经与戒,为比丘的覆护依恃。"法显译本"作:"制戒波罗提木叉,及余所说种种妙法,此即便是汝等大师。"《长部》作:"我所说之法律,为汝等师。"经戒,即法与律,同样是比丘所依止,比丘们的大师。《泥洹经》先说法——十二部经,次说:"常用半月望晦讲戒,六斋之日高座诵经;归心于经,令如佛在。""法祖译本"的"当怙经戒","玩经奉戒",都是举法与律(经与戒)为比丘所依止的。但传诵于北方的有部新律(《杂事》),先说到法(十二分教),次说:"我令汝等,每于半月说波罗提木叉,当知此则是汝大师,是汝依处。"虽说到法与戒律,而对比丘的依处、大师,局限于波罗提木叉,与其余五本不合。本来,法是一切佛法的总称,所以不妨说法为依止,如说:"自依止,法依止,不异依止"(《相应部》四七·九);是佛涅槃那年,佛为阿难说的(《游行经》等)。但佛法分为二,即法与律(法与戒),所以法与律都是比丘们所依止,为比丘所师。如但说戒为依止,戒为大师,所说即不圆满(戒不能代表一切)。流行于西北印度的有部律师,强调戒律的重要,这才但说以戒为师。《遗教经》的"波罗提木叉是汝大师",也正是这一系传诵的教典。在中国,《遗教经》流行得很普遍,所以常听到"以戒为师"。而圆正的、根本的遗教:"法律是汝大师";或"以法为师",反而非常生疏了!

七、舍小小戒:阿难禀承佛命,向五百结集大会提出这一问题,受到了大迦叶的严厉责难。这是史实,虽被大迦叶否定了,但到底是佛的遗命。如《阿难过在何处》中说。检考各本,《泥洹经》、"法祖译本"、《杂事》,都略去这一论题。也许觉得这一遗命早经否决,如保存记录下来,显见僧伽有违反释尊遗命的过失。而主张小小戒可舍的,也许会据此而振振有词。倒不如把它删去,免得留着多事吧!

八、敬顺和乐:《游行经》说:"自今日始……上下相和,当顺礼度,斯则出家敬顺之法。"这一遗命的意义何在?《杂事》这样说:"从今日,下小苾刍于长宿(耆年)处,不应唤其氏族姓字,应唤大德(或译尊者),或云具寿(或译长老);老大苾刍应唤小者为具寿。"《长部》与《杂事》大同,也说不能互称为"友",应称大德或长老。"法显译本"的:"各依次第,大小相教,不得呼姓,或唤名字。"这是佛世与佛后的一大区别。佛在世时,佛弟子们,除了不得称佛为"友"及"瞿昙"外,彼此是称"友"(称女众为姊妹)的;互相称姓(如迦叶)道名(如阿难)的。比丘们依受戒的先后(大小)为次第,不依学德(智慧、修证)、职务(知僧事,如丛林执事)、年龄(世俗年龄)、种姓为次第。所以虽有先后次第,而没有尊卑的意义,大家是同参道友(事实上,智慧与修证,可能后出家的胜于上座们)。但在佛后,僧伽间的上下距离逐渐形成,"上座"有了优越的地位,连称呼也得尊称为大德(尊者)了。这一情形的发展——上座们地位的提高,上座中心的佛教,也就这样的逐渐完成。

九、审决无疑:这与《遗教经》相同。佛一再问弟子们:"有疑者当速谘决";但弟子于四谛都已信解无疑。这不但表示了信解究竟,也表示了释尊的教化已经圆成。经说阿难向佛表示,大众净信无疑,与《遗教经》的阿㝹楼陀说不同。《遗教经》所含摄的八大人念,与阿㝹楼陀有关。阿㝹楼陀(与金毗罗等)有少欲、知足、远离、精进修行的事迹。《遗教经》取阿㝹楼陀而非阿难;取波罗提木叉为大师而非法与律;取八大人念;这可解说为,这是阿㝹楼陀学系传诵的佛陀最后之遗教。

十、念无常:《长部》说得极简要,只是对比丘们说:"诸行是坏法(无常),精进莫放逸! 此是如来最后之说。"这是诸本所同的。《游行经》、《杂事》、《泥洹经》、"法祖译本",佛更向比丘们显示佛身(示手臂),意思说:如来身也不免无常,大家应该精进。佛将涅槃了,显得佛是优昙钵花那样,难逢难见(《泥洹经》更说到当来弥勒佛)。这与《遗教经》中,解脱究竟及结说一段相合,但《涅槃经》系,特着重于开示无常,策勉比丘的修行。

十一、善知识:阿难说善知识是半梵行,佛说是全梵行,这是《杂事》特有的记录。查考起来,《杂阿含经》(二七·二七六等)、《相应部》(三·一八)都有此说,但这是佛在王舍城山谷精舍为阿难说的,并非娑罗双树间。

十二、乞僧自恣:这是"法显译本"所特有的。佛说:"汝等若见我身口意脱相犯触,汝当语我!"这是说,如三业中哪些不清净,哪些对大家不住,请告诉我,以便忏谢。释尊大慈悲,虽然三业清净,而为弟子们作出良好的榜样;出家应请求别人慈悲举发他,以免无意中有所违犯。但是释尊的僧中乞求自恣,实在是在舍卫城,向舍利弗作如此说(《相应部》八·七;《杂含》四五·一二一二)。

四

将上面十二事总结来说,末二项——善知识与乞僧自恣,是传诵者将别处的经文安放在这里的。其他十项,即使不是最后的遗教,也是佛入涅槃前不久的教说。其中,安慰阿难、敬念四处、依止经戒、审决无疑、念无常——五项,意义与《遗教经》相通。尤其是依止经戒、审决无疑、念无常——三项,为二大遗教的共通内容,也正是佛为比丘们所作的最后教诫。出家、治罚恶口、教诲女人、舍小小戒、敬顺和乐——五项,为《涅槃经》系所特有的,都是佛灭前后有关僧团的问题。将这些问题分析研究,更了解当时佛教界的实情。(十方比丘中心而)抑制释种的;(比丘中心而)严男女之别的;重律的;尊上座的;上座系的佛教,在这一情势下发展而完成。

与《大般涅槃经》相近者,更有《增一阿含经》(四二·三),惟仅"安慰阿难"、"教诲女人"、"治罚车那"、"上下敬顺"四事。印顺附记。

(录自《华雨集》三,115—138 页,本版77—92 页。)

九　印度佛教流变概观

佛教创始于印度释迦牟尼佛,乃释尊本其独特之深见,应人类之共欲,陶冶印度文化而树立者。其在印度,凡流行千六百年而斩。因地而异,因人而异,因时而异,离合错综极其变。法海汪洋,入之者辄莫知方隅焉。试聚世界佛徒于一堂,叩其所学,察其所行,则将见彼此之不同,远出吾人意料外。此虽以适应异族文化而有所变,然其根本之差别,实以承受印度之佛教者异也。以是欲知佛教之本质及其流变,应于印度佛教中求之。

佛教乃内本释尊之特见,外冶印度文明而创立者,与印度固有之文明,关涉颇深。故欲为印度佛教流变之鸟瞰,应一审佛教以前印度文明之梗概。

印度文明之开发者,为印欧族之雅利安人(白种之一支)。

一、初自西北移入印度,于佛元前十二世纪至六世纪顷,以五河地方为中心,逐先住之达罗毗荼族(棕种之一支)等于南方而居之。其被虏获者,呼为首陀罗,即奴隶族也。当时之雅利安人,崇敬日月等自然神,事火,祭祀赞神而述其愿求。怀德畏威,神格尚高洁。崇神之目的,如战争胜利、畜牧繁殖,乃至家庭和谐、身心健康,概为现实人生之满足。来生之观念,虽有而未详晰。其末

期,已有自哲学之见地,开始为宇宙人生之解说者。代表印度最
古文化之《梨俱吠陀》,即此期之作品,可谓之"吠陀创始时代"。

二、次于佛元前六世纪至三世纪顷,雅利安人以阎牟那河上
流之拘罗地方为中心,厚植其势力,婆罗门教之"中国",即此。
次又东南下而达恒河之下流,舍卫国以东,特以邻接缅藏区之民
族,多有黄色人种,然亦为所征服。此时之雅利安人,受被征服者
秘密思想之熏染,幽灵密咒之崇拜大盛。婆罗门高于一切,以祭
祀为万能,以神鬼为工具而利用之,神格日以卑落。好表征,重仪
式,确立四姓之制(生死流转之说起于此时),于现实人生之无限
满足外,转为来生天国之要求,此可谓之"梵教极盛时代"。

三、自佛元前二、三世纪以来,雅利安文明渐南达德干高原,
且遍及于全印。然南印民族,渐受梵化而非武力之征服。其恒河
下流,富有黄种血统之民族,受吠陀文化之诱发,文事大启。摩竭
陀之悉苏那伽王朝,且渐为印度之政治重心。婆罗门教之中国,
反退为边地矣! 时东方有为之民族,以久受吠陀文化之熏习,多
以雅利安人之刹帝利自居,而实未尽然。如《巴达耶那法经》说:
摩竭陀人,韦提希人,悉非雅利安人也。吠陀受黄种文明之潜化,
不复以祭祀万能、生天永乐之思想为满足,乃演为达本穷理之学。
承《吠陀》、《梵书》而起之《奥义书》,于婆罗门教隐含否定之机。
于"梵行"(幼年学业)、"家住"(主持家业)之上,加以"林栖"、
"遁世"之苦行生活。于祭祀生天之上,创真我解脱之说。我性本
净,如何离尘垢而契入梵我之实体? 要以克制情欲之"苦行",集
中意志之"瑜伽",外苦形骸而内离妄念,念表征梵我之"唵",则达
真我超越之解脱。承此反吠陀倾向之暗流而开展之,乃产生多种

出家之沙门团,多以严酷之苦行求解脱,而成风行一时之反吠陀潮流,此可谓之"教派兴起时代"。雅利安文明受异族文化之同化于前,反抗于后,婆罗门教乃为之一时衰落也。

东方新兴民族之勃起,虽衍出反吠陀之潮流,而以气候酷暑,受东南滨海民族之影响,颇嫌于神秘、苦行、极端。释尊乃乘时而兴,来自雪山之麓。慈和不失其雄健,深思而不流于神秘,淡泊而薄苦行,创佛教,弘正法于恒河两岸。所弘之正法,以"缘起"为本。即世间为相依相资之存在,无神我为世界之主宰,亦无神我为个人之灵体也。以世间为无我之缘起,故于现实人生之佛教,反侵略而歌颂无诤;辟四姓阶级而道平等。于未来生天之佛教,崇善行以代祭祀万能,尊自力以斥神力、咒力。于究竟解脱之佛教,以不苦不乐为中道行;不以瑜伽者之狂禅为是,而以戒为足,以慧为目。释尊之教化,虽以适应时代思潮,特重于出家(己利、解脱为重)之声闻。然释尊自身,则表现悲智之大乘,中和雄健,与弟子同得真解脱,而佛独称"十力大师"也。佛于反吠陀之学流中,可谓月朗秋空,繁星失照矣!此第一期之佛教,可曰"声闻为本之解脱同归"。

释尊入灭已,下迄佛元四百年,佛教以孔雀王朝之崇信,渐自恒河流域而分化各方。东之大众系,自毗舍离而央掘多罗、乌荼而远化南印,后又沿西海滨北来。西之上座系,以摩偷罗为中心,或深入北方而至罽宾;或沿雪山麓而东化;或西南抵阿槃提、摩腊婆,且远化于锡兰。以分化一方,语文、师承、环境之异,学派之分流日甚。然分化之主因,实为大乘入世倾向之勃发。其见于辩论者,崇兼济,则有佛菩萨圣德之诤;求适应,则有律重根本之净;阐旧融新,则有有无杂藏之净。分化之方式不一,而实为急于己利(声闻)与重于为人(菩萨)两大思想之激荡。此第二期之佛教,小乘盛而大乘犹隐,可曰"倾向菩萨之声闻分流"。

佛元四世纪至七世纪,南以安达罗,北以大月氏(贵霜)王朝之护持,两系合流于北方,大乘佛教乃盛。大乘于各派之思想,固以南方为重而能综合者。就中龙树菩萨,以南方学者而深入北方佛教之堂奥,阐一切法性空而三世幻有之大乘,尤为大乘不祧之宗。以融摄世俗,大乘经已不无神秘、苦行、表征、他力思想之潜萌,龙树菩萨乃间为之洗刷也。此第三期之佛教,说三乘共同一解脱,与根本佛教相契应。然佛世重声闻,今则详菩萨之利他,可曰"菩萨为本之大小兼畅"。

七世纪至千年顷,大乘佛教又分流:(从北来)西以阿瑜陀为中心,无著师资弘虚妄唯识学。(从南来)东以摩竭陀为中心,真常唯心论之势大张。学出龙树之佛护、清辨等,又复兴性空唯名论于南印。三系竞进,而聚讼于摩竭陀。大乘分化之因甚复杂,而"如来"倾向之潜流,实左右之(多陀阿伽陀,华语如来,有二义:一、外道神我之异名,即如如不变而流转解脱之当体。如来死后去或死后不去,即此。二、佛陀之异名,可译为如来、如解或如说。即证如如之法性而来成正觉者;如法相而解者;如法相而说者。佛具此三义,故曰如来,与后期佛教之如来义颇不同)。如来者,一切有情有如来性,无不可以成佛。如来性真常不变,即清净本具之心体。离幻妄时,证觉心性,而圆显如来之本体也。此真常净心,易与婆罗门之梵我相杂,而其时又适为婆罗门教复兴,梵我论大成之世,佛陀渐与梵天同化矣。其见于辩论者,有生灭心与真常心之净;有唯心与有境之净;有性空与不空之诤;有三乘与一乘之诤。此第四期之佛教,可曰"倾向如来之菩萨分流"。

千年以降,佛教渐自各地萎缩而局促于摩竭陀以东。以如来不可思议之三密为重点;立本于神秘、唯心、顿入之行解,为一切学派、内外思想之综合,为一切秘密、迷信之综合。唱一切有情成佛,不复如大乘初兴之重于利他,而求即心即身之成佛。奄奄六百年,受异教者之压迫而衰灭。此第五期之佛教,可曰"如来为本之梵佛一体"。

印度佛教凡经五期之演变,若取喻人之一生,则如诞生、童年、少壮、渐衰而老死也。

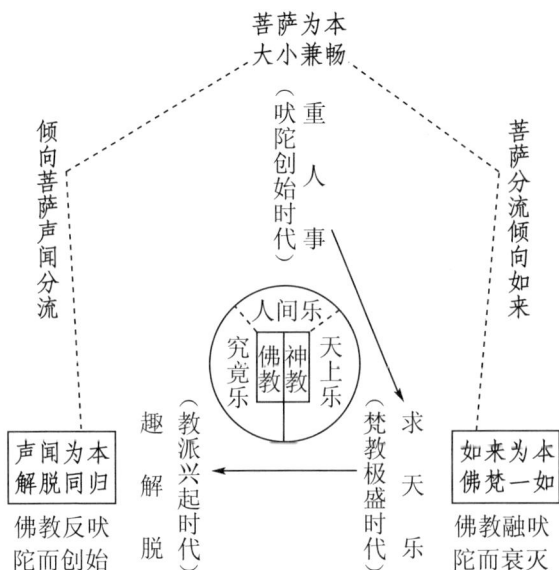

菩萨为本
大小兼畅

倾向菩萨声闻分流

重人事（吠陀创始时代）

菩萨分流倾向如来

人间乐　天上乐　究竟乐　佛教　神教

求天乐（梵教极盛时代）

声闻为本
解脱同归

趣解脱（教派兴起时代）

佛教反吠陀而创始

如来为本
佛梵一如

佛教融吠陀而衰灭

依此图以观印度佛教之流变,不难知其梗概。夫人之所求者,现实人间乐、未来(人)天上乐、究竟解脱乐三者而已。其即人事以向天道,以天道明人事者,神教也。即解脱以入世利生,依人间悲济之行以向解脱者,佛教也。解脱思想兴则神教衰,天神崇拜盛则佛教衰,此必然之理也。观吠陀创始时,崇天道以尽人事。继之者,祭祀求生天,秘密求神佑,婆罗门教乃底于极盛。迨解脱思想起,理智开发,婆罗门教衰而教派纷起矣。佛教以反吠陀之精神,代婆罗门教而兴。初则声闻为本而重于解脱事。继起者以菩萨为本,详悲智利济之行,以入世而向出世,佛教乃大成。惜佛徒未能坚定其素志,一转为忽此土而重他方,薄人间而尊天上,轻为他而重己利。融摄神教之一切,彼神教以之而极盛者,佛教以之而衰灭,(婆罗门教演化所成之)印度教又起而代之矣!

如上印度佛教五期之流变,今更束之为两类三时教,即与从来判教之说合。

一、自佛教传布之兴衰言之:佛元三世纪中,熏迦王朝毁佛而佛教一变。前乎此者,佛教与(摩竭陀)孔雀王朝相依相成,国运达无比之隆盛,佛教亦登于国教之地位,遍及于五印,远及于锡兰、罽宾。后乎此者,佛教已失其领导思想之权威矣。佛元九、十世纪,佛教北受匈奴族之蹂躏,东受设赏迦王之摧残,而婆罗门教则尤明攻暗袭其间,佛教又为之一变。前此,佛教虽失其政治之指导权,偏于学术之研几,然传布普遍,不失为印度大宗教之一。后则局处摩竭陀,书空咄咄,坐待衰亡而已。以教难而观佛教之演变,颇明白可见:初则声闻(小乘)之"四谛乘",中则菩萨(大乘)之"波罗密乘",后则为如来(一乘)之"陀罗尼乘"。

二、自教理之发展言之,亦有三时,即初二期为初时教,第三期(含得二期之末及四期之初)为中时教,四五两期为第三时教。初时教以"诸行无常印"为中心,理论、修行,并自无常门出发。实有之小乘,如说一切有部,其代表也。第二时教以"诸法无我印"为中心,理论之解说、修行之宗要,并以一切法(无我)性空为本。性空之大乘,如龙树之中观学,其代表也。第三时教以"涅槃寂静印"为中心,成立染净缘起,以无生寂灭性为所依;修行解脱,亦在证觉此如来法性。真常(即常谈之"妙有"、"不空"、"中道")之一乘,如《楞伽》、《密严经》,其代表也。后之秘密教,虽多不同之解说,于真常论而融摄一切事相耳,论理更无别也。

虽然,世间事乃"非断非常"之缘起,固不得而割截之;"非一非异"之缘起,亦不得执一以概全。此仅就其时代事理之特征,姑为此分划而已!

（录自《佛教史地考论》,95—106 页,本版 63—69 页。）

一〇　须弥山与四洲

——兼答林楞真居士

须弥山中心的世界观,是佛教古典的一致传说。佛教的传说,以须弥山为中心,九山(连须弥山)八海围绕着;在须弥山的四方海中有四大洲;日与月旋绕于须弥山的山腰。我在《佛法概论》第九章说:"这样的世界,与现代所知的世界不同。"换言之,佛教的传说与近代所知的世界情况并不相合。假使说,这是微小到看不到的,或远在十万百万亿国土以外的,那就不是一般世间知识所能证实,也不是一般知识所能否认,我们大可以不必过问。可是,须弥山是我们这个世界的中心,而四洲又是同一日月所照临的地方。又近又大的世界,我们自己的世界,这是不能避而不谈的。这一占传与今说的不能完全相合,应该有一合理的解说。否则,有近代知识的人可能会引起误会,因此失去佛法的信仰。

我在《佛法概论》中,曾有过一项解说。但试作合理的解说,不是由我开始。《佛法概论》中说:"以科学说佛法者说:须弥山即是北极;四大洲即这个地球上的大陆,阎浮提限于亚洲一带。"这是老科学家王小徐先生的解说。这一解说,对于传说的南洲日中、北洲夜半,恰好相合。但以须弥山为北极,变高山为冰地,与固有的传说似乎距离得太远。还有,"真现实者说:须弥山系即一太阳系;水、火、地、金四行星即四大洲,木、土、天王、海王四行星即四大王众天,太阳即忉利天"。这是太虚大师《真现实论》所说的。依着这一解说,以北拘罗洲为另一星球,可以不成问题。而传说太阳旋绕于须弥山腰,而现在解说为太阳即是须弥山顶的忉利天,也不大相合。

对于这一问题,我有几点意见:一、佛是德行的智慧的宗教家,他着重于引人离恶向善,断惑证真。对于世界的情况,只是随顺世俗所说的世间悉檀。换言之,佛说的天文地理,是随顺当时印度人所知的世界情况而说,并不是照着佛陀知见的如实内容来说。如母亲要幼儿服药,幼儿却仰望天空,说乌云中的月亮跑得真快。慈母不必要纠正他的错觉,因为他还不能了解"云驶月运"的道理。说也徒然,也许会越说越糊涂,倒不如顺着他说,劝他赶快把药丸吞下。如来说法也如此,有"随众生意语","世界悉檀",有"婴儿行","婆婆呵呵"地顺着愚痴众生说些不彻底的话。"黄叶止儿啼","空拳诳小儿",这在佛法中,都是善巧方便,如语实语。如释尊而生于今日,或不生于印度,他所说的世界情况,当然不会随顺古代印度人的世界观而说。如忽略了这点,把曲顺世俗的随他意语看作天经地义,那就"根本违反了佛陀的精神"。

二、我以为,像佛教流传的世界情况,是"释尊部分地引述俗说,由后人推演组织完成"。如汉译《长阿含》的《世记经》(体裁与内容,近于印度的《往世书》),特地详细地论述世界情况,而阿育王时南传锡兰的巴利文本,还没有此经。其实此经的序分,明白说到由弟子间的商议而引起。与此经内容大同小异的《立世阿毗昙论》属于论典,说这是"佛婆伽婆及阿罗汉说"。这不但说明了这里面包含了佛弟子所说的成分,更证明了这只是由佛弟子讨论组织完成,认为合乎佛意。可是,佛说的不一定如此。

三、古代的地理传说,起初都是有事实依据的。或者是观察得不精确,或经过某些人的想像,这才说得与实际不相应。如我国燕齐方士传说的"海上神山"、"蓬莱三岛",当然有事实根据的。可是海上的三岛,并没有如方士们想像的那样是神仙住处。又如经中说:无热大池,流出四大河。依实际观察所得,帕米尔高原确有大池,俗称维多利亚湖。从四方高山发源而流出的,确有恒河、印度河、缚刍河;至于徙多河,即是流入新疆的塔里木河,可能古代与黄河相衔接。然而,说由无热大池流出,说由四方、牛口象口等流出,就不尽不实了。现在所要讨论的,须弥山为世界中心,拘罗、阎浮提洲等,当然也有事实根据的。不过在传说中,不免羼入想像成分,弄到与实际情形脱节。所以,唯有从传说中,寻求其原始依据的事实,才是对于传说的合理解说。

"我以为,古代的须弥山与四洲说,大体是近于事实的。"先从须弥山来说:须弥山,实即是喜马拉雅山(其实,这不只是我个人所说)。这不但是声音相合,而且须弥山为世界的最高山,而依近代测量,喜马拉雅山也是这个世界的最高山。汉译的经传中,须弥山以外,有雪山,其实雪山也就是须弥卢山。如释迦族后裔四国中,有呬摩呾罗国,意思就是"雪山下"。又在喜马拉雅山南麓,有苏尾啰(即须弥卢的异译)国,古称为雪山边地。所以,雪山——喜马拉雅山与须弥卢山,为同一名词的分化。在佛教的传说中,离开雪山而说须弥山,须弥山也就消失于现实空间,而不知何在了!

　　我从《起世经》中,见到海在地面的古说,这是与四洲在海中的传说矛盾。又从《阿含经》中,见到佛从忉利天(须弥山顶)为母说法下来,及阿修罗上侵忉利天而失败下来,都在喜马拉雅山南不远(并见《佛法概论》引述)。因此作成这一解说:须弥山即喜马拉雅山,南阎浮提、北拘罗等,并不在大海中,而是沿喜马拉雅山四面分布的区域。去年秋天,读到新译出版的《小乘佛教思想论》,才知道印度教的传说,阎浮提以须弥山为中心,分为七国。北有郁怛罗拘罗,南有婆罗多。须弥山四方有四树,山南的树名阎浮提(原书译作姜布,即瞻部。佛教也说阎浮提从此树得名;树在河旁,河名阎浮提,产金)。所以南方婆罗多也名阎浮提;而总称七国为阎浮提,只是以阎浮提来统称须弥山中心的七国。这可见佛教与印度教,都共同依据古代的传说——依须弥山为中心而四面分布,但又各自去想像,组织为独特的世界形态。

　　香港东莲觉苑林楞真居士,为了学生们研读《佛法概论》,关于须弥山中心的四洲说有疑,所以条列请答。因此,我先重复申述这一解说的意趣,然后来分别解答。

　　问:须弥山梵语须弥卢,即今喜马拉雅山。从来说须弥山顶乃忉利天,而喜马拉雅山顶是否即忉利天?传说曾有探险家到喜马拉雅山顶,是否即到忉利天?既能到喜马拉雅山顶,何以现在科学家,仍未能达于月球;因日与月是在山腰,故能登山顶,亦当能到月球。

答:须弥山顶,佛教说是忉利天,帝释所住;印度教说是梵天之都。帝释名因陀罗,本是印度教的一神。总之须弥山——喜马拉雅山,是印度人心目中的神圣住处。到了喜马拉雅山,是否到了忉利天呢?这可以说,天能见人,人不见天,人见的是山岭、冰雪、树木、岩石;在天可能是七宝庄严,所以到了等于没有到。至于须弥山腰,日月运行,与近代所知的情形不同。而且,在山腰,并非嵌在山腰上,是说运行的轨道,与须弥山腰(高四万由旬处)相齐。陆行而登山顶,哪里就能飞到同样高而遥远的月球?

问:当时的四洲说,还没有包括德干高原。……从四洲到梵天,名为一小世界。既然当时的四洲还没有包括德干高原,此小世界,是否单指印度?然则其余国土,如中国等,是否又是另一小世界?

答:起初虽但指印度的部分,但等到世界交通,视线扩大,小世界也就扩大,扩大到整个地球(从地下到空中)了。如我国古说天下,其实但指当时的九州。后来,扩大了。到现在,如说"天下一家",当然包括全地球的人类在内。

问:《俱舍论》云:前七金所成,苏迷罗四宝……山间有八海。若喜马拉雅山即是须弥山,而喜马拉雅山是否四宝所成?……说须弥山就是喜马拉雅山,似乎与经论有抵触,不知究竟依何者为合?是否……铁围山等,皆属神话传说?然则佛说世界安立,有无量无边,还可信否?

答:说喜马拉雅山即是须弥山,与经论是有抵触的。其实,不但我所说的有抵触,王小徐居士及太虚大师所说,也一样有抵触的。然而,所抵触的经论,根源来于《世记经》及《立世阿毗昙论》等,这都含有后人的想像与组织。而且佛说的世界情况,不外乎随顺当时人所知的世界情况。现在面对近代所知的世界情况,并不如传说所说,就难免有抵触。为了会通现代所知的世界情况而需要解说,所解说的当然不能与传说相合。如一一相合,就与现代所知的不同了。至于佛说世界无量,本为印度宗教的共说,而佛则说得更为广大些。依现代所知的世界来说,确乎可信!

问:佛说北拘罗洲是八难之一,何以此种世界,为佛教仰望中的世界? 又其除亲属外,自由交合,云何能做到不邪淫? 又既说北洲是极福乐的世界,而事实的北俱卢洲是否如是?

答:八难,依原语,应为八无暇,因为北俱卢洲等没有听闻佛法的机缘。虽然是极福乐的世界,只是生死轮回中事,不能发心出离,所以列为八难之一。如三界中最高的非想非非想天,也是八难之一——长寿天。此难,是无缘修学佛法,并非一般的灾难与苦难。说到不邪淫,一般人总是以现有的观念去看它,所以觉得自由交合,就不能不邪淫了。不知合法的交合为正淫,不合法的为邪淫。什么是合法? 凡是当时的社会(或者国家)公认为这是可以的,为社会所容许的,就是合法。如古代印度,有七种妇:买卖婚姻名"索得",掠夺婚姻名"破得",自由恋爱名"自来得"等。社会容许,国家的法律不加禁止,便是合法。北拘罗洲,没有家庭组织,没有私有经济,近于原始社会。在这种社会中,大家都如此,所以谁也不会犯邪淫。如不了解这个道理,如中国在传说的伏羲以前,还没有婚姻制,难道人人都犯邪淫而要堕落的吗? 不过随社会的文明日进,而道德的观念不断进步,也就再不能以原始社会的情况为口实,而觉得我们现在也可以如此! 现代,如不经合法仪式(哪怕是简单的),就不免成为邪淫了。事实的北俱卢洲是否如此,现在还没有发现这样的乐土。论理,这在同一咸海中,在同一日月照临中,在同一小世界中,不应该离此地球以外的。我遇见一位方大居士,他想把北拘罗洲远推到银河系的世界去,以免找不到北拘罗洲而烦恼。然而,这不是合理的解说。

佛教所传的须弥四洲说,与近代所知的世界不同。这是一个问题,需要解说。前人有过解说,我也解说一番。也许解说得并不理想,不圆满的,可以纠正而说得更圆满,希望有更良好的解说出来! 假如,漠视现代的世界情况,高推圣境,再说一些科学"有错误"、"不彻底",自以为圆满解决了问题,那也只是自以为然而已!

(录自《佛法是救世之光》,415—424 页,本版 272—278 页。)

一一　龙树龙宫取经考

龙树入龙宫取经的传说,在印度是极为普遍的。最初传来中国的,是鸠摩罗什的《龙树菩萨传》,如说:"龙树独在静室水精房中。大龙菩萨见其如是,惜而愍之,即接之入海。于宫殿中,开七宝藏,发七宝华函,以诸方等深奥经典无上妙法授之。龙树受读,九十日中通解甚多。……龙树既得诸经一箱(或作一相),深入无生,二忍具足。龙还送出。"《付法藏因缘传》也采取此说,但末作:"龙树既得诸经,豁然通达,善解一相,深入无生。"在龙树所得读的诸经中,传说以《华严经》为主。如魏菩提流支说:"龙树从海宫持出(《华严》)。"(见《净名经玄论》卷二)陈真谛说:"大海龙王见而愍之,接入大海。……即授下本《华严经》一箱。"(见《法华经传记》卷一)唐波罗颇伽罗蜜多罗也有此说(见《华严经传记》卷一)。

龙树入龙宫取经的传说,有的解说为:这是表示深入自心,本着自证而集出大乘经的。有的解说为:龙王,是印度民族中龙族的国王。《华严》等大乘经,从此族的王庭得来。有的解说为:南天竺铁塔或龙宫取经,正如敦煌石室的发见古代经典一样,不过传说得神奇而已。有的解说为:龙宫、夜叉宫与天宫,一向传说为有大乘经。龙树的龙宫得经,也只是这种传说的一则。这些解说,都可以有一分意义,但第三说是更为可能的。

先从另一传说说起:《法苑珠林》(卷三八)引《西域志》说:"波斯匿王都城东百里,大海边有大塔。塔中有一小塔,高一丈二尺,装众宝饰之。夜中每有光耀,如大火聚。云:佛般泥洹五百岁后,龙树菩萨入海化龙王,龙王以此宝塔奉献龙树。龙树受已,将施此国王,便起大塔以覆其上。自昔以来,有人求愿者,皆叩头烧香奉献华盖。其华盖从地自起,徘徊渐上,当塔直上,乃止空中。"这一龙树入龙宫得塔的传说,显然的与入龙宫得经相类似。玄奘《大唐西域记》(卷一〇)中,有一非常类似的记载说:乌荼"国西南境大山中,有补涩波耆厘僧伽蓝。其石窣堵波,极多灵异。或至斋日,时放光明,故诸净信远近咸会。持妙华盖,竞修供养。承露盘下,覆钵势上,以花盖等,置之便住,若磁石之吸针也。此西北僧伽蓝中,有窣堵波,所异同前。此二窣堵波者,鬼神所建,灵奇若此"! 玄奘所叙乌荼(Uḍra),Oḍra 的灵塔,与《西域志》所传的龙树塔,显然是同一事实的不同传说。如一、《西域志》说在大海边,乌荼的确是滨临大海的。二、灵塔都有放光的叙载。三、《西域志》说:供塔的华盖,在塔上空中,不会落下来。《西域记》说:将华盖放在露盘下,覆钵势上,华盖会止住而不落。从这比较中,可发见《西域志》的某些错误。《西域志》说大塔在波斯匿王(Prasenajit)都城东百里大海边,波斯匿王都为舍卫城,离大海极远。这是乌荼的灵塔,所以可断为侨萨罗(Kośalā)王都的误传。波斯匿王国名侨萨罗,但这是北侨萨罗,南方还有南侨萨罗。误以南侨萨罗为北侨萨罗,才记为

波斯匿王了。从西元前三世纪末到西元三世纪初,以安达罗
(Andhra)族兴起而盛大的安达罗王朝,幅员极广。如《西域记》中
的南侨萨罗,驮那羯磔迦(Dhānya-kaṭaka)、羯饺伽(Kaliṅga)、恭
御陀(Koṅgoda)、乌荼等,都是属于安达罗王朝的。《大唐西域
记》(卷一〇),护持龙树的(安达罗王朝的)娑多婆诃王
(Sātavāhana),也称为侨萨罗国王。据多氏《印度佛教史》(一
五·三)说:护持龙树的南方国王,名优陀延王(Udayana),也许
是从乌荼得名的。

龙树从龙宫得灵塔,或入龙宫得经,为同一传说的不同传
说,尤其是灵塔的所在地——补涩波耆厘(Puṣpagiri),与龙王有
关。补涩波耆厘,意译为华山,这是有名的神山。在《吠陀》
(Veda)、《摩诃婆罗多》(Mahābhārata)、《往世书》(Purāṇa)中,
都说到婆楼那(Varuṇa)常往来此山(见高桑驹吉《大唐西域记
所记东南印度诸国之研究》)。在婆罗门教中,婆楼那本为天界
的大神。由于主管降雨流水,所以《阿闼婆吠陀》(Atharva-ve-
da)与《摩诃婆罗多》,说他是水神(《印度哲学宗教史》一·
二)。这在佛教中,就是有名的婆楼那龙王。龙是主管降雨流
水的,所以密典中称之为水天。如《大集经·须弥藏分》,婆罗
那为五类龙土中的一切鱼龙王。婆楼那是龙王,往来的补涩波
山,恰好就是传说龙树入龙宫,得塔而建塔的地方,这是值得重
视的。补涩波山的所在地,《西域记》说在国都西南大山中;《西
域志》说在大海边。玄奘时代的乌荼国都,学者推论不一。Beal
氏推定为 Cuttack 州的 Jājapur 市,最好。在此处 Assis 山脉中的
优陀延山(Udayagiri),即山脉的极东处,离大海不远,现在还有

佛教的遗迹。优陀延,为日出或出光的意思。《翻梵语》说:"优陀延,日出处山也。"这应该就是补涩波山,也就是龙树大塔处,传说的龙树入龙宫处。乌荼的梵语,也有作优特伽罗(Uttkala)的。梵语的 Udaka,慧琳《音义》说:"东天竺呼水名也。"乌荼面临大海,被称为乌荼,可能与水有关。而优陀山,与乌荼也似乎同一语音所分出。这样,这里是大海边,是日出处,是水国,是婆楼那龙王往来的地方。龙树的入龙宫、见龙王、得塔、得经,都与此地有关。

这可以说龙树从龙宫所得的经典了。龙树从龙宫所得的经典,主要为《华严经》。现存的大部《华严经》,七处九会,是"随类收经"而编集所成的。主要而传出最早的,在龙树的引述与解说中,有《十地经》与《不可思议解脱经》——《入法界品》,也名《普贤行愿品》。《入法界品》的主题,是善财(Sudhana)童子的发心,向南方参学。依《入法界品》说:文殊师利(Mañjuśrī)到南方来弘化,首先"至福城东,住庄严幢娑罗树林中,往昔诸佛曾所止住教化众生大塔庙处"(唐译《华严经》卷六二)。文殊在此处说经,善财也就从福城中来,发心修学。福城,是《华严经·入法界品》的出发处。福城,梵语为 Bhanyākara-nagara,晋译作"觉城",四十《华严》作"福生城"。考《孔雀王经》中,有跋陀国(Bhadrapara),义净译作"贤善城",是"幸福城"的意思。巴利律《大品》(六)作 Bhaddiyanagara,也是幸福城的意思。《根本说一切有部律》,译为"婆提",梵语为 Bhadraṃkara。善财住处的 Bhanyākara,不但与福城相合;译作"觉城",更与巴利语的 Bhaddiya 相近。律(及经)中的跋提,与《华严·入法界品》的福城,是一致的。这个幸福之城,据巴利语学者说,在央伽(Aṅga)境内(这是佛世摩竭陀以东的通称)。汉译以为在修摩(Suhma)。据 Bṛhatsaṃhitā 书(卷一六),修摩在 Aaṅga(即央伽)与羯饺伽间。在今 Orissa(奥里萨,即乌荼)的 Jājapur 市东北,约二十里处,有名为 Bhadraka 的,与福城的语音及方位,无不恰合。这是更近大海处,与传说乌荼的龙树大塔处,相离不远。所以,Bhadraka 就是福城;而 Jājapur 的优陀延山的有佛教古迹处,就是补涩波耆梨的大塔处,也就是《入法界品》——“福城东”的“庄严幢娑罗林中”的“大塔庙处”。龙树传说在这里得到《华严经》,是有深切意义的。

　　《入法界品》的“福城”,为善财发心参学的出发处,推定为现在的 Bhadraka。从善财南参的路程来看,也可以确信无疑。一、善财先(西南向)到胜乐国(Rāmâvarânta)妙峰山,应即今 Mahānadi River 南岸的 Rampur。二、再(东南向)到海门国(Sāgaramukha),虽不能确指,依经中“观海”及此下行程,应在今 Chatka 湖以南的海边。三、到(西南向)楞伽道头(Laṅkāpatha),这是向锡兰去的海口。Fergusson 氏推定羯饺伽的都城,为今 Kaliṅganagara,这与楞伽道头的原语一致,仅略去首音而已。四、(向西南)到达里鼻荼国(Dramidapattana)的自在城(Vajrapura)。达里鼻荼即《西域记》的达罗毗荼国,即沿 Palar 河两岸地方。五、向(西)南到住林聚落(Vanavāsin)。这是有名的婆那婆私,阿育王曾派传教师去传教。婆那婆私的所在地,学者议论不一。依《入法界品》来看,在达里鼻荼之南,应在今 Mysore 南部。六、到了阎浮提畔(Jambudvīpaśīrṣa)的摩利伽罗国(Milasphraṇa），这是到了印度南端，《西域记》所说的摩罗矩吒。依这一旅行的历程来看，大致近于玄奘南下的行程。善财出发处的福城，推定为 Bhadraka，是决无不合的。文殊说法处，在福城东，推定为传说龙树于龙宫得塔处，得《华严经》处。此处与塔及龙王有关，而《华严经》说，这是福城东的"大塔庙处"。文殊说法时，"于大海中，有无量百千亿诸龙而来其所"。在这里特别说到教化龙族，是不应该看作偶然的。

依《入法界品》的内容，可解说为：在南方大乘佛教兴起的时代，《不可思议解脱经》——《入法界品》，在福城以东的大塔庙处，集出流通，所以经中以文殊的教化福城，为善财发心修学的出发处。古来有许多传说，可以说明这点，如多氏《印度佛教史》（一二·四）说："乌提毗舍国（Oḍiviśa，就是乌荼）旃陀罗罗叉（Candrarakṣita）王时，文殊现比丘身来其家中。大乘法类之经典，开始出现。"这一传说，与龙树在这里得《华严经》及其他大乘经的传说，极为适合。这里——乌荼，不但是《入法界品》等的出现处，一直到后代，也还是如此。《大唐西域记》说："僧徒万余人，并皆习学大乘法教。"唐德宗贞元十一年（七九五），乌荼国王手写《华严经·入法界品》，呈献中国。后来译出，就是四十华严——《入法界品》。可见《入法界品》与乌荼国的特殊关系了。据日照三藏说："南天竺国，近占波城（Campā，佛世央伽的首都），有一僧伽蓝，名毗瑟奴（可能为补涩波的别传）。……有一大乘法师，持《华严经》一帙，来至其寺。……《华严》一经，盛于此国。"又说："南天竺掘忧遮伽蓝，寺僧并受持《华严经》。"（《华严经传记》）这可见，《华严经·入法界品》

在西元七、八世纪,还是乌荼一带盛行的经典。

《华严经·入法界品》集出的地方,推定为乌荼的福城以东,补涩波耆厘。《华严经·入法界品》在此地开始流行,龙树得大乘经、《华严经》的传说,是有事实在内的。此地依山向海,《西域记》(卷一〇)说:乌荼海口的折利呾罗城(Charitrapura),夜中远望海南的楞伽,常见佛牙的光明。这一环境,实为宗教意识易于滋长的地方(如中国的山东半岛)。所以,婆那楼(龙王)的信仰,从来就极为普遍;大乘经也在这里大大流行起来。《华严经》说:这里有古圣的大塔庙处,可以想见的,在大乘初行时,这里本来是有塔庙的,也许本来是婆那楼的塔庙。塔,在佛教中,如阿育王所造的,本来都是不太大的(所以能造得非常多),供奉佛或圣者的舍利(没有舍利,称为支提,原为印度旧有的神祠)。这等于后代所供的佛像,在佛像(雕塑的)没有普遍流行以前,舍利塔是作为佛像供养的。龙树在这里得到旧塔(一丈二尺),国王又加以重建,在小塔外加一层大塔,古代大抵如此,这是可以信赖的。在这与婆楼那龙王的塔庙中,得到大乘经(《华严经》)与塔,传说为龙树所发见。但在传说中(此处有大乘经出现,最好的传说,就是从龙宫得来),龙树被龙工接入大海中,从龙宫取经得塔了。总之,这一传说,是有事实依据的,不过经过传说的神化而已。

（录自《佛教史地考论》,211—222 页,本版 141—147 页。）

一二　世亲的年代

世亲论师的年代，近人多有研究，但意见始终没有一致。因为某些传说，认为时代不能过早；而另一些事实，又认为非早一点不可。渡边海旭在《陈那及其出现的年代》中，以为世亲是西元五世纪人，约出生于四二〇年，卒于五〇〇年。宇井伯寿在《印度哲学史》中，以世亲为四世纪人，约生于三二〇年，卒于四〇〇年。彼此相差，恰为一世纪。我在《印度之佛教》中，也有过概略的推算，近于宇井说。近来再为研考，觉得世亲的年代，不能过迟过早，特提出西元三六〇至四四〇的折衷说。

世亲为无著的兄弟，后来又从无著修学大乘，作无著的弟子。世亲与无著，是同时而先后的。我们考论世亲的年代，不能漠视无著的事实与年代。世亲为无著的兄弟，大约相差二十五岁。真谛译的《婆薮槃豆传》，说世亲"年终八十"；又说"阿僧佉（无著）法师殂没后，天亲方造大乘论"。西藏多氏《印度佛教史》（二十二章），也说世亲在无著死后，广弘佛法。所以，如无著享年七十，那么无著应比世亲早二十五年出生，早三十五年去世。考无著的一生，大概可以分为三期：（一）修学时期，（二）编集弘扬弥勒学时期，（三）发表自家思想的时期。他的修学，先学声闻空观,次学大乘(唯识)空观。他的悟入空义,实经过极大的艰苦。传中说他"思惟空义不能得入,欲自杀身。……意犹未安,谓理不应尔"。多氏史(二十二章)也说:无著在十二年中修学,还没有什么成就。所以假定无著二十岁到三十五岁为修学期;三十五到五十岁为编集传弘弥勒学的时期;五十六岁后,为著作讲述自己的学说期。世亲的一生,略可分二期:初学声闻乘而弘扬声闻教,著作《俱舍论》等。其后才回心大乘,努力于大乘的弘扬。他的从小入大,传中说:阿僧佉法师住在丈夫国,遣使报婆薮槃豆云:"我今疾笃,汝可速来!"世亲见了无著,才转学大乘。"疾笃",虽或许是无著的方便,但在无著衰老时,透过兄弟间的友情,予世亲以深刻的感动,使他从侧重理智的声闻法,归入情智综合的大乘,也极为近情。这大约是世亲四十岁的事。关于无著、世亲的年表,姑为推定如下:

萨母陀罗笈多	二年	西元三三六	无著生
	二一年	三五五	无著修学
	二七年	三六一	世亲生
	三六年	三七〇	无著悟大传弥勒学
	四六年	三八〇	世亲修学小乘
旃陀罗笈多二世	一六年	四〇〇	世亲回小入大
	二一年	四〇五	无著卒
鸠摩罗笈多	二八年	四四〇	世亲卒

姑依据此一推定,再来考察过早过迟的主张,何以需要修正?而此一推定,何以较为适当而近于实际?或以世亲为四二〇到五〇〇在世,我不能同意此项假定,试举三事来说明:

一、弥勒的论典,经无著编录而流传于世,这在学界是没有多大异论的。弥勒论的传来中国,在五世纪初:

北凉昙无谶译————(四一四——四二六)

　　《菩萨地持经》　　　十卷

　　《菩萨戒本》　　　　一卷

刘宋求那跋摩译————(四三一)

　　《菩萨善戒经》　　　十卷

　　《菩萨善戒经》　　　一卷

刘宋求那跋陀罗译——(四三五——)

　　《相续解脱经》　　　二卷

昙无谶与求那跋摩所译的,即《瑜伽师地论·本地分》的《菩萨地》。求那跋陀罗所译的《相续解脱经》,即《解深密经》的后二品,但并非依据经本转译,是从《瑜伽论·抉择分》中摘译而别行的。《相续解脱经》每品初,都有"如《相续解脱经》说"一句,这就是《瑜伽论》引述契经的原文。这样,《瑜伽论》的《本地分》与《抉择分》,在五世纪的初三十年,已传来中国了。我推定无著的编集《瑜伽》,在三七〇到三八五年;离该论的传来中国,相隔四十年,即能适合此一事实而没有违难。如以世亲为生于四二〇年,那么《瑜伽论》传来时,无著虽为兄长,也不过二、三十岁,即不能符合此项传译的史实。

二、世亲的论典,在五〇五年顷,由菩提流支、勒那摩提传来中国,从事翻译。菩提流支为世亲系的学者,他在传述的《金刚仙论》(卷一〇)中,说到师承授受的次第,如此:

弥勒——无障碍(无著)——天亲——金刚仙——菩提流支

　　流支与世亲,中间已隔着金刚仙。而且说:从弥勒传授"以至于今,始二百年许"。二百年许,虽不必确定为二百多年,但这决非数年间事。流支为世亲大乘学的再传弟子,已从事传译世亲的大乘论。流支在五〇〇年顷动身来中国,所以如以为世亲弘扬大乘,即为五世纪的下半世纪,这是无论如何也难以同情的。

　　三、吉迦夜于四七二年到中国来,与昙曜合作,编译《付法藏因缘传》。该传卷六,已叙及世亲及以后的大德。

　　　婆修槃陀——摩奴罗……鹤勒那……师子

　　婆修槃陀即世亲,吉迦夜已知道他去世,所以世亲决非四二〇到五〇〇年时代的人。然有些学者,为了确立自己的推论,感到此一事实的矛盾,于是乎以为:摩奴罗即如意论师以前的婆修槃陀,是古世亲;而《西域记》(卷二)中如意论师的弟子世亲,为今世亲。印度同名者极多,古世亲与今世亲,并非不可能,或许还不止一古一今而已。不过,《付法藏传》中的婆薮盘陀,我敢肯定他即是唯识学者世亲。因为,《西域记》说如意论师为世亲的师长,与外道辩论失败而自杀,这不过罽宾的传说如此。真谛译的《婆薮槃豆传》,以为:"摩㝹罗他(即摩奴罗,即如意)法师、婆薮槃豆法师等诸大法师,悉往余国,不在。摩㝹罗他,译为心愿。唯有婆薮槃豆师佛陀蜜多罗",不得已出去应敌,结果失败受辱。六四〇顷,玄奘传说:如意为师,世亲为弟子。早一些,五五〇顷,真谛的传说:世亲与如意为同时的大德。再早些,四八〇顷,吉迦夜的传说,何尝不可以世亲为师,如意为弟子! 如意与世亲的或先或后或者同时,这不过传说纷歧,不能确定二人的关系而已。焉能偏据《西域记》的传说,武断摩奴罗以前的世亲为古世亲! 证真的《止观私记》(卷一),曾举出五项理由,以证明《付法藏因缘传》中的婆修槃陀,不是今世亲。小野玄妙的《佛教年代考》,认为二、五两项,有历史佐证的充分价值,实则也毫不足取!《私记》说:"二者,论师以如意论师为师,今云阇夜多。"如意是否世亲的师长,在传说中并没有确定,焉能以此为理由而证明彼此不同。玄奘传以如意为世亲师;真谛传以佛陀蜜多罗为世亲师,吉迦夜传说阇夜多为世亲师,都不过是传说纷歧。充其量,也不过错误而已,决不能因此而证明古人而非今人。《私记》又说:"五者,《景德传灯录》第二,列《付法藏》中云:婆修槃陀,罗阅祇人也",似乎与健陀罗的世亲不同。然《付法藏传》本无此明文;这是从《宝林传》以来臆造的传说,又哪里能据此而判为二人?《付法藏传》说:婆修槃陀"宣通经藏,以多闻力智慧辨才,如是功德而自庄严,善解一切修多罗义":这不是大论师的姿态吗?

根据这些事实,所以推定世亲的年代,不能更迟了。

然而有些传说,似乎又非迟一点不可,这不能不加以考察。第一,世亲在世的时代,依真谛及玄奘的传说,与毗迄罗摩阿迭多王同时。如《婆薮槃豆传》说:"国王秘柯罗摩阿袟多,译为正勤日。……时婆薮槃豆法师等诸大法师,悉往余国。……正勤日王太子,名婆罗袟底也,婆罗译为新,袟底也译为日……留法师住阿瑜阇国。"《西域记》(卷二)也说:"时室逻伐悉底国,毗迄罗摩阿迭多(唐言超日)……。兴王膺运,表式英贤。世亲菩萨欲雪前耻,来白王言。"世亲与超日(正作遍超日,即正勤日)

王及其后继者同时,二传大体一致,这是不可忽视的传说。在毗多梨出土的一著名印刻,上面刻有鸠摩罗笈多二世的王系,中有鸠王二世的祖王父王的名字,作:

补罗笈多毗迄罗摩阿迭多(Puragupta-vikramāditya)

那罗新哈笈多婆罗阿迭多(Narasiṃhagupta-baladitya)

这显然地合于真谛的传说。印刻中的补罗笈多——即正勤日王,直承鸠摩罗笈多的王统。此二王的年代,高桑驹吉在《诸王统年谱》说:补王为四八〇到四九〇年,那王为四九〇到五三〇年在位。赤松佑之在《印度民族史》说:补王为四八〇到四八五年,那王为四八五到五三〇年在位。宇井伯寿的《印度哲学史》说:补王为四七〇年顷在位。补王与那王在位的时代,大抵在四八〇到五三〇年;补王可能再早一些。《西域记》(卷九)论到那烂陀寺,曾经六王次第兴修,即:

铄迦罗笈多——佛陀毱多——怛他揭多毱多……婆罗阿迭多

佛陀毱多(Buddhagupta)镌有年代的钱币及铭文,现在还有保存,他必为四八〇到五〇〇年顷在位。这样,不属于同一王统,时代略后的婆罗阿迭多——即那罗新哈笈多,推论为四九〇到五三〇年在位,也极为合理。世亲与补王及那王同时,那时代即不能早;即使四二〇到五〇〇在世,或许还太早呢!

然而,五、六世纪间,世亲的论典已传来中国;菩提流支已是世亲的再传;无著编集的论典,传来已八、九十年了。说世亲与此二王同时,是绝对不能的。考《西域记》,觉得《西域记》虽说世亲与毗迄罗摩阿迭多同时;也曾提到幻日——或作幼日,即新日,婆罗阿迭多,但没有说即是世亲当时(遍)超日王的儿子。
虽说兴王膺运,并未说出名字;所以世亲同时的毗讫罗摩阿迭
多,可能另有别人。原来毗讫罗摩阿迭多,印度君王用此尊号的
很多;补罗笈多(四八○——四九○)曾用此称号;旃陀罗笈多
二世(Candragupta Ⅱ)(三八五——四一三)也曾用此名。不属
于笈多王朝的,姑且不谈。所以毗讫罗摩阿迭多,不一定是补罗
笈多;最妥当的,应该是旃陀罗笈多二世。以世亲为三六○到四
四○时人,即适合旃王二世及其后继者鸠摩罗笈多的时代。真
谛的传说,或许因补王同名(遍)超日而误传,把他的儿子新日
王也写上了。

第二,玄奘游学印度,参访当时的名学者,如戒贤、胜军、密
多斯那,都是世亲的后人。从戒贤等上推到世亲,传承的次第,
传说如此:

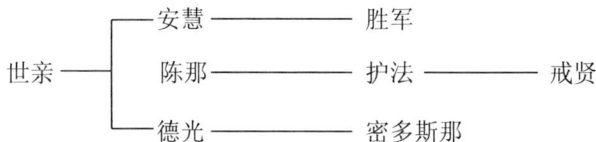

```
              ┌── 安慧 ────── 胜军
              │
  世亲 ────┼── 陈那 ────── 护法 ────── 戒贤
              │
              └── 德光 ────── 密多斯那
```

从玄奘上推到世亲,不过三传或四传,年代似乎不能过久。
此项师资传承的传说,如果不嫌武断的话,我认为有点不尽不
实。佛教中的传承说,大都如此。且如玄奘参见密多斯那时,是
贞观九年(六三五)。《慈恩传》(卷二)说:"密多斯那年九十,
即德光论师弟子。"密多斯那应生于五四六年。假定二十岁时
从德光受学,而德光年已八十,那德光即生于四八七年。世亲
于五○○年去世,这位弟子——德光不还是十四岁的小沙弥
吗? 所以,即使说世亲为四二○到五○○年在世,对于传说中

的师资传承,还是不免有点脱节!德光、安慧、陈那,为世亲的
弟子,胜军曾从安慧修学声明及大小乘论的传说,可能不是及
门参学;继承此一学系,私淑的或间接的。这种传承的传说,
不能看作严密的谱系。我们如不能抹杀前面几项事实的话。

　　从陈那到玄奘的传承,可能是确实的。但窥基传说护法三
十二岁去世,不见于《慈恩传》及《西域记》。依《西域记》的记
载:护法初在侨赏弥破外道,又在鞞索迦破小乘;后来,到摩竭陀
的那烂陀寺来。他的著述,已译为汉文的,有《三十唯识释》(糅
合于《成唯识论》)十卷、《成唯识宝生论》五卷、《观所缘缘论
释》一卷、《广百论释》十卷。玄奘与义净,都说他还著有《杂宝
声明论》二万五千颂。他的弟子,像戒贤、胜友、智月、亲光、最
胜子等,都是一代的大论师。据多氏《印度佛教史》(二十五章)
的传说:护法"住金刚宝座说法三十年(奘门也传说他退隐于
此)次月称为那烂陀寺主"。有精深而且不少的著述,有很多的
有名的弟子,说他三十二岁而死,实难以使人相信。《西域记》
(卷八)说:戒贤"至此国那烂陀僧伽蓝,遇护法菩萨,闻法信悟,
请服染衣。……门人戒贤者,后进之翘楚也。……是时戒贤年
甫三十,众轻其少,恐难独任。护法知众心之不平,乃解之曰:有
贵高明,无云齿岁"。这可见戒贤从护法出家——应是任寺主
时。又可见戒贤年三十岁时,是护法门人中的后进年少;谁会相
信护法的年龄,那时也不过三十左右呢? 今假定陈那与护法的
年龄为八十,推定从世亲到玄奘的年表如下:

　　西元四二一　　　陈那生

　　　　四四〇　　　世亲卒

四八一　　　护法生

五〇〇　　　陈那卒

五三一　　　戒贤生

五六〇　　　护法卒

六三六　　　玄奘见戒贤

关于世亲的年代,过迟,即不能解说三项事实;而太早,又不能解说二种传说。所以折中地说:世亲年八十,约生于三六〇年,卒于四四〇年。这该比过迟过早者要适当些吧!

（录自《佛教史地考论》,329—342 页,本版 216—224 页。）

一三　释伽罗王卢头陀摩

《大庄严经论》卷五,有释伽罗王卢头陀摩。"彼王数数诣寺听法。"因法师说到饮酒得狂报,呵责外道狂愚的苦行。烈维以释伽罗为印度流域的奢羯罗,是不对的。《智度论》(卷八)说:"南天竺国中有法师,高坐说五戒义。是众中多有外道来听,是时国王难曰:若汝所说,有人施酒及自饮酒得狂愚报,当今世人,应狂者多而正者少。"《智论》所说,完全相同,不过以南天竺代替释伽罗而已。这实在是南天竺的释伽王。赊迦——塞种族入侵印度,建设的牧伯王朝,有以邬阇衍(Uzena,优善那)为根本的卡须多那(Cashtana)王朝。邬阇衍,在早期佛典中,如《五分律》等,都称它为南天竺的。泛言"南天之王",十九都指此地。此王朝有一著名的大牧伯——卢陀罗达摩(Rudra-dāman),文治武功均盛,约在位于一二○到一五五年(《古代印度》第五章)。释伽罗工卢头陀摩,显然的即赊迦王卢陀罗达摩。《大庄严经论》的著作期,也可据此推见,这是不能早于西元一五○年的。

　　(录自《佛教史地考论》,409—410 页,本版 269 页。)

一四　阿梨车毗伽的自移塔

《大庄严经论》卷一五,曾说到自移塔。如说:"阿梨车毗伽,于彼城门,有佛发爪塔。……此塔即今名曰自移;塔及树井,离毗伽城三十里住。"塔所以自动地移到城外,由于国王要使人去除此塔及旁边的树井;塔与树因此飞空,自移了三十里。这一神奇的传说,大抵即"飞来峰"之类。阿梨车毗伽,烈维不知他的所在地,推想为《西域记》的鞞索迦(Vaiṣaka)。考藏经中有《佛说枯树经》,失译。然经题与内容不符,却是说此自移塔的。经上说:"僧伽尸城北,迦叶佛时偷婆。……以杂色玉石作,偷婆名僧伽尸。……后群茶王嫌偷婆当城门……夜半,偷婆便移去城南二十里。……自移来可四十年许。"

考法显《历游天竺传》,僧迦施确有迦叶佛塔及发爪塔。可知《大庄严论》的阿梨车毗伽,即僧迦施的别名。僧迦施,《西域记》作劫比他。我认为,车毗伽即劫毗他异译。"车",古音为ku,gu,如车师的旧名姑师。所以车毗与劫比,实可看作一音的异译。阿梨车毗伽的阿梨,或者是阿梨耶(圣),这是充满了圣迹的地方。此外,还有一特别名词,如悟空《入竺记》说:"泥嚩襪多城,从天降下三道宝阶塔。"至于又名为泥嚩襪多城,即是天下来处的意思。

（录自《佛教史地考论》,411—412 页,本版 270 页。）

一五 《楞伽经》编集时地考

《楞伽经》为真常唯心论的要典,它的编集流通,应当在笈多王朝的盛世。这可从几方面说明:首先,本经引述到《胜鬘经》;"缚象与大云,央掘摩利罗"经;唐、魏二译及梵本,更叙述到《大涅槃经》。《涅槃经》中糅有《大毗婆沙论》文,《婆沙》为西元二世纪末的作品。偈颂品说到龙树的住持佛法,龙树为西元二、三世纪人。所以本经的编集,总在三世纪以后。

再从本经所叙政教的情势而论,编集于笈多王朝,这是可以断言的。在政教形势的叙述中,有一非常的异义,即以佛为迦旃延氏,以释迦为后起的,把他看作数论、胜论的流类。宋译阙颂品,且据唐译来解说。佛姓迦旃延氏,有二则。一说:"我姓迦旃延,净居天中出,为众生说法,令入涅槃城。……色界究竟天,离欲得菩提。"这是色究竟天成佛的。二说:"我名离尘佛,姓迦多衍那,父名世间主(魏译作梵天主),母号为具才。我生瞻波城,我之先祖父,从于月种生,故号为月藏。"他名为离尘垢佛,还有一文,如说:"我在于林野,梵王来惠我,鹿皮三歧杖,髆绦及军持,此大修行者,当成离垢尊。"此姓迦旃延(Kātyāyana),成离尘垢佛(Virajajina)的在人间者,即上文色究竟天成佛的;似乎是人间修行圆满,上升色究竟天而成佛。此迦旃延佛,是否历史的人物? 我以为:楞伽法门的完成者,当然是确有其人的,但迦旃延佛,这不过仰推而已。考释迦弟子中,有摩诃迦旃延,出于南天竺婆罗门种,称论议第一。自从学派分流,迦旃延的《昆勒论》,即为大众一系所宗。传说大众系中有多闻分别部,为摩诃迦旃延所创立的,已说"道不可坏",即与本经的思想相合。本经以佛为姓迦旃延,可能即仰推此人。至于月藏与离垢佛,这是表示悟入菩提心而离染的,也即本净如来藏心的出缠而为清净法身。《密严经》(卷上)说:"入于无垢月藏殿中",即是此月藏与离垢佛的意义。本经说迦旃延佛的法系是:迦旃延法付大慧(Mahāmati),大慧传达磨(Dharma),达磨付弥伕梨(Mekhala)。大慧即《楞伽经》的问法者,本经也说他成佛,如说:"及我离尘垢,皆出纯善时。纯善渐减时,有导师名慧……于彼纯善时,现成等正觉。"此慧,即是大慧。考迦旃延佛的修行,用鹿皮、三歧杖,这不是佛的旧制;而大慧的成佛,又"衣虽不割缕,杂粹而补衲",也不用释迦的袈裟,这是值得深切注意的。大慧所传的名达磨。当刘宋的时候(西元四七〇顷),确有老头陀——达磨到中国来,唱"南天竺一乘宗",以"四卷《楞伽》印心"。禅宗初祖的达磨,也许即是此人! 这种付法系统,虽不能看作信史,但也可以参考。本经的编集者,或者即达磨的师长——"慧"所集成流通的。中国的禅者,叙到禅宗的法系,不了解达磨为南印的如来禅,而比附于西北印一切有系的禅统,说二十八祖或五十余祖,实在不足信!

离尘垢佛灭后,有不同的学派出来,说五家(有等字)的有二文。一说:"释子悉达多、步多、五髻者,口力、及聪慧,亦于未来出。"二说:"我释迦灭后(误,应依魏译作我灭后释迦),当有毗耶娑、迦那、梨沙婆、劫比罗等出。"此二文,名字虽不同而意思是一样的。释迦,即释子悉达多(Sākyaputrīya Siddhārtha),为前期佛教的导师。在本经编集者的心目中,是代表西北印声闻佛教的。步多,魏译浮单多,即吠檀多(Vedānta)。吠檀多派的经典,传说为毗耶娑(Vyāsa)所作。依本经所说:"毗耶娑所说,婆罗多等论","谈古及笑语,毗夜娑仙说",那是以毗夜娑为《摩诃婆罗多》(Mahābhārata)诗篇的作者。总括传说、说话,及史传,所以说"谈古及笑语"。吠檀多,意思为吠陀的究竟,本为《梵书》的末后部分,后开展而为《奥义书》。承《奥义书》而出的《摩诃婆罗多》,含有吠檀多的成分(魏译即译为韦陀)。所以,此中所说的吠檀多,不是后起的吠檀多学派。毗耶娑,为印度有名的仙人,然实为整理者的意思,并非一人私名。所以本经以《摩诃婆罗多》的著作归于毗耶娑,而又说他说吠檀多。其后,吠檀多派的梵经编成,也就推为毗耶娑所作。五髻者(Pañcacūḍaka)即胜论的般遮尸弃,受学于胜论的开创者迦那陀(Kaṇāda)。迦那即迦那陀的略译。口力(Vāgbali)为虚空论师,说虚空为万有的本元。梨沙婆即勒沙婆(Rṣabha),与数学有关。百论把他列为三仙的一仙,与胜论、数论并称。由来学者,以为勒沙婆是苦行外道尼犍子的一流。然从本经来说,应即虚空外道。聪慧(Medhāvin)即数论,数即智慧数;劫比罗(Kapila)是它的开创者。这可见二文完全是一样的。又迦旃延佛后,说有释迦等三家出世,也有二文,一说:"谈论戏笑法;长行与解

释;我闻如是等,迷惑于世间。"二说:"于我涅槃后,释种悉达
多,毗纽大自在(略唯二家)外道等辈出。如是我闻等,释师子
所说。谈古及笑语,毗夜娑所说。于我涅槃后,毗纽大自在,彼
说如是等,能作于世间。"这是以释迦的如是我闻(佛经)为一;
毗夜娑的谈古及笑语,即《摩诃婆罗多》为二;毗纽天(Viṣṇu)、
大自在天(Maheśvara)等的创造说为三。毗纽天与大自在天的
崇拜,《婆罗多》中也有,而新奥义书中,每阐发吠陀的事相而为
毗纽、大自在神的崇拜,结果引出弥曼萨派。长行与解释的毗
纽、大自在派,即弥曼萨派的雏形。上述的五家、三家,都是释迦
佛前后三百年间的印度学潮。而迦旃延佛,自以为出于学派分
流以前,代表印度文化统一而根本(佛法)的立场;以释迦等为
外道,为迷惑于世间的。这样的见解,非释子所应有的。迦旃延
佛为世间主(父)与具才(母)所生;他的舍释宗而别逃梵宗,自
认为从梵天王生的婆罗门(迦旃延即婆罗门十八姓之一);编集
者想像中的正法,不是吠陀(古奥义书)是什么? 我以真常唯心
论为佛梵杂糅,以《楞伽经》为证,觉得非常可信。

　　本经的迦旃延佛,出于印度学潮未分以前,意思为吠陀(奥
义书)时代。其次,宗教方面,迦旃延佛灭已,有释迦等五家杂
出。政治方面,经上说:"次有半择婆,㤭拉婆棉摩;次有冒狸
王,难陀及毱多;次蔻利车王,于后刀兵起,次有极恶时,彼时诸
世间,不修行正法。"半择婆(Pāṇḍava)即般遮罗;㤭拉婆(Kaura-
va)即拘卢,这是梵书时代中国地方的主要国家。啰摩(Rāma)
即㤭萨罗王子而向东南发展的。冒狸(Maur)即孔雀王朝。难
陀(Nanda)指难陀王(次第颠倒)。毱多(Gupta)指旃陀罗毱多,

出于释迦以后,阿育王以前。蔑利车王(Mleccha)即边地王,也泛指无道的恶王。所说的次而刀兵大乱,即指摩竭陀的王统中绝,为南方案达罗国王所灭;而西北方,受希腊人、塞迦人、月支人等统治,印度是到了极纷乱的世代。此后,否极泰来,一如新天地的出现,经说:"如是等过后,世间如轮转,日火共和合,焚烧于欲界,复立于诸天。世间还成就,诸王及四姓,诸仙垂法化,韦陀祠施等,当有此法兴。"这不是说笈多王朝的统一五印、梵文学复兴是什么? 法化既兴,释迦等三家(声闻佛教,及吠檀多、弥曼萨派)又出而迷惑于世间。从这政教的形势而论,本经为笈多朝的产物,确实无疑。在梵文复兴的气运中,编集者不满于初期佛教的释迦、数论、胜论、尼犍子、吠檀多、弥曼萨诸家的分流,于是仰推迦旃延佛,高标真常唯心论的自宗,而集出《楞伽经》。然而,本经虽指责佛梵,而立意在融贯佛梵,而归宗于佛教。佛梵一体的第三期佛教,大多是这样的。

笈多王朝,创立于西元三二〇年;到四五五年,鸠摩罗笈多(Kumāragupta)以后,即因外有敌人,内部分立而逐渐衰落。本经的编集,即在这一时期中。

本经曾谈到:"由种种心分别诸法,非诸法有自性,此但安计耳。"这与世亲的唯识三十颂:"由彼彼遍计,遍计种种物,彼遍计所执,自性无所有。"文义次第,非常一致。所以本经实为唯识兴盛以后的作品,可能还在世亲以后。唯识学者平常说六经十一论,但这是依《成唯识论》的引经而说。在无著、世亲的引证中,有《十地经》、《解深密经》、《阿毗达磨大乘经》,而从没有说到《楞伽》与《密严》(《密严》更迟)。这是最可注意的。在中观家,也是比世亲略迟,与安慧同时的清辨,才引用《楞伽经》(传为提婆作的论典,上有"楞伽"二字,这是菩提流支所加的)。清辨即与安慧同时,多少年轻一点(所以又与护法同时)。世亲考为西元三六○到四四○时人,所以本论的集出,约为西元五世纪中期。

关于编集的地点,以南印度为近。经说:南天竺的龙树,持佛正法;传南天竺一乘宗的达磨,南天竺人,也以此经印心。初译本经的求那跋陀罗,也自海道而来中国。尤以本经的缘起分,以佛出龙宫,渡到南岸,入楞伽城摩罗耶山说法,为显而易见。此楞伽山海,确为象征心境的,然未尝不是编集者熟悉的环境,这才托此事以表法。楞伽城罗婆那罗刹王的迎佛说法,实寓有深味。印度《罗摩耶那》诗篇的本事,为阿瑜陀王子啰摩,因事被谪居于频阇耶山的仙窟。他的爱妃西他,为楞伽岛的夜叉罗婆那夺去,啰摩约会了南海滨的山民攻入楞伽岛,这才取回西他,恢复名誉。一般说,这是婆罗门文明移植锡兰岛的诗化。罗婆那为楞伽岛的夜叉,而本经以为是罗刹王,迎佛说法,这也表示着佛法的南行,楞伽岛接受大乘佛法的意趣。玄奘西游时,知道楞伽岛多有能精通大乘法相的。

(录自《佛教史地考论》,223—232 页,本版 148—153 页。)

一六　佛教之兴起与东方印度

一　东方与西方

印度文明的开拓者,属于西方移入的阿利安人。印度的每一区域,都曾渗杂了阿利安人的血统;每一思想,都曾受过阿利安传统文化的熏陶。所以说到印度文化,即无异是广义的阿利安文化。西元前六世纪前后,阿利安文化在它的扩展过程中,曾遭遇到有力的反抗;东方的非婆罗门主义,如佛教、耆那教等,都脱离传统的婆罗门教,建立它独自的文化体系。此东方新宗教的勃兴,自有复杂的时地因缘;而非阿利安人(与不纯粹的阿利安人)承受西来的文化熏陶,唤醒自觉自尊的精神,要求宗教的种族的思想的平等与自由,实为此一时代的文化特征。印度文化而影响中国最深切的,即属于此。

"印度的东方",本为一不确定的名词。依《正法念处经》(卷六七以下)的四分法,印度东方即指东经八十度以东、北回归线以北的地方。依一般的五分法,东印度仅有今阿萨密、孟加拉、奥里萨地方。本文,依释迦时代东方人的看法。印度文明的重心,在恒河流域。恒河发源于雪山的南麓,东南向流到钵逻耶伽,与阎浮那河合流。此二河的上流,即西方阿利安人创开的婆罗门教大成的地方。从此一直向东流,到瞻波以东,又斜向东南流,会合了从西藏来的布拉马普得拉河,构成世界上最大的三角洲,流入孟加拉湾。此二河合流,即今孟加拉地方。依佛教的传说,实为东方非阿利安文化的孕育地。恒河中流的波罗奈,即现在的贝捺勒斯,可作为东西的交界处。

二　婆罗门眼中的东方

"婆罗门乎! 勿去东方! 免与婆罗门之尊严有损!"拘罗地方的婆罗门,曾在他们的典籍中,有过这样的告诫。因为在西方婆罗门国(即拘罗)的婆罗门看来,东方虽有阿利安人,但已失去血统上的纯粹,即曾与东方的土著相混合。如摩竭陀人、毗提诃人、毗舍离人,都不能算是纯正的阿利安人。波罗奈以东的民族,含有大量非阿利安的血统。因此,宗教、社会、语言等,都显出非婆罗门文明的倾向。东方的民族,无论是阿利安、非阿利安,都没有能像西方阿利安人那样的尊敬婆罗门。如婆罗门进入东方,必不能维持他无上的尊严;最好还是不去。不过,东方情调的印度文明,正在继长增高,婆罗门也不得不起而追求了。

婆罗门教的三大教纲,即是"吠陀天启"、"婆罗门至上"、"祭祀万能"。印度的东方人,对于吠陀,已缺乏坚强的信念。婆罗门教,以为吠陀是天(神)启的,由古代圣者传述下来。吠陀的语法,即是神的语法,即是阿利安人所用的语言。宗教与语

言的密切结合,加强了宗教的信仰。然因阿利安人的散居各处,
每与土著民族混合,语言上到处有很大的差别。当时,东方已不
能说纯粹的梵语,如不能说 R 而代以 L。摩竭陀及毗舍离一带
的方言,近人考证的意见,以为近于拍拉喀利语;后来又分化为
拍拉喀利语与巴利语等。巴利语是佛教所用的语言;拍拉喀利
是耆那教所用的。因到处方言的不同,影响了婆罗门教"吠陀
天启"的权威。约在释迦时代的前后,西方的婆罗门学者已注
意到此,开始语文的整理工作。如《式叉论》的声调学,《阐陀
论》的音律学,《毗伽罗论》的文法学,《尼禄多论》的吠陀难句
释:从西元前五世纪的耶斯卡开始,到前四世纪的波儞尼大成,
种下了后来婆罗门教复兴的机运。这即是根据吠陀以来的语法
而加以整理完成的雅语。当时,因语言的不同,摇动了吠陀的权
威。如佛教,因到处流行,虽不禁止西方信徒的使用雅语,但对
于各处的方言一样的尊重:"听随国音读诵,但不得违失佛意。"
(《五分律》卷二六)释尊与摩竭陀一带信徒所使用的语文,在西
方系(如舍卫城阿腊脾)的信众看来:"我诸圣者不闲声韵,逐句
随文,犹如写枣置之异器。"(《根本说一切有部毗奈耶》卷四)然
而这并不是佛教的遗憾,反之,对于雅语成癖的人,要加以呵斥。
像阐陀音律的混入佛法,还要加以严格的禁止(《五分律》卷
二〇等)。语言为婆罗门教的武器之一,但一到东方,便不能受
人的尊重。

关于社会的组织,印度西方,依婆罗门四姓的规定,婆罗门
至上,为一最高的特殊阶级,他是从梵天口中生的,宗教的权威,
支配一切,决定一切。但在东方,四姓的阶级虽也已存在;宗教

师婆罗门的地位却已被降落,由刹帝利的士族领导一切。这就是政治与权力第一,宗教与思想受政治的指导。这一变迁,是社会发展的必然阶段;同时也因为东方的民族复杂,东方的阿利安人呼吸到东方的空气,不大愿意接受婆罗门的支配。非阿利安人,也一族一村地在各自为政,且已走向王朝统一的路向。新宗教与新思想,都在东方王朝的爱护下兴起,射出反婆罗门教的光芒。就是早一期的奥义书,所有梵我不二论、轮回业感论的教义,也不是婆罗门教传统学者的产物,而与东方的王朝有关。如《布利哈德奥义书》(六·二)说:"此义(轮回),直至今日,婆罗门犹未知之,故世界政治之权,归于刹帝利。"在这样的社会组织下,婆罗门阶级惟有屈服。为了保持尊严,只有不到东方去的一策。

婆罗门教主要的仪式,是祭祀。在《夜柔吠陀》中,已有祭祀万能的倾向;《梵书》的思想更极端。祭祀,主要是牺牲的血祭,这本是渔猎时代的遗制。但在东方,一方面是农业的发达;一方面,爱护生物的思想特别浓厚。所以传统的血祭,被看作不彻底,看作无意义,甚至看作不道德。"不杀生"已成为奥义书的德目之一。后来在东方兴起的佛教、耆那教、阿耆毗迦外道,都严格地禁止杀生。这重视宗教的实质,轻视仪式,与慈悲思想的发达,直接影响到婆罗门的宗教。离去宗教,负宗教专职的婆罗门也自然受到冷落。东方摩竭陀一带的文明,有它的特色,无怪乎正统的婆罗门把摩竭陀一带看作异教的地方。

三　瞻波中心的古印度

恒河下流,东南向流入大海。在恒河西南岸,有瞻波大城,这是古代央伽国的首府。释尊时代的瞻波,约在现在的 Bhagal-pur 附近。然依《西域记》(卷一○),佛世瞻波的亿耳因缘等,都被写在伊烂拏钵伐多国,瞻波还在东面三百里的地方。从此向东看,河流、气候、物产,都适宜于文明的孕育。东方最先出现的像样民族,传说在瞻波,这是早在西方阿利安文化未来以前独自开展的。印度从来就缺乏明确的历史,何况是古代? 何况是向来被西方阿利安人忽略的东方? 然依古代东方人的传说,还能了解东方的大概。如《长阿含·世记经》(卷二二)说:"尔时,先造瞻婆城,次造伽尸婆罗奈城,其次造王舍城。……以此因缘,世间便有城郭、郡邑、王所治名。"(又见《大楼炭经》卷六,《起世经》卷一○,《起世因本经》卷一○)这是佛教所传的社会发展故事,以为此世界的城郭,瞻婆城最早,后造伽尸的波罗奈城,到最近才造王舍城。在说明世间初有夫妇的结合时,插入这开始建筑房屋的传说。这当然是印度东方民族所知道的世界,是他们的传说。这一古代的传说,不但透示了印度东方文化的孕育地、还说明了古代国族兴起的前后。从瞻婆而开展的故事,《西域记》(卷一○)的瞻波国中,也有说到:"在昔劫初,人物伊始,野居穴处,未知宫室。后有天女降迹人中,游殑伽河(即恒河),濯流自媚,感灵有娠。生四子焉,分瞻部洲,各擅区宇,建都筑邑,封疆画界。此(瞻波)则一子之国都,瞻部洲诸城之始也。"天女的传说，是民族起源故事的假托，以说明王族的尊贵。这一传说，也说明瞻波是城郭的最初建筑者。虽然瞻波是四国的一国，但它是城郭的初建者，又将这一故事叙述于瞻波国中，实可以看作：瞻波文化开启，引起附近城邦的分立。四国为同母的弟兄，表示四国间血统的同源。此一传说，直率地以瞻波为世界城郭的初建者，与西方的文化无关。传说者的意境中，东方国族，实从瞻波一带而开发自己的文化，这是东方的传说。《西域记》的著作虽迟，但这一传说，最迟在阿恕迦王时代（西元前三世纪）以前，已经存在，因为《长阿含》（卷五）的《典尊经》已有此记载，而且还更为翔实明白。经中假托梵天王的传说："过去久远时世有王名曰地主，第一太子名曰慈悲。"慈悲太子的登位为王，得六位大臣的助力不少，因此分封六大臣，总为七国。"分此阎浮提地使作七分，……王所治城村邑郡国，皆悉部分"的，是大典尊焰鬘。这一传说，与《西域记》大体相同。现在要注意的，是开始分王造城的传说，尤其是七国七城的偏于东方。虽慈悲王的治地，不知道是七国中的哪一国，然依宋施护异译的《佛说大坚固婆罗门缘起经》所说："中央境土多人聚处，黎努王（即慈悲 Reṇu 的音译）居"看来，七国的中央无疑是瞻波。现在把七国七城总叙出来，再分别考察它的所在地。七国，如经上说："檀特伽陵城，阿婆（一作波）布和城，阿槃大天城，鸯伽瞻婆城，数（一作薮）弥萨罗城，西陀路楼城，婆罗伽尸城，尽汝典尊造。"

　　檀特伽陵城，施护异译作"迦陵哦国捺多布啰城"。伽陵即羯陵伽，确为古代东方的大国，约拥有今 Mahānadi 河流域，延长到南北。阿恕迦王灌顶九年（西元前二六〇），曾举兵讨伐此国。《西域记》（卷一〇）说羯陵伽在乌荼国（奥里萨地方）西南二千多里。玄奘所见当时的羯陵伽，偏在 Godāvari 河以东，决非古代羯陵伽大国的全部。《正法念处经》（卷六八）叙述南方诸国的次第，迦陵伽与耽婆婆帝相接。《起世经》等说到古代的王统（参看下节），也总是在怛摩梨多以后，接着说迦陵伽的檀特富罗城。耽婆婆帝，《西域记》（卷一〇）作耽摩栗底，即现在的 Tamluk，在 Selai 河与 Hughli 河的合口处。可见古代的迦陵伽没有《西域记》所说的那样深入西南；它的北部，约兼有奥里萨一带。此国的衰落，《西域记》（卷一〇）说：“羯𫘧伽国，在昔之时，氓俗殷盛……有五通仙，栖岩养素，人或凌触，退失神通。以恶咒术，残害国人，少长无遗，贤愚俱丧。人烟断绝，多历年所，颇渐迁居，犹未充实，故今此国人户尚少。”此仙人毁国的传说，《正法念处经》（卷六八）即作“复有一国，名檀荼迦，其土纵广二十由旬，空旷无人（昔仙人嗔故令国空也）”。檀荼迦即檀特，《念处经》虽把它看作另一国土，但它曾为古代迦陵伽的首都所在地。它的所以毁灭，大抵是遭受地震或火山爆发的厄运。然迦陵伽的没落，不仅是大灾，还有人祸，阿恕迦王的征伐迦陵伽，实造成惨绝人寰的痛事，如《摩崖训》十三说：“征服羯陵伽时，系虏十五万，杀者十万，死者倍之。……羯陵伽往有无数人民，杀伤、死亡、系虏，存者百一千一而已。”此古国虽已没落，然在摩竭陀王朝统一以前，曾有过一期的繁荣。依传说看来，迦陵伽实为东方民族南迁的一支。

　　阿波布和城，与阿槃大天城，施护异译作“摩湿摩迦褒怛那

城,晚帝那国摩呬沙啰城"。阿波,在佛典中并不是生疏的。十
六大国中也有:如《长阿含·阇尼沙经》(卷五)作"阿湿波",宋
法贤异译的《佛说人仙经》作"阿说迦",又《中阿含·持斋经》
(卷五五)作"阿摄贝",宋代异译的《优陂夷堕舍迦经》作"阿波
耶"。十大王族中也有:如《长阿含·世记经》(卷二二)作"阿
叶摩",晋法立等异译的《大楼炭经》(卷六)作"阿波",《四分
律》(卷三一)作"阿湿卑"。在这些音译中,惟《人仙经》的阿说
迦,合于巴利文的 Assaka。其他,原文即显然不同,应是 Assapu
或 Assapuka。P 转为 M 音,所以作"摩"。阿槃,即阿槃提,十六
国中也有,尤为佛教界熟悉的地方。阿湿波与阿槃提,本为两
国,十六国中也如此。它虽是同源异流,但确已分为两国,分头
发展到彼此不通了。上座系的律师们把阿湿波与阿槃提看作一
处,于是古代阿湿波的地位被遗忘了,这是不可不辨的。《杂阿
含》(卷九)二五五经与(卷二〇)五四九经,说到摩诃迦旃延游
化到阿槃提。上座系的广律,有摩诃迦旃延教化亿耳的故事,地
点即在阿槃提。巴利《大品》的阿槃提,汉译的《五分律》(卷二
一)作"阿湿波阿云头";《四分律》(卷三九)初作"阿槃提",下
文又作"阿湿婆阿槃提";《十诵律》(卷二五)作"阿湿摩迦阿槃
提";《根本说一切有部毗奈耶皮革事》(上)作"阿湿婆兰多
迦"。上座系律典把"阿湿波"与"阿槃提"看作一地,已明白可
见。所以律典所说的"阿湿婆阿槃提"等,实在是指摩诃迦旃延
所住的阿槃提,与布和城所在地的"阿湿波"国无关。《善见律
毗婆沙》(卷二)说:阿恕迦王时,派遣传教师昙无德到阿波兰多
迦去布教。此阿波兰多迦,即是律家所传的阿湿婆兰多迦(即

阿槃提）。羽溪了谛的《西域之佛教》，以为"阿婆兰多迦，盖指旁遮普以西，印度西陲之地"。他大概依《大唐西域记》（卷一一）所说，把阿耷茶国看为佛世的阿槃提了。邓永龄的《阿输迦王传略》，以为"阿波兰多迦在孟买北岸"。然详考律家的本意，阿槃提即阿波兰多迦，不但不在旁遮普以西，而且还应该远在孟买的东北。如《僧祇律》（卷一）说："有城名波罗奈，国名迦尸；时南方阿槃提国。"波罗奈即现在的贝拿勒斯，阿槃提却在此地以南。《佛本行集经》（卷三七）说摩诃迦旃延的故乡时，也说："阎浮南天竺地，有一国土，名阿槃提。"《佛本行集经》属于昙无德部，也就是出于派往阿波兰多迦布教的昙无德之后。昙无德部与大众部，都说阿槃提在南方，这实在是值得尊重的。阿槃提在南方的哪里？《佛本行集经》（卷六）曾说："彼摩波槃提国（十六国之一），有优阇耶那城。"此摩波槃提，即是阿槃提，因为《佛本行集经》（卷三七）起初说摩诃迦旃延是阿槃提人。又说："时（迦旃延家乡的）南方有一城，名优禅耶尼。去城不远，山名频陀。"综合这两节文，知道阿槃提就是摩波槃提，是国名。优阇耶那即优禅耶尼，是阿槃提的王都，地点在频陀山以北。优阇耶那，或译作优禅尼、优善那。莲花色比丘尼的故乡，也是在那边。她与迦旃延同样的从那边先到波罗奈，再到王舍城。《增一阿含经·五王品》（卷二五），说五王共论五欲的胜劣，其中有优陀延王。《听法品》（卷二八）也说到五王，有"南海之主优陀延"，优陀延王，就是南方优禅尼城的王。《大唐西域记》（卷一一）中，南印度有邬阇衍那国，这是以都城为国名，即是阿槃提邬阇衍城，即现在的 Ujjenī。这就是释迦时代的阿槃提与优阇耶尼城了。从方位看,它在频陀山北麓,在南印度,在波罗奈的西南。从地理看,邬阇延那的"土宜风俗同苏刺侘国"(即现在的苏拉特),而苏剌陀国的"地土咸卤",与律典中阿槃提的"多有沙石棘刺",也完全相合。律家所说的阿波兰多迦,即阿槃提,起初确是指此地而说的。等到佛法盛行到西北方,才误以西印边陲的阿奄荼为阿槃提,以为就是迦旃延教化亿耳的地方。然这还是释尊时代的阿槃提;七国七城的阿槃提,应该以大天城为首府。《西域记》(卷一一)说:邬阇衍那国东北千余里,有摩醯湿伐补罗。摩醯湿伐,意译大自在(天),恰好是大天的对译。古代阿槃提的重心,应即是此地(古代的大国,《西域记》每分为数国,如央伽即是一例),约在今中央印度的东部。阿槃提族,是沿恒河南岸,频陀耶山北麓而西进的一支。

上座系的律者,虽把阿湿波看作阿槃提,但阿湿波的所在地,应在阿槃提以外,另行求索。道宣《释迦谱》说:阿湿波的意译是"马",马国与马邑,确也是经中所说过的。《中阿含·马邑经》(卷四八)说:"佛游莺骑国,与大比丘众俱,往至马邑。"马邑,巴利文作 Assapura,即 assa(马)与 pura(城)的结合语,也即是阿湿波。莺骑,即莺伽或央伽,为恒河下流的大国,瞻波城是它的首府,所以《典尊经》说"莺伽瞻婆城"。如《西域记》(卷一〇)的伊烂拏钵伐罗、瞻波、羯朱嗢祇罗等国,释尊的时代,都泛称"央伽人间"。阿湿波(马邑)在释尊的时代,也是属于央伽的。但在古代东方七国的时代,与央伽分立。据此,可推知阿湿波在恒河下流的地方了。阿湿波在东方,经中还有可以引证的。《正法念处经》(卷六八)说到东方的诸国中,除莺伽等以外,有

"安输摩"，安输摩即阿湿波（阿叶摩）的异译。此外，《长阿含·大会经》（卷一二）中说："毗波蜜神，住在马国，将五百鬼，皆有神足。"这住在马国的毗波蜜神，巴利文作 Vessamitta，对音应作毗沙密多。《增一阿含·高幢品（二）》（卷一四），有释尊降伏"毗沙"恶鬼的故事。佛把毗沙恶鬼降伏了，反成为佛教的护法神。此毗沙，应即是马国的毗波（沙）蜜神。《增一阿含经》说毗沙鬼在拔祇国中，似乎与马国不同。然拔祇族为恒河以北、雪山以南的主要民族（下详），它向东伸展，确与央伽相接。此古代独立的阿湿波国，佛世属于央伽，或也曾属于拔祇。它在恒河下流的东北（在河南，即不能与拔祇相关），是可以断言的。向恒河下流的北方看，今有阿萨密（Assam），与阿湿波（阿叶摩）的原音全合，东方的古国，这是其中重要的一国。

鸯伽瞻婆城，上面已有说到。施护译作"摩伽大国瞻波大城"。释尊的时代，鸯伽属于摩竭陀，所以说摩伽瞻波城。但此东方古代的七国，远在摩竭陀兴起以前；宋施护的译本，是后人妄改的，不可信。

"数弥萨罗城，西陀路楼城"，施护译作"苏尾啰国劳噜迦城，弥体罗国尾提呬城"，彼此略有出入。依经中常见的国名地名来说，宋译较为妥当。苏尾啰即数弥；十六大国中也有，异译作"苏摩"、"速摩"。此苏尾啰，即梵语须弥山（Sumeru）的音译，古人也有译为苏弥罗的，即现在的喜马拉耶山（此山，理想化为须弥山，为世界的中心；实际的即译为雪山）。然此中所说的数弥，不指山而指山国的部族。阿恕迦王派遣的传教师中，有末示摩等到雪山边地（苏弥罗是梵语，巴利语作 Himavant），即是此国。此国即今尼泊尔(应在尼泊尔东南境),已成学界的定论。又如《长阿含》(卷一五)的《种德经》、《究罗檀头经》,所说六族信佛的记述中,也有此族。六族是"释种、拘利、冥宁、跋祇、末罗、酥摩"。此信佛的六族,并在恒河以北,沿雪山一带。而且六族的叙述,也还是从西而东的。酥摩族即苏弥国族,在十六国等叙述中,总是叙在末罗以后。末罗,即拘尸那城的民族,地近雪山,维逊(Wilson)以为在现在 Gorakhpur 河东三十五英里处。苏摩国族更在其东,这很可以明白它的地位了。此雪山边地国族的大城劳噜迦,未详。但此外另有一修摩,《药叉名录舆地考》说:"考十童子赞卷六,恒河口著名的海港耽摩栗底,即在修摩境内。"这修摩是三摩呾吒的简称,与雪山国族的苏摩,决不可相混。《杂阿含经》(卷三〇)八六〇经也曾说到:"从殃伽至修摩,从修摩至分陀罗。"分陀罗在今孟加拉与奥里萨的边界。分陀罗与殃伽之间的修摩,应该也是三摩呾吒。至于弥体罗国(即萨罗),十六国中译作密哳沙,实即有名的弥绨罗,异译作寐湨罗、弥尸罗、弥尸利、弥悉利、寐须罗等。依《中阿含·梵摩经》(卷四一)所说,弥绨罗是城名,属于毗提诃国。它的地点,依《西域记》(卷七)所说的大天捺林,可知它在毗舍离西北不到二百里,即今 Tirhut 地方。此一国族,即摩竭陀国的前身,它的领域,可能伸展到恒河以南。宋译的弥体罗国尾提啊城,似为尾提啊国弥体罗城的误译。尾提啊,实即毗提诃(或作韦提希)国,此为古代文化灿烂的古国。经律中常传说古代大天王的故事,即是毗提诃国,弥绨罗是它的政治中心。八万四千王的古国,是东方国族中富有政治传统的国家。解体以后,政治力量缩小到弥绨罗城(印度的政治,每每大王国解体以后,仍能保持它固有的小国,不过转而属于另一大王国。限度内的政治自由,仍然存在),所以在十六国中,就称为弥绨罗国。七国七城为更古的国际局面,我以为这必是毗提诃国的弥绨罗城。

伽尸婆罗城,宋译作"波罗奈国迦尸大城",在恒河中心,即东西的交流点。此七国七城,作一综合的观察,即看出它为纯东方的。所谓七国分王世界的传说,实只是早期东方人所知的世界。这一幅国际形势图,还在摩竭陀、释迦、跋耆诸国族兴起以前,根本没有理会阿利安人的西方。自然,在此传说中,还是带有西方文明的痕迹,如刹帝利、婆罗门等名词,但此可能是传说中间所羼入的。从这瞻婆中心而分王造城的传说,去理解此东方民族分布的情况,即可以看出古代东方国际的清晰面目。恒河下流为中心的是鸯伽;东北是阿湿波(向东)、苏摩(北而西向),西南是迦陵伽(沿海岸南下)、阿槃提(沿频陀耶山北麓西进),沿恒河西进的是迦尸(南)与毗提诃(北)。古代的迦陵伽与阿槃提,上来已证明它没有后来那样的深入西方与南方。阿湿波,直到释尊的时代,还离鸯伽不远,属于鸯伽,似也还没有深入到现在的阿萨密。自西方的威力东来以后,沿恒河的东方国家受阿利安文化最深;而南系与北系,被逼得更南更北,居住于山林或沙卤地带。这一传说,系东方人所传说的古代东方,是毫无疑问的。

四 东方王族的兴衰

七国七城的传说,以瞻波为中心,为东方开始城郭时代同时存在的国族。如竖的说明国族的兴起,佛典中有十大王统的传说。这十大族的传说,要比七国七城迟一点,传说中已有西方的王族了。此项传说,本为说明释迦族的源流,直从古代的东方,说到与西方王族的关涉,至近古释迦族的西迁而止。它所包含的时代,约始于西元前十八九世纪,到西元前八九世纪止。此十大族,在后出的《起世经》、《起世因本经》、《佛本行集经》、《众许摩诃帝经》,把它敷衍为异常繁长的王统,不但埋没了十大族的古义,反而使人疑信参半。这东方人古代史的早期传说,实有值得注意的价值。十大王统的名称,是:

	《长阿含经》(卷二二)	《楼炭经》(卷六)	《四分律》(卷三一)
一	伽㝹遮——五王	迦奴车	伽㝹支
二	多罗婆——五王	多虑提	多楼毗帝
三	阿叶摩——七王	阿波	阿湿卑
四	持地(地一作施)——七王	犍陀利	乾陀罗
五	伽楞伽——九王	迦陵	伽陵迦
六	瞻婆——十四王	遮波	瞻鞞
七	拘罗婆——三十一王	拘猎	拘罗婆
八	般耆罗——三十二王	般阇	般阇罗
九	弥私罗——八万四千王	弥尸利	弥悉梨
十	声摩——百一王	一摩弥	懿师摩(百王)

　　先略说此十大王族的位置。一、伽㝹遮,二、多罗婆,这都是不大常见的国名族名。《起世经》等与此相当的,有"迦那鸠阇"、"葛那鸠遮",与多摩梨奢、多摩婆颇梨多、怛摩梨多。因此

可以知道,多罗婆就是《西域记》与《法显传》所说耽摩栗底,在瞻波东南,为古代出海的海口。伽瓷遮,古译义为"箭"。虽不能确定它的位置,然《起世经》等都在瞻波(《本行集经》作波波,误)以后说到它;本文又说在多罗婆以前,所以推断它也在恒河出海处的附近。现在的加尔各答(Calcutta),与迦那鸠遮的音相近,或即是此地的古代民族。三、阿叶摩,即七国中的阿湿波,上面已有详细的考察。四、持地,依《四分律》等,知道是犍陀罗的意译。犍陀罗,或译作乾陀越。在古代,一直到阿恕迦王时代,乾陀罗都包括怛叉翅罗城在内。从开伯尔山隘而进入印度的,即先到此地。区域虽时有差异,大抵沿迦毕尔河东达印度河东岸,即是古代的犍陀罗了。此一王族,即是阿利安人的初来印度,从此而东入五河地方的全境。依一般的意见,约为西元前十五世纪时。五、伽楞伽;六、瞻婆,上面都已说过。七、拘罗婆,指西方阿利安人的拘罗族。拘罗族所住的地方,即经中的拘楼瘦。《中阿含·教昙弥经》(卷三〇),说到拘楼瘦的高罗婆王;(卷三一)《赖吒和罗经》,有拘楼瘦的拘牢婆王。此高罗婆与拘牢婆,都就是拘罗婆。阿利安人的进入印度,其初就有种种支族。其中,Śakuntalā 的儿子 Bhārata(意为持供献者)以后,名婆罗达族,负起全阿利安人扩展的领导责任。渐渐南下,移住于恒河与阎浮那河的上游,即今德里一带,自称为婆罗达国。《西域记》(卷四)说:萨他泥湿伐罗国的大城四周,称为"福地";此福地,即拘罗。古代婆罗达族中的拘罗族与般荼族,曾在此福地大战。记载此大战史的,有《摩诃婆罗达诗篇》。此两族的战争,约在西元前千年。十大王统中的拘罗婆,即指阿利安人到达了拘罗地方。八、般耆罗,十六国中也有,异译作般荼、般挐等。赤松佑之以此为与拘罗族相争的般荼。的确,拘罗与般耆罗,在十大族与十六国中,总是连说的。拘罗族的王,称拘罗婆;般荼罗的王,称般荼婆,如《方广大庄严经》(卷一)说:"般荼婆王,都在象城。"象城在今德里东北约五十七英里。此与拘罗族,其初是同出于婆罗达族的,经过十八日的大战,胜利属于般耆罗。拘罗地方,为婆罗门教的中国,即是拘罗族领导东进的时代;但不久,又被他的同族般耆罗,取而代之。九、弥私罗,即弥缔罗。在西方的传说中,弥尸罗与迦尸,一样的从雅利安族分出而进入恒河中流的。但东方的传说,却以此为由东方分流而西进的,这大抵都是事实。西方阿利安人进入恒河中部,东方人也在那里滋长了。东西文化结合,种族互婚,造成西方式的国家;然非阿利安人的成分,依然存在。所以在西方婆罗门学者看来,弥缔罗人,不能算是纯粹的阿利安人。末了,声摩,异译作懿师摩、一摩弥、懿摩、郁摩;即释迦族的祖族。佛典一致的传说,释迦族出于褒怛那城的懿摩王族。褒怛那,即七国七城中"阿波布和城"的布和;异译作逋多罗、补多落迦等。依七国七城的解说,阿波即阿叶摩。但在此十大王族中,阿叶摩(即阿波)以外别有懿师摩族,实是非常可疑的。依我看,懿师摩即阿叶摩一音之转:从 a 而变作 i,即成懿师摩、一摩(声摩的"声",即懿师的师);从 a 而转作 u,即成郁摩。至于巴利文(懿师摩)的原音 Okkāka,当然是"阿说迦"(Assakā)的变音了。后来移入西部的释迦族,似乎还就是 Assakā 的略去前音。释迦族的祖族懿师摩,实即古代阿湿波族的复兴,音声微有古今的不同罢了! 释迦族,后面还要说到。

　　此十大王统的代兴，我们不能过受文字的拘束。凡古史的传说，是应该这样去理解的。印度王族，就是东方，自然也不止十族。如依文解义，看定为前后相接而代兴，把此十族看作古代王族的分化（从东方分出），即不能合于实际。此前后的代兴，不过说明某一时代，何处有王族强盛；以前既不妨已有，以后也不妨存在。这如中国夏、商、周、秦的代兴一样。虽然如此，仍不失此王统的前后性。此一传说，没有谈到南方印度，仍是以东方王族为重的；西方王族的插入，可看作东西各自发展中的异地而同时的存在。如伽瓮遮、多罗婆、阿叶摩，传说自远古的王统传来。到此，东方的部落国家，才有彼此代兴的现象。这三族，都在恒河下流的三角洲地带，从种种方面看，都适宜于初民文化的启育。这一带民族，从何而来，还是土著？这可以姑且不管。东方阿叶摩王族兴起时，西方的阿利安人到达乾陀罗。传说者的意境，东方的王统，实比西方的早。这约在西元前十五世纪时。东方的王族，接着有伽楞伽、瞻波；这民族的渐向西南移，也即是到了有城邑建筑的国家了。瞻波中心的七国七城，比较此十大王统，也还是看出一种共同性。接着，西方的阿利安人已进入拘罗地方，即拘罗婆与般耆罗王统，约西元前千年左右。东方民族更西进到恒河中部，有弥私罗兴起，绵延地持续它悠久的王统。留于东方的，恒河东北，有懿师摩王统兴起；后来沿雪山西进，即是释迦族，这约是西元前八世纪以后的事了。东方的西进，西方的东进，发生接触；古代十大王统的传说，即止于此。

　　阿利安人的势力伸展到东方，直达恒河的下流；其时代，约在婆罗门教扩张大成的时代，即（从《夜柔吠陀》到《梵书》）西元前千年到八百年左右。东方独自开展的古文化，接触西来的势力而衰落，接受西方式的文物制度；经过的史实，不大明了。然依佛典透示的消息，大体是以战争开始，结束以和平的合作。东方固有的宗族政治，并没有全部被取消。这可以举三点来说：一、化敌为友：如拘娑罗的长寿王，为迦尸的梵摩达王（即婆罗达）所败，被俘而死。长寿王的儿子长生，以无限的容忍饶恕他的敌人；梵摩达王被感动，长生恢复了祖国（《中阿含》卷一七《长寿王品》等）。梵摩达王，为西方系的国王。这一传说，应该有古代史实作底本的。二、种族互婚：如罗摩本是阿利安族崇拜的圣人。《梨俱吠陀》已有他的名字，出于阿瑜陀的日族甘蔗王统。但传说：央伽国大旱，国王引诱白足羚角仙人进城，才解救了旱灾。国王于是乎以王女悉他嫁给他，这便是罗摩的父母。所以，《罗摩衍那》的文学，富有东方的情调。白足羚角的故事，在佛教中传说得各式各样的，总与仙人、女人、鹿三者有关，这是东方的故事。阿利安人的传说（《摩诃婆罗多》与《罗摩衍那》），以为此西方王族的王子，出于仙人与东方王女的血统；这是阿利安人到达东方以后，因种族互婚与思想结合而产生的传说（罗摩的妻子悉他，传说是东方毗舍离的王女）。又如《西域记》（卷七）毗舍离国中，说到鹿足女的故事（这也是女人、仙人、鹿）。鹿女生千子，千子被弃而为恒河上流乌耆延王的养子。后来，乌耆延王与千子来攻伐毗舍离，由鹿女出来说明亲属的关系而和解了。这也是西方王子出于东方血统的故事。三、接受西方法制的指导：传说轮王威服四洲的故事，诸方小王，接受他的法制。这一国际关系的传说,本与阿利安文明的扩展有关。以佛教的传说来看,东方民族,以和平坚忍的精神与西方同化。阿利安人的血统与文化遍及东方,实为阿利安人的大成功。但东方非阿利安的血统与文化,承受西方的启发以后,要展开更高的文化,起来与西方一争上下了。

五　奥义书与东方王朝

约在西元前七〇〇到五〇〇年,印度传统(阿利安)的宗教进入奥义书时代。奥义书的深奥哲理,形式是传统宗教的发挥;然而寻绎它的思想根柢,实在是凌驾传统宗教的产物,使印度宗教进入一更高的阶段,促成一种新的机运。从区域的文化特性说,这是阿利安文明在东方环境中洗炼出来的成果,不能忽略它的东方性。为了说明传统宗教的变质,关于传统的宗教应有简略的叙述。起初,阿利安人到达五河地方,创开吠陀的宗教文明。古典的宗教赞歌,即使用于祭祀,颂赞天神的伟大与给予人类的恩惠,申说自己的愿求。这些,经后代编集而流传下来的,有《梨俱吠陀》十卷、《娑摩吠陀》二卷。《娑摩吠陀》系苏摩祭的赞歌,为了实行祭仪的需要,从《梨俱吠陀》中编集出来。新作的赞歌,仅七十五颂而已。《梨俱吠陀》第十卷的创造赞歌,即有关于宇宙人生的哲学的思考。等到进入拘罗地方,阿利安人的势力大大扩展,传统的宗教也达于非常的隆盛。祭师阶级——婆罗门,成为时代的骄子。当时的宗教,为繁琐的祭祀仪式、神秘的咒术所笼罩。保守的、神秘的、形式的、功利的宗教抬头,或者也可说是宗教精神的堕落。《夜柔吠陀》约产生于西元前千年到八〇〇年间。它偏重祭祀仪式,渐有祭祀万能的倾向,天神几乎是可以祭祀去操纵的。祭祀时,神秘的咒法也开始引用。继承此一作风而发展的祭祀中心的宗教,产生前三吠陀的《梵书》,规定祭祀的仪式,解释祭仪及祭词的意义,兼有关于哲学的说明。给予宗教行为以神学的解说,以祭祀为宗教唯一的目的。婆罗门教三大纲(吠陀天启,婆罗门至上,祭祀万能),种族的(四姓)严格划分,都确立于此时。咒术为中心的宗教,产生《阿闼婆吠陀》。咒术,为阿利安的事火僧族——阿闼婆央耆罗传述下来,本为阿利安人流俗的信仰。信赖咒术有非常的能力,可以利用低级的精魅,达到利己或损人的目的。《夜柔吠陀》已开始引用,现在更因宗教精神的堕落(也是文化普及到民间)而特别发达起来。《阿闼婆吠陀》是"关于本尊与行者间的感应"。从它流出的续吠陀——本续,也是"记述对于本尊诸神咒的六用法,使诸神咒所生的神验无效等法,以及其他种种仪轨及修法等"(并见莎柯罗《人伦学》第四章第三节)。古代巫术师所掌握的医卜星相,也属于此。《阿闼婆吠陀》编集的年代,约与《梵书》的时代相当,在西元前八世纪顷。因此,前三吠陀的《梵书》中,《阿闼婆吠陀》还没有显著重要的地位。繁琐的祭仪,神秘的咒术,使恒河上流的婆罗门教走向没落。另一方面,阿利安文明到达恒河下流,开化东方。东方民族在接受西方式的文物制度下,孕育新机运;恒河中流的温和的宗教革新,发达起来——奥义书。

　　奥义书的思想,远承《梨俱吠陀》的创造赞歌,经《夜柔吠

陀》及《梵书》而开展的。这或者与印度的气候有关,阿利安人
自到了恒河流域,苦行与隐遁者即渐渐地多起来。但还是属于
阿利安人的老年,摆脱人间事(他已尽了人事)去专营宗教的生
活。苦行本为身心的锻炼,充满精进、忍耐、严肃的精神。隐遁
者,不再作形式的祭祀,也不为衣食住而分心;从第一义的立场,
直探自我的本真。这种看来消极的宗教,不但哲理的深入,实有
非常积极的作用,即对于固有的迷信仪式能除旧更新。然而此
种机运,不能在宗教传统深固的恒河上流发展;在传统不深的东
方,开始活跃起来。奥义书的开展,与东方(恒河中部)及东方
王朝有关。如迦尸的阿阇世王,以“梵”教授吠陀学者跋尼迦
(《布利哈德奥义书》二·一)。尤其是韦提诃的耆尼迦王庭的
学者,以耶耆尼伐尔克为中心,召开哲理的讨论会(《布利哈德
奥义书》三·六)。东方奥义书的勃兴,获得王家的赞助,王族
领导思想界与婆罗门阶级相抗,这是真的。但这不完全是王族
与祭师间的政教相争,是东方与西方的思想分歧。东方由王族
领导思想,使“婆罗门至上”不能不退处第二,处于受教者的地
位。奥义书重视真我的智识,祭祀已不成万能,所以“行祭祀苦
行者入天界,于其中轮回;惟住于梵者能得不死”(《圣德格耶奥
义书》二·二三、一)。“吠陀天启”的教权也不被尊重,吠陀不
过是名目的学问,与真我无关。此等东方国家,在佛典(东方)
的传说中,并渊源于东方。如韦提诃王族,壮年致力政治,衰老
即专心宗教,有他悠久的传统(《中阿含》卷一四《大天捺林
经》)。这些国家的王族,即使不是非阿利安,至少也杂有非阿
利安的血统。如韦提诃,婆罗门看来,算不得纯正的阿利安人。

像东方奥义书的大学者耶耆尼伐尔克,即为西方的婆罗门学者
不满(见"古代印度文明耆那教"一文)。东方兴起的奥义书,虽
没有揭起反婆罗门教的旗帜;然对于繁琐的祭仪、神秘的咒术、
阶级制度等,确乎透露对立的姿态,给以相当的威胁。

　　奥义书的重要建树,有二:一、真心的梵我论;二、业感的轮
回论。如从思想的渊源上说,这不外吠陀以来思想的发挥。然
而它的结论,可能达到传统宗教的否定。创造赞歌以来,一元倾
向的创造神话,经理性化而成为宇宙的本原,为一神秘的大实
在。在奥义书中,称之为梵。如显现为人格的神,即梵天。有情
的生命本质,即人们的真体,称之为我。在生死的历程中,人类
虽似乎是迷妄的、虚幻的;然探索到自我的当体,到底与真常本
净的梵是同一的。所以直探宇宙的本体于自我中,见我即见梵,
高揭"我即梵也"(《布利哈德奥义书》一·四、一〇)的梵我一
体论。直探自我的本真,在以直觉的理智照破虚妄,冥悟人生的
奥秘;所以探索自我的结果,超过物理的、生理的、心理的现象,
到达真净常乐的唯心论。即自我的本体,为超经验的纯粹主观,
所以是"不可认识的认识者"。此认识者,一旦脱离世间的一切
束缚,即完全地实现自我。此"唯一不二的主观,即是梵界,即
是最高的归宿,最上的妙乐"(《布利哈德奥义书》四·三、三
二)。论到业感轮回论,生命在无限的相续中,依自己的行为,
创造自己未来的身份。从此,人类的运命,不操纵于神而属于自
己。这本是神权的否定,因人类的自觉与自信而创说的人力论。
业即人类的行为,所以说:"人依欲而成;因欲而有意向,因意向
而有业,因业而有果。"(《布利哈德奥义书》四·四、五)不过奥

义书的业力说,与真我论相结合,即"我"为自身的行为所限制、拘缚,从此生到他生,不断地流转于生死中。此业感说,对照于自我的真净妙乐,特别地显出迷妄与悲惨的姿态。这样,业感论的悲观,促进了自我解脱宗教的隆盛。此中的真我论,虽到达万化同体的理境;神秘唯心的基调,不失为阿利安文化正常的发展完成(《梵书》已大体确立)。而业感轮回说,确是时代的新声。吠陀以来的婆罗门教,以为阿利安族有诵习吠陀与祭祀的权利,可依宗教而得新生命,到达列祖的天国,所以称为再生族。非阿利安的首陀族,仅此一生即归于消灭,与宗教无关,所以称为一生族。善人(某一阶级)永生于天国,恶人(被征服者)永灭于地狱,实为(狭隘的种族的)婆罗门教的根本思想。自业感说发扬,一切有情都在随业受报的轮回中;首陀罗如此,阿利安人的诵习吠陀,也不过如此。反之,诵习吠陀,不能获得永乐;如依智而悟真我,才能入于不死的梵界。即在生死的轮回中,阿利安人可以堕落,非阿利安人可以上升;也决不是婆罗门教所说的那样,有再生族一生族的差别。业力思想的完成者,即奥义书大家耶耆尼伐尔克等。《布利哈德奥义书》(三・二,一三)说:有人请问死后的归宿,耶氏说:"此不可于众人中说,惟两人间可传耳。"他所说的即是业。业在当时,还是新颖而不大公开教授的,所以嘉伐利王对阿尔尼说:"此(轮回的)教义,直至今日,婆罗门未曾知之。"(《布利哈德奥义书》六・二)此业感轮回的思想,由耶耆尼伐尔克等弘扬而确立,这也难怪西方的婆罗门要对他不满了。业力轮回说,是人力而非神力的;机会均等而非种族独占的;自由而非命定的;道德而非祭祀的;实为融冶东方精神而起的温和的宗教革新。一般学者,忽略东方民族的要求平等,否认阿利安民族宗教(婆罗门教是阿利安人的宗教)的特质,所以对业力轮回不能给以正确的评价。有人以为是印度的气候关系;有人以为是印度土人的信仰,是低级的野蛮的(这是欧洲神学的遗毒)。以我们的理解:善人永生天国,恶人永灭于地狱,是一般的宗教信仰。它根源于人类向善向上的要求;人类无限生存的意欲,实为永生思想的根源。求生存,求进步,为人生不可否认的现实。无限生存与至善的欲求,也是人同此感的现实。天国永生论,即是此种意欲的原始形式。古代的宗教,都是种族的宗教,宗教与一切生活是融合不分的。此等宗教下的被压迫民族,没有宗教的权利,他们是被咒诅的,结果是永死的毁灭。这以进步的宗教看来,是如何的残酷不仁?“一失足成千古恨”,在人生的历程中是很平常的。或者环境恶劣,或者意志薄弱,不能自己振作。创伤的内心,正需要宗教温暖的安慰,引向不断向上的道路,谁能忍受永死的宣判? 所以从适合人类共欲的宗教感说,业感轮回论以宽容的同情,予一切人以新生的机运,实为进步宗教的合理发展。确立必能到达至善的信念;在现实的行为中,创造进步的自己。它可以与东方的土著有关,可以是被压迫民族的不甘永久沉沦,相信从自己的行为中创造自己;决不能看作低级的信仰。

奥义书时代的东方,开始复兴,以温和的宗教革新为前导。接着,将是反婆罗门的宗教,统一西方的东方王朝的来临。

六　释迦族来自东方

阿夷罗婆提河,即现在的哥格拉河;发源于雪山的北麓,经尼泊尔,东南流入于恒河。在此阿夷罗婆提河以北,雪山以南,有释迦族。佛教的大师释迦牟尼,即出于此族的迦毗罗城。释尊时代的释迦族,城邑很多,如天邑、黄枕邑、弥留利邑、石主邑等;迦毗罗是其中的首府。当时的释迦族是城邦制的国家,一城一聚;都有高度的自治权,总名之为舍夷国。舍夷,或作释屩搜、释翅或释翅提,与释迦同一语原 Sak,是以族名为国名而多少变化它的尾音(舍夷是女声)。自佛教发扬以后,迦毗罗城的光荣,代表了舍夷国。晋法显与唐玄奘们,也就总称之为迦毗罗国了。西元一八九八年一月,法人 W. C. Peppa 在尼泊尔南境的 Piprava(北纬二十七度三十七分,东经八十三度八分),掘得释迦族所供养的释尊舍利瓶;古代释迦族居住的区域,因此得到了更确切的决定。

经律一致的传说,释迦族是从别处迁来的。据说:有一位生长在甘蔗园中的懿师摩(异译作懿摩、郁摩、一摩、声摩、鼓摩),是瞿昙仙的子孙,所以姓瞿昙。等到作了国王,就称为甘蔗王。甘蔗王有四位庶子,为王大夫人的谗言嫉妒,逼得与母亲姊妹们离开祖国,到处流离。渡过了傍耆罗河,到雪山下,就住下了。造了迦毗罗城,渐渐地繁荣起来,这就是释迦族起源的故事。它的所以称为释迦族,传有两种解说:一、如《阿摩昼经》(《长阿含经》卷一三)说:"声摩王闻其四子与女共为夫妇,生子端正,王即欢喜而发此言:此真释子! 真释童子! 能自存立,因此名释。"这是称赞四子的能力,能自己独立地生存。释迦的意义是"能",父王赞他们能干,他们就自称为释迦族。二、也如《阿摩昼经》说:"到雪山南,住直树林中(注:释,秦言立言直)。"直树,巴利文作 Sakāsaṇḍa,与释迦的音相同。此外,如《五分律·受戒法》(卷一五)说:"在雪山北(?),近舍夷林,筑城营邑。"《佛本行集经》(卷五)说:"以释迦住大树翁蔚枝条之下,是故名为奢夷耆耶。"舍夷,即奢夷耆耶,系一种树名。释迦族住居在舍夷林边,因此得名。此两说中,第二说应该是更妥当的。如《五分律·衣法》(卷二一)中说:"琉璃王严四种兵,往伐诸释。世尊闻之,即于路侧坐无荫舍夷树下。王遥见佛,下车步进,头面礼足,白佛言:世尊! 好树甚多,何故乃坐此无荫树下? 世尊答言:亲族荫乐。"释尊以枝叶零落的没有荫蔽的舍夷树,象征被压迫的释迦族,这是释迦族从住处有舍夷林得名的确证。本来因住处有舍夷林而称为释迦族,等到释迦族一天天繁荣起来,这才"因文思义",称赞释迦族的不愧为释迦(能),产生了"能自存立"的第一说。然从释迦的语原来说,这实即是阿说迦(Assakā,阿湿波的巴利语)的略去前音,这已在前面说过的了。

叙述释迦族的源流与迁徙的事迹,要算《长阿含·阿摩昼经》(卷一三)、《五分律·受戒法》(卷一五),最简要而近于事实。其次,如《长阿含》(卷二二)的《世记经》(异译有西晋法立等译的《楼炭经》;巴利文的《长阿含经》缺此)、《四分律》(卷三一)的《受戒犍度》,更进一步地追溯到劫初的王族。等到《佛本行集经》、《众许摩诃帝经》及《起世经》、《起世因本经》(此二

经,也是《世记经》的异译),所说的更远。这些典籍,如《五分
律》是属于弥沙塞部的;《四分律》与《佛本行集经》,是属于昙无
德部的。弥沙塞与昙无德部,都出于分别说系,而《长阿含经》
也是分别说系所特别重视的。其他,属于萨婆多部的《十诵
律》,属于大众部的《摩诃僧祇律》,都没有说到。因此,我们可
以这样的假定:关于释迦族的源流,起初是分别说系的学者所传
说的。分别说系,阿恕迦王时代已经成立;四阿含经的编集,此
时也已完成。所以此项传说,应该在迦王的时代(西元前三世
纪)已有了,这真是可珍贵的古说!

释迦族出于懿师摩王族,从别处迁来,这是一致的传说。依
《佛本行集经》(卷五)等说:懿师摩王住于褒怛那城。懿师摩即
阿湿摩的音转,褒怛那即"阿波(的)布和城",这都已说过。释
迦族的故乡,在阿湿摩的褒怛那。他属于东方系,还可以提出种
种的证据。

一、《杂阿含经》(卷四)一〇二经说:"尔时,世尊入王舍城
乞食。次第乞食,至婆罗豆婆遮婆罗门舍。时婆罗门手执木杓,
盛诸饮食供养火具,住于门边。遥见佛来,作是言:住! 住! 领
群特! 慎勿近我门! ……佛为说偈言:……不以所生故,名为领
群特;不以所生故,名为婆罗门。业为领群特,业为婆罗门。"婆
罗豆婆遮婆罗门,呼释尊为领群特,并且拒绝他进门;他以释尊
为卑劣不洁的民族,是明白可见的。释尊为他说"领群特及领
群特法",凡思想行为的不道德,即是领群特(经中所说很多)。
婆罗门(净行者)与领群特,应以思想及行为(业)去判别,不能
从种族去分别。婆罗门从种族(血统的,职业的)的立场,自以

为高贵而呵斥释尊为领群特,释尊却从道德的立场去答复他,这是经文的大意。在别译《杂阿含》(卷一三)二六八经中也有此文,但领群特一词,却译作旃陀罗。依包达耶那派《法经》的意见,旃陀罗族是首陀罗男与婆罗门女的混合种,多从事皮革屠宰等职业,为一卑贱不洁的阶级。所以领群特与旃陀罗,译名虽然不同,但被视为卑贱不洁的阶级,却是完全一致的。此经,在巴利文系的圣典中,被收在《经集》一之七。关于领群特一词,又别作 Vasalaka。考毗舍离城(异译毗耶离),巴利文常作 Vesāli;但也有作 Vasalaka 的,如律文七百结集中"毗舍离诸跋耆比丘"的毗舍离。所以巴利文的 Vasalaka,即是毗舍离。婆罗门称释尊为 Vasalaka,意思是毗舍离人。依后代的解说,毗舍离的意义是"广严",并无卑贱的意味。这与婆罗门口中的毗舍离带有卑劣不净的意义不合。毗舍离,即今 Besarh 村,在北贝哈尔的 Muzaffarpur 区。正统的婆罗门学者,对这一带的民族,无论在血统上、文化上,素来是轻视的。所以"毗舍离人"本意很好,但在婆罗门口中说起来,就有点轻视诬辱的意味。这如东夷的本为仁人,在从前中国人的口中说起来就有点鄙视一样。释尊是舍夷国的释迦族人,这是没有问题的。他与毗舍离一带民族有血统与文化上的共同性;婆罗门这才称释尊为毗舍离人,释尊也不否认。汉译的旃陀罗,是毗舍离通俗的意译,一望而知是贱族。至于领群特一名,大抵是指领群的特牛。牝牛(vasā)与毗舍离的声音相近;释尊的教化众生,如领群的大牛一样。译者的译作领群特,或许如此。总之,领群特一名,在婆罗门口中,是意味着种族的卑劣。

二、《长阿含·阿摩昼经》(卷一三)说:婆罗门子阿摩昼,在佛面前说:"彼释(族)嘶细,卑陋下劣。"释尊反指他"是释迦奴种",等他理解血统的已有混合,然后又为他解说,"灭其奴名",恢复他的尊严。婆罗门的轻视释迦族,确为当时的事实。又像《中阿含·婆罗婆堂经》(卷三九)说:有两位婆罗门族而从佛出家的比丘,被他的同族痛责:"汝等舍胜从不如,舍白从黑。……汝等所作大恶!极犯大过!"这也是种族贵贱论的谬见在作怪。

三、佛灭百年,毗舍离举行"七百结集",这是佛教史上有名的事件。有耶舍比丘游行到毗舍离,对"毗舍离诸跋耆比丘"的作为大大的不满,引起了争执。结果,被跋耆族的比丘摈了出来。耶舍得到了波利邑比丘一百二十人的赞助(《五分律》卷三○),往西方去召集西方的比丘到毗舍离来集会,公决是非。当时跋耆系比丘也四出活动,争取同情。跋耆比丘的说辞中,有值得注意的话:"大德!彼波夷那、波梨二国比丘共净;世尊出在波夷那,愿大德助波夷那比丘。"(《四分律》卷五四)《十诵律》(卷六○)说:"毗耶离比丘是有法语;阿槃提、达嚫那、婆多国诸比丘不是法语。一切诸佛皆出东方,长老上座莫与毗耶离中国比丘斗净。""佛出东方","佛出波夷那",这是毗舍离诸跋耆比丘(即波夷那比丘)的所以自信为更能窥见释尊真谛的地方。当时东方系比丘《五分律》(卷三○)作"毗舍离诸跋耆比丘";《四分律》(卷五四)作"毗舍离跋阇子比丘……波夷那比丘";《十诵律》(卷六○)与《僧祇律》(卷三三)作"毗舍离诸比丘"。波夷那比丘,是毗舍离一带的跋耆族比丘,确实无疑。

《五分律》说耶舍"往波旬国",此波旬即是《四分律》波夷那的
异译。《长阿含·游行经》(卷三)说:释尊在临入涅槃那一天,
曾在波波城受纯陀最后的供养。此波波城,在西晋白法祖异译
的《佛般泥洹经》(卷上)、东晋失译的《般泥洹经》(卷上),即作
波旬国。波旬的地点,在从毗舍离到拘尸那城的中间,离拘尸那
不远。经中说释尊为了拘舍弥比丘相争,离开他们,去看阿那律
等三比丘。阿那律们所住的地方,《中阿含》(卷一七)的《长寿
王本起经》,说是般那的蔓阇寺林,般那也即是波夷那的异译。
同样的事实,《增一阿含经·高幢品》(卷一六)的第八经,说在
跋耆国的师子园。这可见波夷那即波波,是跋耆族的一城。波
夷那比丘们,当时领导跋耆族系的比丘,以毗舍离为中心,发扬
佛教东方系的特色,与西方比丘对立。释尊为舍夷国的释迦族
人,为无可怀疑的事实。而毗舍离的跋耆族比丘,偏要说释尊出
于波夷那。上面说到的婆罗豆婆遮婆罗门,要称释尊为毗舍离
人。如不是释迦族与东邻的毗舍离一带民族有血统与文化上的
共通性,是决不会有此事迹的。考毗舍离的贵族为离车,而释迦
族中也有离车,如《五分律》卷一一说:"时释种黑离车女丧夫",
可知释迦族与毗舍离实有血统上的关系。至于西方的波利邑比
丘(异译作婆多国、波罗利邑),有人以为是波吒厘城,这是不对
的。西方系比丘,波利国比丘以外,都从西方来。《五分律》(卷
三〇)提到摩偷罗的阿呼山,阿腊脾(在舍卫与拘舍弥之间,属
于桥萨罗国),拘睒弥;《四分律》(卷五四)说到僧伽赊(即《西
域记》的劫比他),阿吁恒河山(即阿呼山);《十诵律》(卷六一)
有摩偷罗,阿槃提,达儭那(即德干高原);《僧祇律》(卷三三)

说到摩偷罗,僧伽舍(即僧伽赊),羯阇耆(即《法显传》的罽饶夷,《西域记》的羯若鞠阇耆),舍卫,沙祇。这些,都在恒河上游与阎牟那河流域及西南一带。波利邑,论理是不应该在东方的。《五分律》说:佛在毗兰若邑吃了三个月的马麦,贩马者是从波利国来的(卷一);又说波利国比丘,要到舍卫城安居,赶不上,就在娑鞞陀(即沙祇)安居(卷四);又说:波利比丘到舍卫城来,半路上被盗(卷四);有估客从波利国到拘舍罗(卷二〇)。波利国在西方,也明白可见。在此东西二系的对立中,释迦族是属于东方的。

七　释尊时代的印度国族

释迦族为东方的,这不但考察他的故乡,从他在东西国族中的地位,也可以明白地看出来。释尊的时代(西元前五世纪),恒河流域诸国族的分布,最好把它分为三区:甲、阿夷罗婆提河东南流,入于恒河而东流,在此两河的北岸,雪山以南,一直向东分布的民族。乙、此二河下流的南岸,波罗奈以东的国族。丙、波罗奈以西的恒河上流的国族。此三区中,甲与乙是东方的;甲区与释迦族的关系最深。乙区也有大量的非阿利安人,所受阿利安的传统文化要深一点(沿恒河东下,交通便利些)。丙区是阿利安人东进的大本营。

甲区中,舍夷国的释迦族,最在西北,与丙区的憍萨罗国接壤。舍夷国以东,有罗摩伽(《西域记》作蓝摩国)的拘利族。拘利,异译作俱利。《杂阿含》(卷二一)五六五经所说的桥池人间，《中阿含·波罗牢经》(卷四)的拘丽瘦，也就是拘利的异译。
拘利族的童子来听法，佛称他们为"苦种"。罗摩国以东，有拘
尸那国的末罗族，异译作满罗，所以也称满罗国。经中常见的
"力士人间"，就是末罗的意译。拘尸那向东南行，有波旬国，即
波波，也是末罗族。再向东南走，到毗舍离城。城中的豪族，叫
离车，异译作"利昌"等，奘译作栗呫婆。毗舍离一带，大半是跋
耆族，经中常称为跋耆人间。如毗舍离城，或即称之为跋耆国毗
舍离(《僧祇律》卷一)。跋耆，或译作金刚。如向阿难说偈的跋
耆子比丘，《中阿含·侍者经》(卷八)，即作金刚子。比丘厌苦
自杀，律中作毗舍离的跋求摩河边；《杂阿含》(卷二九)八〇九
经，即作"金刚聚落跋求摩河侧"。"金刚"，Vajji 或 Vajra，都就
是跋耆的对译。在毗舍离与波旬的中间，有负弥城，释尊曾在此
说四大教法。巴利《大般涅槃经》中与此相当的，为 Bhoga-
nagara。此负弥城，乃梵文 Bhūmi 之意译。《中阿含·地动经》
(卷九)，作"金刚国城名曰地"；《杂阿含》一三三一经的"金刚
地"，也是 vajji-bhūmi 的对译。这可见负弥城也是跋耆族了。波
旬国，经中说它是末罗族，但在七百结集的事件中，说波夷那比
丘也就是跋耆比丘。阿那律等三人在这里修行，被赞叹为"跋
耆国得大利"(《增一阿含经》卷一六)。依《西域记》卷七说：毗
舍离的东北，有"弗栗恃"国，"东西长南北狭"，即在恒河北岸与
尼泊尔东南的地方。此弗栗恃，即是跋耆梵文 Vṛji 的对音，古
来也有译为佛栗氏(《根本说一切有部律杂事》卷三五)的。这
可见跋耆族分布的广阔了。跋耆族的区域，在恒河以北，雪山以
南，离车、末罗、拘利、释迦族，都不过是它的一支。如舍夷国的

释迦族,素有不与异族通婚的习惯(《五分律》卷二一),但与东邻拘利族的天臂城却是通婚的。此天臂城,《杂阿含》(卷五)一〇八经,即作"释氏天现聚落"。释尊的夫人,是拘利城主善觉的女儿;释尊的母亲摩耶与姨母波阇波提,是拘利城主阿瓷释迦的女儿;而释尊的外祖母岚毗尼,又是释族的女儿。依《众许摩诃帝经》说:天臂城也是释迦族造的。释迦族与罗摩伽国的拘利族,显然为同族的别支。释迦族与拘利族有如此的亲密关系;释迦族又被跋耆系的波夷那比丘(末罗)认为同族,释尊又被婆罗门唤作毗舍离人。这一区民族的自成一系,实在明白可见。这一区的民族,在释尊的时代,自然已有阿利安人杂居,且已经受阿利安文化的教育。但毗舍离(一带)的人,还被婆罗门鄙视。当时虽已文化大启,但还是"质胜于文",充满勇悍朴质的风格。如释族,传说为非常勇武的;拘萨罗王子毗琉璃,曾到释族受学射法(《五分律》卷二一等)。末罗族,即有名的力士族。跋耆族曾侵害摩竭陀,阿阇世王不能取得胜利,所以筑波吒利城来防御他(《长阿含》卷二《游行经》)。毗舍离的离车童子,阿难曾夸赞他射法的"奇特"(《杂阿含》卷一六·四〇五经)。释尊曾赞叹他们的勤劳:"常枕木枕,手足龟坼。"(《杂阿含》卷四七·一二五二经)这一带后进的民族,所受阿利安的传统文化不深,所以能兴起朴实无华的新宗教,向抽象的思辨、繁琐的祭仪、神秘的咒术作战。东方新宗教的勃兴,都以这一带地方为策源地。所以开创佛教的释尊,也特别受这一区民族的信奉。《长阿含》(卷一五)的《种德经》、《究罗檀头经》,都有六族奉佛的传说,六族即"释种、俱利、冥宁、跋祇、末罗、稣摩"。此六族,都是属于这一区的。除冥宁族而外,都已在上面说到过。《长阿含·阿㝹夷经》(卷一一)中,曾说到"冥宁国阿㝹夷土","冥宁国白土之邑"。此冥宁,在巴利圣典中,即作末罗(Mallā)。六族中,冥宁与末罗并列;再从汉文异译的"弥尼搜国阿奴夷界"(《四分律》卷四)、"弥那邑阿㝹林"(《五分律》卷二)看来,冥宁的原语似乎是 Minasu;可能是末罗族的别支,即从末罗的音转而来。冥宁族的居住地,即在释尊出家时打发车匿回宫的地方。在拘尸那与罗摩伽之间。依《西域记》(卷六)说,属于蓝摩国的东南境。此六族,即释尊时代甲区的主要民族;六族奉佛,实有推尊本族圣者的意味,与种族文化的共同性有关。

再说乙区:从毗舍离南行,渡过恒河,就是摩竭陀国,首府是王舍城。恒河下流,有央伽国,首府是瞻波城。但在释尊的时代,央伽已附属摩竭陀了。这一区域,经中没有说到它的种种民族,但泛称为摩竭人间、央伽人间。摩竭与央伽,似乎都是种族名而化为国名的。此区所受阿利安的文化与血统的渗杂,比甲区要深一点。然据包达耶那派《法经》的意见,摩竭陀人不是纯净的阿利安人,是首陀罗男与吠奢女的混合种。阿阇世王,经中常称他为鞞陀提子,即是鞞陀提夫人的儿子。鞞陀提本是古国,即鞞提诃,但当时也是附属摩竭陀的。经律中常传说古代大天王的故事;大天王的国都,即在弥萨罗的大天㮈林中。正统奥义书的开展,韦提诃是大有功绩的。阿阇世王的母亲,即是韦提诃族人。此韦提诃人,包达耶那派《法经》也不承认他是纯正的阿利安人。东方民族西进到恒河中部,起初是韦提诃与迦尸,不久即受西方的统治,很快地西方化。自韦提诃衰落以后,摩竭陀才

新兴起来,它可说是继承韦提诃的政教传统而复活的。摩竭陀
王族不但与韦提诃通婚,依《普曜经》(卷一)的"此维提种摩竭
国土",与异译《大方广庄严经》(卷一)的"摩伽陀国毗提诃王"
看来,即明白摩竭陀人与韦提诃族的关系。传说摩竭陀的建国
很早,甚至说西元前二千年即已经存在,然而这是难以证实的。
摩竭陀大抵是韦提诃的支族,部族的早已存在,是可能的。不过
在韦提诃国没有衰落以前,它在印度古代的国际中,被视为化外
(《印度哲学宗教史》),毫无地位。摩竭陀的兴起,约在西元前
七世纪,即尸修那伽王朝的初创,释尊同时的瓶沙王,才是第五
世。起初,摩竭陀是服属于央伽大国的。《根本说一切有部毗
奈耶出家事》(卷上)说:频婆沙罗(即瓶沙)王子时代,起来拒绝
央伽人的收税,反抗央伽人的统治。举兵攻破瞻波城,央伽这才
反属于摩竭陀了。这新兴的东方王朝,在释尊的时代,欢迎恒河
北岸(甲区)的新宗教,竖起反阿利安文化传统的旗帜;且常与
西方的侨萨罗作战。释尊的出家修学,即在摩竭陀。传说当时
的瓶沙王曾劝释尊罢道,愿与释尊共治国政。释尊成佛后,瓶沙
王即首先作了释尊的信徒。后代佛教的开展,也在摩竭陀王朝
的护持之下。恒河南岸的政治、北岸的宗教,两者提携而结合起
来,促进印度东方的勃兴,走上印度大一统的新世界。

　　说到丙区,这是纯粹的阿利安人或准阿利安人。释尊的时
代,侨萨罗最强大。此时似已开始衰退,但迦尸还作它的臣属。
它领地相当大,如僧迦舍、沙祇,都在它的领土以内。它在东北,
与释迦族毗连;东南与摩竭陀接壤,它站在对抗东方的前线。侨
萨罗东南,有婆蹉国,首府即拘舍弥。西南有阿槃提,这是系出

东方而完全西化的,释尊时已满布阿利安族了。侨萨罗的西北,有拘罗国,拘罗以南有摩偷罗国,这都是阿利安人。恒河上流的大国,即是这些。《根本说一切有部毗奈耶出家事》(卷一),说有四国;《增一阿含经》的《五王品》与《听法品》,说有五国;《瑞应本起经》说有八国:除摩竭陀的王舍城以外,都是这一区的国家。其中与东方关涉最多的,要算侨萨罗。侨萨罗的首都,佛世在舍卫城,国王名波斯匿。释尊晚年,侨萨罗王毗琉璃死了以后,即缺乏有力的王统。后来,希腊人与钵颠阇利,都说侨萨罗的都城在沙祇,这是佛后的事了。

恒河流域的三大区,已作一简略的叙述。当时的释迦族与侨萨罗的关系,再略为说明。东方民族的西进,向西南的阿槃提,向西的迦尸,已为阿利安人所同化,不可辨认。沿雪山边而西进的,最接近西方阿利安族的释迦族,也已深受阿利安的文化。它的来自东方,虽没有忘记,然在同化的过程中,甚至也自称为侨萨罗的同族了。如侨萨罗出于日族的甘蔗王,释迦族也自称甘蔗王的子孙。然而并不是同族,这不过释族或佛弟子的托辞,仰攀阿利安贵族的传统而已。这里有一点要附带说明:婆罗门教的四姓制,起初确是从阿利安人的职业不同(古代职业多世袭),分为宗教的、军政的、农工的三类;加上征服的奴隶——首陀罗,即成为四姓。然以后,阿利安人东进,称一切非阿利安人为首陀罗(又创为种姓分化说)。然首陀罗并不都成为奴隶,他们也有政权,也有田地(现在南印度的非阿利安人中,还有此现象)。不过在接受阿利安文化熏陶以后,加以种族间的互婚,有政权的,或不免自称刹帝利;有田地的,自称吠奢,这如鲜卑族的高欢,自称出于渤海的高氏一样。释迦族从东方来,又自称刹帝利甘蔗王以后,这是不可通的,释族久受阿利安文化的熏陶,政治上附属于憍萨罗,然决非同族。这可以从释迦族与憍萨罗族的关系去说明:憍萨罗王波斯匿登位,凭借武力,强迫地向释迦族索婚。释迦族有不与异族通婚的习惯,却又不敢得罪他,只得"简一好婢有姿色者,极世庄严,号曰释种而以与之"(《五分律》卷二一)。末利夫人冒充释女去下嫁,完全看出了憍萨罗与释迦族的血统不同。当时的释迦族,处在憍萨罗的威胁之下,也是明白可见的。

在佛教的传说中,释尊曾自认为憍萨罗人,所以释尊的长在舍卫城,为了"报生身恩"(见《大智度论》)。"诸释下意爱敬至重供养奉事于波斯匿拘婆罗王"(《中阿含》卷三九《婆罗婆堂经》),这是当时的事实。所以在政治的关系上,释迦族是依属憍萨罗的。等到波斯匿王的儿子毗琉璃王举兵向释族进攻,如真的以为是为了报复幼年被骂为"奴种"的侮辱,自不免错误。然种族斗争的事实,也可以得一明白的暗示。当时的释族,内部没有能做到团结为一。在此东方崛兴而西方势力未衰的时代,释族内部有了西倾与东向的两派。传说琉璃王兵临城下时,主和派与主战派的议论不决。结果开门迎敌,但仍不免憍萨罗军队的残杀。释族中有执杖释,曾与释尊抗论(见《中阿含》卷二八《蜜丸喻经》)。婆罗门中有执杖梵志。此执杖释,大抵是被婆罗门教所同化的。当琉璃王纵兵大杀的时候,有很多的"释(种)皆捉芦(而)出言:我是提芦释。屯门者信,放令得去"(《五分律》卷二一)。憍萨罗所厚待的提芦释,大概就是执杖释,是释族中倾向阿利安人的一系。琉璃王利用了亲侨萨罗的释族,予释迦族以重大的打击。释迦族与侨萨罗族的种族不同,很可以从此等事实中得到结论。

从释尊游化的情形说,也看出佛教的接近东方。侨萨罗国的舍卫城,虽是释尊久住的地方,但常受婆罗门的逼害。佛在王舍城与毗舍离,主要的是与极端的苦行者、纵欲者的新宗教抗辩(提婆达多的逼害佛教,也还是出于释族的)。而在舍卫城,如旃阇婆罗门女的带盂谤佛;孙陀利女的自杀诬陷;健骂婆罗门的骂佛:受婆罗门的逼害,圣典中是随处可见的。即佛在鞞兰若邑的三月食马麦,也还是受了婆罗门的欺骗(鞞兰若属侨萨罗)。根本圣典中,虽也有波斯匿王信佛的传说,其实是信心微薄,常常怀疑佛教:他怀疑释尊的年轻(《杂阿含》卷四六·一二二六经);怀疑"有爱则苦生"的教说(《中阿含》卷六〇《爱生经》);见十七群比丘的嬉戏,因而讽刺末利夫人的信佛(《五分律》卷八);尤其是把佛弟子谶比丘尼留在深宫十二年,犯了佛教所认为不可容恕的罪行——"污比丘尼"(《增一阿含》卷四三《善恶品》)。这与瓶沙王信佛的事实对照起来,完全是另一气象。然而在释尊长期的教化下,舍卫城到底成了佛教的重镇。释尊教化的情形,虽不一定与释迦族有必然的关系,但也可窥见释沙门文化的接近于东方。

八　东方新宗教的勃兴

西元前五六世纪,东方印度新宗教的勃兴,实为世界文化史上重要的一页。如从阿利安的文化传统说,从此时起,即进入修多罗时代。新宗教勃兴以前,传统宗教的动态,先略为叙述。

拘罗地方的正统婆罗门教,在东方的奥义书与新宗教的勃兴中,没落了。说它没落,意思是说它不能成为印度文化的时代主流,它的保持固有壁垒与强韧的反抗,其实还是有力地进行。不过,它在东方,确乎是失败了。拘罗地方的《梵书》,通常分为三部门,即仪规、释义、吠檀多。吠檀多的意义,即吠陀之终极。《梵书》中的森林书,阐述吠陀的精义,即理智与理性的;奥义书从此流出,大大地在东方发展。关于仪规与释义,即行为的与事相的,为婆罗门教祭典的重心。努力弘扬,引出吠陀支、如是所说、往世书、诗篇。吠陀中的祭仪、祭词,需要解说、规定,因此直接促进吠陀六支论的产生。六论中,第一《劫波经》,有三类:即《法经》《天启经》《家庭经》。继承三吠陀的梵书系统,以祭司主持的祭典为对象的,是《天启经》。根据民族的宗教习俗,以家庭祭仪为中心而规定说明的,是《家庭经》。以社会法制为中心而说明规定的,是《法经》(法论又从此产生)。这三者,包括个人、家族、社会、国家的一切生活,把它安放在宗教的基础上,完成坚强传统的礼教。六论中的《式叉论》、《毗伽罗论》、《阐陀论》,是发声学、文法学(雅语即从此确立)、音律学。《尼鹿多论》是关于吠陀难词难句的解说。《树提论》是天文学。这虽为了研究宗教古典而产生,然对于婆罗门教的未来复兴,影响极大。这一点,中国学术界也有此现象。如汉代经学的昌明,就有许氏《说文》等出现。清朝汉学复活,也附带地促进了《说文》及音韵的研究。此六论,渊源都很早;它的成为专科研究,约与东方新宗教同时发生，而完成得迟一点。文法音律等学科的发达，促成雅语文学的通俗化。根据吠陀、梵书等古代史的传说，作成宗教化的史诗，即"如是所说"的《摩诃婆罗多诗》。作成宗教化的史话，即往世书的《五相书》（宇宙的创造，宇宙的破坏与再建，神统与王统的世系，古代诸王治世的情形，月族的历史）。作成宗教的言情诗，如《罗摩衍那》。这些，都有部分的古代传说作底本，因古典研究，文学发展而发达起来。这宗教的语文与文学，唤起了古代的宗教与民族的热情，普遍地深入民间，成为传统宗教的有力支持者。不过，这是情感的、通俗的，它自然与人格神的宗教合流，与低级的迷信合流；它不能成为古风的婆罗门教，转化到印度教的阶段。这雅语文学的兴起，与新宗教的时代相近；但它的大开展，一直要等到孔雀王朝衰退，佛教被摧残以后（中印法难，在西元前一八〇年顷）。

　　另一方面，东方奥义书的玄理冥悟，本已露出革新的倾向，当然还是婆罗门教的。循此作风而开展的，不免分化：有近于古典的；有注重冥悟的；有倾向有人格神的（与史诗合流），产生了多少新奥义书。其中，僧佉耶瑜伽的兴起，更与东方的思想界有关。僧佉耶与瑜伽，本为理性的思辨与直观的体悟，是奥义书一流的宗教哲学的思想方式。依此开展，才成为特殊的学派。僧佉耶派（即数论）自理性的思辨，观察宇宙人生的开展，指出开展中的必然序列，依此说明生起与灭无。接受此思辨的成果，专从直觉体验的方法以说明的，即是瑜伽派。此后代兴起的学派，传说数论的第三祖般遮尸诃，到弥绨罗城见耆尼迦王，为王说数论的教理（《解脱法品》）。《解脱法品》所说，虽不必是事实，然

暗示了数论与韦提诃国王庭的关系。数论仰推的初祖是迦毗
罗。无论迦毗罗是金胎神话的人格化,或者确有其人,他与释迦
族的迦毗罗城,应有一种关系。佛教的传说,迦毗罗城即是因迦
毗罗仙人旧住此地得名(《佛本行集经》卷五等)。《中阿含·优
陀罗经》(卷二八)与《罗摩经》(卷五六)等说:释迦最初所参访
的阿罗逻迦蓝与郁陀迦罗摩子,都是专心瑜伽的教徒(也有说
为释迦说数论教义的)。从后代传述的数论教义看来,它轻视
祭祀仪式;重视个灵(否认一元的大梵,但也有承认的);否认阶
级,甚至说首陀罗、女人、鬼神,都可以学数论得解脱。它虽被摄
为婆罗门教的统系,实有接近佛教的地方。韦提诃王庭学者与
奥义书的关系很深,而奥义书大家耶耆尼伐尔克,也是瑜伽派的
大师(他不重传统,连祭牛也要吃)。恒河北岸的奥义书思潮,
实透露东方的特色。此种学风,可以很早,而分化出的新奥义
书、瑜伽、数论,完成学派的形式,组织经典,那还比东方新宗教
的兴起要迟得多。佛教与此学风有深厚的因缘,但它却成为更
东方的新宗教。佛教与数论等,同样的孕育于此一学风中。如
以为佛教渊源于数论,那是根本错误的。

　　上述婆罗门教两大系统的新开展,虽然完成在后,但已在进
行中。新宗教的勃兴,自然有与它或正或反的关系。论到东方
新宗教的兴起,从时间说:在古奥义书中期,东方的新宗教已开
始发展。如释迦参访郁陀迦罗摩子,已是代领他父亲的门人。
六师(新宗教)之一的散惹耶毗罗胝子,释迦弟子舍梨弗与目犍
连,曾从他修学,而且也已是代领徒众了。六师之一的尼犍子若
提子,即耆那教的教主摩诃毗卢,也要比释尊大几岁。所以在释

尊以前的数十年中,东方新宗教已风行一时,释尊是后起之秀。古奥义书比新宗教要早,但新宗教的开展,并不在古奥义书结束以后,这是应该知道的。从地点说,新宗教以恒河南岸的摩竭陀、北岸的跋耆国为中心,比奥义书的东方更为东方。这些地方,素来被看作化外的边地,半野蛮的土人,但现在是被称为中国了。它比奥义书更东方,所以与西方传统宗教的对立也更尖锐。此新宗教的勃兴,原因当然复杂,与政治、文化、经济等有关;然而主要的,在于后进的非阿利安民族的勃兴。在后进民族的开化过程中,常是先有宗教的革新;以后与政治、经济等相互推进,达于文化灿烂的阶段。这在世界宗教的革新运动中,尽多实例。中国的唐代,禅宗深入南方山地,开始宗教的革新(南禅)。宋代的新政新学,都直接间接承受它的精神,即是很好的例子。传统的婆罗门教,规定再生族(阿利安人)的四期修行法:即少年修学的梵行期,壮年主持家务的家住期,老年专心宗教生活的林栖期与遁世期。也可以终身从事宗教生活,称为终身行者。但这是阿利安人的特权,与非阿利安人无关。然此种风气到达东方,东方人不愿意接受婆罗门的规定,没有四姓的差别,谁都可以从事宗教的生活。于是乎游行乞食、专心宗教的沙门团在东方出现。沙门,专心于宗教的思辨与体验;因之,当时的思想界,除传统的婆罗门而外,别有沙门。种族平等的沙门文化,必然地成为反婆罗门教的。当时的东方社会,政治倾向统一集中,王力增强;所以刹帝利至上,婆罗门退居第二。至于思想,属于国王护持下的沙门团。释尊与耆那教主,都出身王族。在耆那教的传说中,摩诃毗卢起初托胎于婆罗门家。为了保持未来创教时的尊严（婆罗门低贱），所以又另外托生王家，这可见当时的尊重王族了。当时东方贵族的出家是很多的，也受人的赞叹。然而沙门团中，仍以非阿利安人为多数。《中阿含·婆罗婆堂经》（卷三九），以沙门为第四种姓，没有说到首陀罗。此中意义的深长，不能草草略过。依《中阿含经》说，即等于否认首陀罗（奴隶）族的存在。一切在家者，不外祭师的婆罗门、武士的刹帝利、平民的吠奢族。同时，此出于刹利种姓（因传说释尊为刹帝利族）而成立的沙门种姓，即代替此非阿利安（被压迫）民族的地位。沙门团的非阿利安的特质，何等明白！基于后进的非阿利安特质，沙门文化必然是自由的、平实的。不受传统宗教的束缚，充满思想上的自由精神，不同的沙门团，都直率地表白他自己的智见，无须乎经典的证据。后进民族文化开展中的宗教革新，对传统宗教文化的素养，或不免不足。所以理论多平淡近情，倾向于唯物论与二元论，带有机械论的气味。它不能有传统宗教高度发展下的唯心与抽象的理性论。然而新宗教的长处，也就在此。不过，新宗教的后起之秀，即释沙门的佛教文化，又当别论。

佛教以外的沙门团，即佛教所称为外道的，学派非常多（传说有九十五种），著名的有六师。除说到过的散惹耶毗罗胝子与尼犍子若提子以外，还有富兰那迦叶、末伽黎拘舍罗、阿夷多翅舍钦婆罗、浮陀迦旃延。舍卫城方面，还有一舍罗、阇祇罗。新宗教当时的论辩中心，不是祭祀，是奥义书中的旧问题——自我的轮回与解脱。大家踢开传统的教典，以自由的思考，否定它或修正它。像奥义书那样的梵我一体论，一致采取否定的立场。

自我,即一切众生的当体。从自我而看到外界,即有"我与世间常或无常"、"有边或无边"的问题。这是考虑时空中的活动者(我与世间),常住或变化,有限与无限。从自我而看自己,即有"身命(命即自我)一异"的问题。从现在的自我,论到轮回后世,即有"死后去不去"的问题。这些(凡十四计),即当时论辩的中心,而急急要求解决的。现在以"身命一异"为根本(依佛教说),略叙他们的答案。依《杂阿含》(卷一一)二七二经,凡有三家:(第三家是奥义书的思想,现在不谈)。一、有主张"命即是身"的。即离身体以外,没有灵魂式的生命。在六师中,近于阿夷多翅舍钦婆罗派。他说:"受(地水火风)四大人取命终者,地大还归地,水还归水,火还归火,风还归风:皆悉坏败,诸根归空。……若愚若智取命终者,皆悉坏败。"(《长阿含》卷一七《沙门果经》)这彻底唯物论的见地,否定自我的轮回与解脱,佛教称之为断见论。他蔑视道德,度欲乐的世俗生活,近于后起的顺世论。他是一时的师宗,沙门团之一;应该是"现在五欲自恣"或进求禅定乐的现法涅槃论者。二、主张"命异身异",这是当时流行的思想(数论派也如是)。凡否认大我而承认个灵的,十九会得此结论。如浮陀迦旃延,以为人生为"地、水、火、风、苦、乐、生命七要素而成"(《原始佛教思想论》一·二、三)。尼犍子也以命与非命二元为本,立六句,即"命、法、非法、时、空、四大"。这种二元的结合,大抵是机械的(后起的胜论师,也有此倾向)。他们的轮回与解脱观,简直缺乏宗教的特色。如富兰那迦叶,为一无因论者。他说:"无因无缘众生有垢,无因无缘众生清净。"(《杂阿含》卷三·八一经)依他,生死的杂染与解脱清净,非人类意欲的产物,实为偶然的。因此,善恶不过是依习惯而定,无所谓善恶业果。如末伽黎拘舍罗,为一极端的必然论者。他以为一切为命数所决定的;人在命定的轮回解脱中,像从山上滚下石丸,必须经历一定的长度,到山下自会停止。在此命定的过程中,人类没有丝毫可以改变的力量。所以说:"无力无精进人,无力无方便人,……定在数中。"(《长阿含》卷一七《沙门果经》)因此,在他看来,"淫乐无害,精进无功",这都与轮回解脱无关。佛教称之为邪命外道,即生命派。耆那教说他从耆那教中反叛而脱离出来;指责他为妇女的奴隶,作希奇的言行以谋取衣食。他的行为,大抵是随缘受苦,享乐,一切任其自然。浮陀迦旃延的七要素结合说,以为杀人者,生命自体并不被损害,所以也可以引申出杀人无罪的结论。阿夷多翅舍钦婆罗的唯物论,与此无因论、命定论、不灭论,在善恶业果的否定上,都可以达到类同的结论。所以在汉译的《沙门果经》,也就给予近似的批评。这四家在行为上,都有东方的浪漫情绪。与这些相反的,是尼犍子,他以为命——自我——是本来清净的,为前生的业缘所缚,与非命的四大结合,构成苦痛的现实界。虽说以正智、正行得解脱,却特别地重视苦行,作"以苦断苦"的修持,大有尽先偿还宿罪,不再造业,即能早得自我解放的智见安乐的意味。奥义书所强化的悲观与苦行,在当时的思想界普遍地泛滥;新宗教的教区也不能例外。后来佛教中提婆达多的叛佛,也即是倾向苦行。"此摩竭、鸯伽二国人,皆信乐苦行"(《五分律》卷二五),确是当时的事实。尼犍子不注重反对婆罗门教,专修婆罗门教所重视的苦行;所以他不像佛教那样的受婆罗门教的攻击,一直维持到现在。他与前四家的行持,恰好是两极端。

　　东方的新宗教,还在矛盾动摇的发展中。传统的西方宗教被否定,新的还不能建立,所以活跃而缺乏坚定性。与婆罗门思想关涉较深的尼犍子,却更极端走向苦行。富兰那迦叶等,到达伦理善恶的怀疑论。正面看,不免有世道人心的忧虑;反面看,这是婆罗门传统道德破坏的过程。革新的功绩,也不能忽略。革新的过程中,照理是庞杂的,多少有点极端。在理论的探索中,缘起法的相待性也被重视起来。《杂阿含》(卷三四)九六九经,传说当时的人,有"我一切忍(肯定的),我一切不忍(否定的),我于一切一忍一不忍(总合的)"的三见。佛弟子摩诃拘绨罗,起初即是"我一切不忍"的怀疑论者。散惹耶毗罗胝子,为一诡辨论者。他对于当时的问题,作这样的答复:"如汝问有他世否,如我知定有,我当作如是说;但我不作是说。我亦不以为如是;亦不以为不如是;我亦不非之;亦不言非有非无他世。"(巴利《沙门果经》)这是不以为甲,不以为乙,不反对是甲是乙,也不说是非甲非乙的。依汉译,他的答复是:如此的,不如此的,非如此不如此的。总之,他对于是、非、是非三句,跟着他人的意见而说;自己不反对别人这么说,自己却不这么说。他的真意,无法明了。传说舍利弗、目犍连起初跟他修学时,问他是否得道,他说:"吾亦不自知得与不得。"(《大智度论》)他见到缘起法的相待不定性,所以说不知,不说;耆那教称他为不知主义。拘舍黎以为都可说,可以从三方面去说:可以是,可以非是,可以亦是亦非是;与散惹耶恰好对立。尼犍子立或然主义:以为同一事物,可以从七方面说:如一、瓶是实,二、瓶非实,三、瓶亦实亦

非实,四、瓶不可说,五、瓶实不可说,六、瓶非实亦不可说,七、瓶
亦实亦非实亦不可说。他的七分说,即此三者的亦可说亦不可
说。不像散惹耶的不可说,拘舍黎的可说。新宗教的思辨,都能
多少了解事事物物的相对性、变动性,不能不说是新宗教的特
色。依佛教的归纳起来,还是三见而已(这种相待动变的论式,
在佛教的东方系中还保存确当的理解。西方系的因明学,却全
然不同)。

九　释迦的真谛

　　释迦牟尼的创设佛教,为东方新宗教的大成功,给予人类非
常的影响,尤其是亚洲。释尊的佛教,自有独到的深见。然而他
也曾熏陶于印度的文明(释迦族邻接西方,所以释尊的了解西方,
不是六师们可及的),也需要适应印度的文明。他于时代的一切,
摄取精英,吐弃糟粕;在这些上,特别容易看出释迦的真谛。

　　对于西方传统的婆罗门教,释尊的说教虽是温和的,而实在
几乎全部地否定它。婆罗门学者,以为古圣传述梵天的吠陀。
依释尊的批判:“若三明(三吠陀)婆罗门先无有见梵天者,又诸
旧大仙三明婆罗门阿吒摩等亦不见梵天者,当知三明婆罗门所
说非实。”(《长阿含》卷一六《三明经》)否认传说吠陀的梵天,
即是从根本上否定一切。关于创造的神话,释尊称之为“尊佑
论”,以为此种思想,不免影响人类的努力与责任心(《中阿含》
卷三《度经》)。重天轻人的思想,在当时非常流行。释尊的见
解,天上不过是长寿富乐,他的前途只是没落(传说帝释天见佛

听法,后在天宫的声色欲乐中,什么都忘了)。不能进求真理与自由的享欲,实在值不得羡慕。这样,"人身难得"的名句,被提出了。人间才是更好的,连天神也在羡慕,所以说:"人间,于天(神看来)则是善处。"(《增一阿含经》卷二六《等见品》)这因为真理与自由,惟有在人间才能实现。"诸佛世尊,皆出人间,非由天而得也。"(《等见品》)明确地赞叹人间的优越,引导人类从求生天国的思想中解放出来。这个倾向,必然地到达反他力的结论;祈祷天神的价值,彻底掀翻。《中阿含·伽弥尼经》(卷三)以为:"梵志(即婆罗门)自高,事若干天,若众生命终者,彼能令自在往来善处,生于天上。"这等于投石水中,站在岸上祈求,妄想大石的浮起来。我们的前途,决于自己的行为(业),决不因天帝与祭师的祈祷而有所改变。所以说:"奉事日月水火,唱言扶接我去生梵天者,无有是处。"(《长阿含》卷一六《三明经》)婆罗门教的祭祀万能,特别是血祭,释尊是反对的。"若邪盛大会,系群少特牛、水特、水牸,及诸羊犊小小众生,悉皆伤杀;逼迫苦切仆使作人,鞭笞恐怛,悲泣号呼。……如是等邪盛大会,我不称叹。……作是布施供养,实生于罪。"这种残杀牺牲、凌虐奴仆的大祭祀,简直是作恶,哪里值得赞叹? 这所以当时的人,都以为"沙门瞿昙(即释迦)呵责一切诸祭祀法"。至于《阿闼婆吠陀》以来的咒法,占卜星相等一切迷信,"沙门瞿昙无如是事"(《长阿含》卷一四《梵动经》)。以释尊的见解,这纯是无知的迷信。所以,如"见(真)谛人信卜问吉凶者,终无是处。……(就是)生极苦……乃至断命,从外(道)求……一句咒,二句,三句四句多句百千句咒令脱我苦,终无是处"(《中阿含》卷四七《多界经》)。这种迷信,凡能见真理的人,决不接受。甚至说:"幻法,若学者,令人堕地狱。"(《杂阿含》卷四〇·一一一八经)总之,因神权而引起的祭祀、咒术,给予彻底的廓清。假借神权而确立的四姓阶级,《中阿含》(卷三七)《郁瘦歌逻经》、《阿私恕经》等,以种种理由,发挥种族平等的思想。《阿摩昼经》(《长阿含》卷一三)等,以为印度的种姓,只是社会的分工,无所谓优劣。假托神权的阶级制,"如有人强与他肉,而作是说:士夫可食! 当与我直"(《中阿含》卷三七《郁瘦歌逻经》)。这种人为的阶级制,没有接受的义务。这样,西方系正统的婆罗门教,不是一切抹煞了吗? 不! 相反的,婆罗门教的积极成分,即有关人生道德的,释尊尽量地融摄它,不过使它从神秘的宗教与不平等的阶级中解放出来。修多罗时代的西方,如《家庭经》、《法经》、《摩诃婆罗多》等,都重视国民的道德,想使人类有一种坚定而合理的生活。他们称之为"法",即"达磨"。法,是人生正常的生活;社会习惯,善良风俗,凡合于正确的轨律,都是法。后来,前弥曼萨派,即宣称他祭祀的宗教为"法"。释尊的宗教,也称为法(内容不止于此)。正法中心的佛教,虽不是祭祀的;然它的重视人生道德,破除神权与人为的阶级,再度确定人生行为的正轨,引导人类进入合理的生活中,实与西方系有共同的倾向。如五戒(佛教特别禁酒)、十善等,是"世间常道",释尊继承这道德的传统,使它深化,不能说与西方系无关。释尊的说教,不但继承阿利安人的宝贵传统,还巧妙地净化它。婆罗门教的祭祀要用三火,佛也教他们供养三火。然佛说的三火,是供养父母名根本火,供养妻儿眷属名居家火,供养沙门婆罗门名福田火

（《杂阿含》卷四·九三经）。他们礼拜六方，佛也教他们拜六方。然佛所说的六方，是亲子、师生、夫妇、朋友、主从、宗教师与信徒间的合理的义务。这些，肃清神教的祭祀仪式，把人类合理的生活，确立于社会的正常关系上，实为根本佛教的特色。

奥义书的思潮，释尊所受的影响最深。理性的思辨与直觉悟证，为佛教解脱论的重心。佛教解脱道的重智倾向，即由于此。然而，深刻地了解它，所以能彻底地批判它。释尊把理性的思辨与直觉证悟，出发于现实经验的分析上。奥义书以为自我是真常的、妙乐的；释尊却处处在说："无常故苦，苦故无我。"古人说："无量劫来生死本，痴人唤作本来人"，很可以作为释尊根本佛教的注脚。他们以为是常住的，妙乐的，唯心的，是自我的本体。释尊看来，简直是幻想。反之，自我的错觉，正是生死的根本。因为从现实的经验出发，人不过是五蕴、六处、六界的和合相续，一切在无常变动的过程中，哪里有真常妙乐的自我？完整的佛教体系，出发于经验的分析，在此上作理性的思辨，再进而作直觉的体悟；所以说："要先得法住智，后得涅槃智。"（《杂阿含》卷一四·三四七经）重视经验的事实，佛教这才与奥义书分流。至于轮回说，原则上是接受的。不过初期的业，侧重于善恶的行为；关于业的体性，还少有去考虑它。奥义书时代流行的苦行与瑜伽，传说释尊修学的时代，曾从阿罗逻伽蓝摩、郁陀迦罗摩子专修瑜伽，继而舍弃它；又专修苦行六年，又舍弃它；然后到佛陀伽耶自觉成佛。这明显地表示不满。瑜伽或禅定（二者大抵相近），为摄持身心，以达于内心澄静的直观，为证悟的重要方法，佛教中当然有此。修习禅定，每能引发身心的超常经验,佛教也不否认。然而修习禅定,容易走上神秘的迷信,夸张神通,它的流弊也是不可说的。释尊把它安放在正确的见解、纯洁的行为上,认为专修瑜伽,不能证悟真理与实现解脱。反之,解脱不一定要深入禅定;照《杂阿含》(卷一四)三四七经所说:慧解脱阿罗汉,是不得深禅的;当然也没有神通。即使修得超常的经验——六通,也不许"向未受戒人说"。如虚伪宣传自己有神通,那就犯波罗夷罪,要把他逐出佛教的僧团。总之,释尊深入奥义书与瑜伽,认识它的长处,更能了解它的危险,所以能采取它的精意,又能防范它。佛教的解脱道,属于理智证悟的宗教,实继承此种学风而来。

释尊到东方修学,接触东方的时代精神;佛教的真精神,是属于东方的。如注重现实经验;重视变化;尊重自由思考;主张种族平等;反对吠陀权威,这些,都与东方的新宗教采取同样的立场。然也有不同:一、抨击极端的纵欲与苦行,如《中阿含·拘楼瘦无诤经》(卷四三)说:"莫求欲乐极下贱业,……莫求自身苦行,……离此二边,则有中道。"倡导不苦不乐的中道,为释尊彻始彻终的教说。二、"命则是身"的唯物论,"命异身异"的二元论,加上"色(心)是我,无二无异,常存不变"的梵我论,一一加以破斥,代以不落两边、无常无我的缘起论。三、新思想的缺点,在破坏旧的而不能确立新的;见到变动而不能见到变动杂多中的条理,不能确立崇高的理境,倾向于庸俗的功利的世界。这一点,释尊起来纠正它,指出真实的事理、中道的实践、究竟的归宿,给以"法性法住法界常住"的性质,也就是真理与道德的建设。释尊从自觉独到的境界里,综合东西印度的文明,加以洗炼,

完成折中东西的新宗教。以我们看,道德的、理智的、平等自由的
特质,为印度各系所偏到的,惟有在佛法中,才完整地统一起来。

　　要理解释迦的真谛,更应该从佛教确立的体系去认识。释
尊所倡导的新宗教,称为达磨,意译为"法"。法的本义,是
"持",有确定不变的意味,引申为秩序、条理、轨律。佛教中,凡
事理的真相、行为的正轨、究竟的归宿,都叫做法。这些法,是本
来如此的,一定如此的,普遍如此的,所以赞叹为"法性、法住、
法界(界是类性)"。释尊在现实经验的基础上,以思辨与直觉,
洞见此本然的、必定的、普遍的正法,这才大转法轮,化导有情
(泛称一切有情识的生物,但主要的是人类)。依佛法,维持人
类的现状,或进步地净化世间,到达解脱,都不可不依事理的真
相而了解,依行为的正轨而进修,以究竟的归宿为目标:"法"是
人生向上的指针。事理的真相,是理智的真;行为的正轨,是道
德的善;究竟的归宿,是理智与道德的最高实现,称为正觉。

　　释尊的开示正法,通常归纳为四谛。鹿野苑初转法轮,即是
依四谛而说的。四谛是苦、集、灭、道。这四者,"如如,不离如,
不异如,真实审谛不颠倒,是圣所谛"(《杂阿含》卷一六·四一
七经)。是真实正确的,所以称为谛。一、苦谛:佛法出发于有
情的现实经验;现实人生有不可否认的缺陷、苦迫,考察它而要
求超脱它,即是佛教的中心论题。现实人生的苦迫,因为身心常
在变动的过程中,所以引起"生苦、老苦、病苦、死苦"。人在社
会中,不能没有自他的交接,所以引起"爱别离苦,怨憎会苦"。
人的衣食住行,依赖于外界的物资,所以引起"求不得苦"。这
些苦迫,如作根本的看法,即可"略说为一,五阴(蕴)盛苦"。五

阴即有情身心的总称;一切苦迫,到底依身心和合的存在而存在;有情与苦,实为不可分的。然佛说有情是苦,不否认人生有福乐,而且还称赞它:"福报是受乐之因,甚可爱敬。"(《增一阿含》卷四《护心品》)这因为从世间情意的立场,当前的情感,有"苦受"、"乐受"、不苦不乐的"舍受",不能说一切是苦(佛法不承认苦与乐为纯主观的,如《杂阿含》卷三·八一经说),福乐比苦痛要好得多。如从解脱的理智的立场,从高一层看,一切在变动不居的否定中;福乐的可爱,到底必归于灭无。这样,"我以一切行无常故,一切诸行变易法故,说诸所有受悉皆是苦"(《杂阿含》卷一七·四三七经)。充满苦迫的有情,到底是什么? 释尊的观察,详于心理的分析,有五蕴说(色、受、想、行、识);详于生理的分析,有六处说(眼、耳、鼻、舌、身、意);详于物理的分析,有六界说(地、水、火、风、空、识)。都不出色(物质)心(精神)的和合相续。像神教者常住不变清净妙乐的自我(灵魂),根本没有。这无常无我的色心和合相续论,依"识缘名色生,名色缘识生"(《杂阿含》卷一二·二八八经)的缘起论的观点,决不能看为二元的。即心与身,为相待的关系的存在;不相离而又是不相即的。二、集谛:即苦果的因缘。释尊承受印度主意论的思想,确认苦迫的原因是爱。爱是意欲的、染著的,为有情活动的特质;在有情(凡夫)的　切活动中,深刻地表现出来。此意欲的爱,表现于时间的关系中:他"顾恋过去"而同时又"欣求未来"。恋恋于过去的美梦,憧憬于未来的光明,又牢牢地"耽著现在"。爱又表现于自我与环境的关系中:他以自我(常乐的)的爱著为根本,又染著外界的一切。把这二者综合起来,即看出爱欲的清晰面目。所以，集谛是"爱，后有爱，贪喜俱行爱，彼彼喜乐爱"。欲爱的活动——业，有善的也有恶的；决定自己未来的身份，有苦的也有乐的。然依理智究竟的观点，爱欲的活动，都不过是未来的苦因。就是当前的境界，也是有爱即有苦；如深著自我而为无限的追求，必将引起个人与社会间更深刻的苦迫。《杂阿含》（卷二〇）五四五经等，都曾明确地指出，所以归结到"众生所有苦生，彼一切皆以欲为本"（《杂阿含》卷三二·九一三经）。三、灭谛：世间的个人福乐，社会的和乐繁荣，当然值得称赞。但它到底是"不可保信"的；一切的一切，在回忆中消失了。生死是这样的连续下去：生天的还要堕落，成仙的要死，自杀的如"老牛败车"，反而更糟了。依佛法，生死的根源是爱欲，所以如能"断除爱欲，转去诸结，正无间等"，就能"究竟苦边"（《杂阿含》卷三·七一经）。苦迫的彻底解脱，称为灭，就是涅槃，涅槃即苦与集的消散。在理智的直觉中，现证一切空寂；廓然无我的智觉，无著无碍，实现解脱的自在。这重在现生的体验，不是寄托希望在未来，所以说"出家是舍非时乐，得现前（自证的）乐"（《杂阿含》卷三八·一〇七八经）。四、道谛：世间苦迫，从情意的爱欲而来；解脱爱欲的涅槃，必以理智为中心的圣道，才能实现。道即八正道：正见，即正确的知见，对事理的真实，有明确坚定的理解。一切修行，都以此正见为根本，如《杂阿含》（卷二八）七八八经说："正见人，身业如所见，口业如所见，若思若欲若愿若为悉皆随顺，彼一切得可爱可念可意果。"正见是实践的眼目，思想行为，一切都照着正见的指导，才能到达理想的目的。正思惟，即依正见所见的，加以思虑，决心去实现它(正思惟,或译正志、正欲)。正语,是确当的言论。正业,是身体的正当行为。正命,是正当的生活。经济的来源与消费,都需要适合、正当。正精进,即强毅而必求贯彻的身心努力。正念,即对于正见正志所认识而决定的,能专心地系念;这就是在正知正行的基础上,进修瑜伽。因正念而到达身心平静,即正定。在正定中(佛教虽主张不一定要深入四禅,然至少也要有身心平静的境地),现觉真谛而实证涅槃的解脱。这八者,在家与出家的信徒,在"正语、正业、正命"的内容上,虽有多少不同,然同为到达解脱者必经的历程。此解脱行的必然正轨,任何人不能例外,所以称之为"古仙人之道"。不但解脱,即世间的正行,如要完成人格,成一世间的贤者,也到底不能违反此原则,不过多少降低它的内容而已。这在经中,就称之为"世间正道"、"相似八正道"。上面所说的四谛,概括一切;它之所以被称为谛,即重在事理的真实。确见此四者的确实如此,即是"知法入法"的圣者了。

四谛,是概括的分类,更可以统摄在两大理性以下,即缘起法与圣道法。圣道,即八正道,是佛法的宗要。有圣道的笃行,才可以体证真理而实现解脱的自由;佛法也就依圣道的笃行而久住人间。正道的最初是正见,正见所见的,即是事理的真实。正道的最后是正定,正定所证入的,即究竟的归宿——涅槃。佛法以正道为中心,统摄真谛与解脱,明白可见。然圣道,"是古仙人之道",所以不仅是实践,而且是实践的理性。以正见为眼目,以纯洁的行为(语、业、命)为基础,为解脱所必经的正轨。确见此本然必然而普遍的理则,所以肯定地说:"得八正道者,得初沙门,得第二第三第四沙门(果)。除此已,于外道无沙门。"(《杂阿含》卷三五·九七九经)缘起法,是从事理的真相统摄一切。缘起法的定义,是"此有故彼有,此生故彼生"。即世间法(苦与集)的存在与生起,一切都是依于因缘,依因缘的存在而存在。缘起法所开示的因果法则,如《增一阿含经·六重品》(卷三〇)说:"如钻木求火,以前有对,然后火生;火亦不从木出,亦不离木,……皆由因缘合会然后有火。"所以,果必待因而后生;果虽不离因,也不就是因。依"此有故彼有,此生故彼生"的定律,建立意欲为本的世间因果。十二缘起的因果相续,是流转门。然流转的缘起法,不是个别的因果事相,是在无限复杂的因果幻网中,洞见因果的必然系列。个别的因果事相,名为缘生法。因果事相中,看出它必然的系列,即有情流转的必然阶段;因果事相,总不出此必然的理则。此缘起法与缘生法,如《杂阿含》(卷一二)二九六经说。凡能悟入此因果必然的理则,名为得法住智。缘起法,是依因托缘的存在。凡是依因缘的和合而有而生的,也必然依因缘的离散而无与灭;这本是缘起法含蓄着的矛盾律。所以翻过来说:"此无故彼无,此灭故彼灭",杂染苦迫的消散,称为还灭门。灭,即是涅槃的寂灭。此缘起法的生起,是有为法;缘起法的寂灭,是无为法。有为与无为,如《杂阿含》(卷一二)二九三经说。能悟入无为寂灭的,名为得涅槃智。灭,决不是断灭,不是坏有成无,这是缘起法本性的实相。因为因缘和合而有,因缘离散而无;可以有,可以无,理解到它的没有真实性,如《杂阿含·第一义空经》说。这样,佛教的三大真理,被揭示出来,即"诸行无常,一切法无我,涅槃寂静"。有情的缘起,即身心和合相续的历程。缘起的存在,必归于灭无;所以有情的相续活动,是无常的。息息变动的身心和合,没有常恒、独存的自我,所以说无我。不但没有常存不变的个我,也没有宇宙本体的大我、拟人的创造神;这都不过是小我的放大。彻底地说,一切的一切,物质也好,精神也好,都是依因缘而存在,所以也一律是无常的、无我的。从无常、无我的观察,确立涅槃寂灭。一切法的归于灭,为一切法的本性;如大海的每一波浪,必归于平静一样。佛弟子的证入涅槃,不过是行其当然,还他个本来的面目。一般人,不了解无常,错觉自我的存在,流为一切意欲的活动。如勘破诸行的无常性、诸法的无我性,即能断爱离欲,现觉涅槃的空寂。如《杂阿含》(卷三)八四经说:"无常则苦;苦则非我;非我者,彼一切非我,不异我,不相在(此即破三种我)。如实知,是名正观。……如是观察,于诸世间都无所取,无所取故无所著,无所著故,自觉涅槃。"佛教的涅槃,不建立于想像的信仰上,建立于现实人生的变动上,是思辨与直觉所确证的。上面的缘起与圣道,总贯一切佛法;而此二者更统一于因缘的法则中,所以说:"有因有缘集世间,有因有缘世间集;有因有缘灭世间,有因有缘世间灭。""我论因说因"(《杂阿含》卷二·五三经),即是释尊正法的特质。

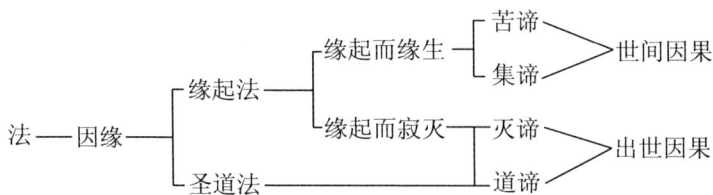

```
                                   ┌ 苦谛 ┐
                    ┌ 缘起而缘生 ─┤      ├ 世间因果
          ┌ 缘起法 ─┤            └ 集谛 ┘
法 ─ 因缘 ─┤         └ 缘起而寂灭 ─┌ 灭谛 ┐
          └ 圣道法 ──────────────┤      ├ 出世因果
                                   └ 道谛 ┘
```

一〇　结　论

东方的宗教,特别是佛教,推进了东方后进民族的发扬。王朝可以兴衰,东方人的强大,一直在前进。这时候,西方在恶运中没落了。宗教的思想分化(后起的六派哲学,都在此时渐渐地分化);宗教制度与社会秩序在东方崛兴中动摇;佛教的传布,冲过恒河上流,到达印度河流域了。外患又一天天严重起来:西元前五一八年,波斯王达理士侵入西北印度;五河地方曾被异族统治。拘罗地方也缺乏有力的王统。接着,西元前三二六年,马其顿王亚历山大侵入印度,一直到恒河上流。婆罗门领导的政权遭受严重的打击。当时,东方吠舍离人旃陀罗笈多起来,收揽五河地方的人心,驱逐亚历山大王遗留的戍兵;然后回兵东向,创开统一印度的孔雀王朝,定都在东方政教中心的波吒厘。五十年后,阿恕迦王即位,摩竭陀中心的大帝国达到非常的隆盛。佛教也进而为印度的国教,弘通到印度以外。印度历史的光荣,不能忽略印度的东方!

印度缺乏明确的历史,尤其是东方。一般人,专凭西方婆罗门文化的传说,不知东方人自有古代史的传说,这是应该考虑的。佛教起于东方;它的根本圣典,在西元前三世纪的阿恕迦王时代,已明确编定。佛教的传说,与《摩诃婆罗多》、《罗摩衍那》、《往世书》等比起来,有的还要早得多。在东方人传说的东方中,如东方印度初民文化的自发性;东方民族的西进;释迦族的起源于阿湿摩,都是值得重视的。恒河以北,雪山以南,这一带民族的共同性,也在佛教的根本圣典中明白地表显出来。这在印度民族文化与佛教文化的特色中,是怎样的值得研究!本文不过根据古典,对此重要论题作粗略的提出,以引起学界的注意罢了!

　　(录自《以佛法研究佛法》,15—102 页,本版 10—68 页。)

一七　略说罽宾区的瑜伽师

一　瑜伽师与罽宾

　　瑜伽师,即一般所说的禅师。古代的佛弟子,不像晚期的佛教徒,专以礼拜、唱念为修行。他们除学经(论)持律而外,主要是对人广行教化,对自"精勤禅思"。禅思(含得止与观)为从身心的修持中,实现特殊体验所必要的。凡修持而得止观相应、心境或理智相契应的,即名为瑜伽;瑜伽即相应的意思。瑜伽虽为佛弟子所必修的,然由于根性、好乐、着重的不同,古代即有经师、律师、论师、瑜伽师的分科教授,即有专修瑜伽的瑜伽师。但是,经师们并非不修禅观,瑜伽师并非不学经论,这不过各有专重而已。

　　上座系中,凡是仰推阿难的,重于达磨的,契经的一流(锡兰的分别说系,是推重优波离的,重律的),都重于禅观。《分别功德论》(上)说:阿难弟子多重禅。《阿育王传》说:商那和修、优婆鞠多,都是大禅师。尤其是优婆鞠多,"教授坐禅,弟子之中,最为第一"。又说:摩偷罗、罽宾,都适宜修禅。尤其是罽宾:"佛记罽宾国,坐禅无诸妨难,床敷卧具最为第一,凉冷少病。"罽宾,决非迦湿弥罗(也可摄于罽宾中),主要为健陀罗以北的雪山区,即今印度西北边省北部,及阿富汗东北山地。有名的伽蓝,如大林、暗林、离越寺,都是罽宾的僧众住处,贤圣所居(《阿育王传》卷二)。这一带适宜修行瑜伽,龙树《大智度论》(卷六七)曾加以解说:"北方地有雪山。雪山冷故,药草能杀诸毒,所食米谷,三毒不能大发。三毒不能大发故,众生柔软,信等五根皆得势力。如是等因缘,北方多行般若。"般若(禅观的一流)从南方来,到北方而获得了非常的隆盛。这由于罽宾的清凉、安静,生活不太难,适宜于禅思的缘故。

二　阿毗达磨师

太虚大师曾说过:天台与贤首,从禅出教,是重经的;三论与唯识,是重论的、重传承的。然从学派的发展去看,大小显密,一切佛法,都是根源于禅观的修证(浅深、偏圆、邪正,可以有差别)。佛如此,佛弟子也如此。等到从禅出教,成为大流,承学者大抵是重于传承(如天台学者推重智者与荆溪等)、重于论典(如天台家的《法华玄义》等)的;每为文句名相(教相)所封蔽,迷恋于名句糟粕,而不能善巧方便地进趣于禅观的修证(如现今的天台学者,谁能修圆顿止观呢)。罽宾一切有系的瑜伽者,即可以充分地说明此意。起初,上座系的商那和修、优婆鞠多、末阐提等,于阿育王前后,从摩偷罗而移化于罽宾区。这本是阿难以下的重经重禅的一系。依于师承传习,修持禅观,组成二甘

露门(后为三度门又成为五停心)、别相念处、总相念处、暖、顶、
忍、世第一法的进修次第。从禅出教,演为阿毗达磨一大流,这
被称为论师派。然论典的根本——摩呾理迦,本为修行品目的
解说。阿毗达磨,译为现(对)法,本为无漏慧对于真理(法——
四谛或一灭谛)的直观(现)。以阿毗达磨本典——《发智论》来
说,大部分为有关于戒定慧的辨析。不过论典兴起以后,不免偏
重于名相的分别罢了!迦旃延尼子与世友,即为这一系(重论)
的瑜伽者。

三　经部譬喻师

在阿毗达磨师发达的过程中,一切有系中,重经与重禅的,
还是活跃地盛行于罽宾山区。有推重契经,内修禅观,外作教化
的,又从禅出教,于西元初,成(重经的)譬喻师一流。这一系是
重经的,如法救与觉天,是持修多罗者(凉译《婆沙》卷一)。所
以西元二三世纪间独立成部时,名经部譬喻师。这一系是重于
通俗教化的,如众护、马鸣、鸠摩罗陀、僧伽斯那,都有通俗的文
艺作品,多以偈颂说法。法救的编集有部的《法句》,也是同一
学风。这一条的禅者,第一要推僧伽罗叉(众护)。传说是迦旃
延尼子弟子,与世友同时(持经譬喻师,本是有部系的,不反对
阿毗达磨,不过能保持以经简论的态度,不同情分的名相推
求)。他的名著《修行道地经》,梵语"榆迦遮复弥",即是瑜伽行
地。从西元一六〇顷的安世高初译,二八四顷的竺法护再译,
四〇四顷的鸠摩罗什的部分集出:传入中国的初期禅观,即是譬

喻系的瑜伽。鸠摩罗什集出的禅经,特重于马鸣与鸠摩罗陀:
"其中五门(禅法),是婆须密(世友)、僧伽罗叉、沤波崛(即优
婆鞠多)、僧伽斯那、勒(胁)比丘、马鸣、罗陀禅要之中钞集之所
出也。"(僧睿《禅经序》)除优婆鞠多是阿毗达磨系所共宗而外,
其余的都是譬喻系的瑜伽者。但等到从禅出教,如室利逻多的
著作经部毗婆沙而后,经部是大盛了,与有部对立了,也就成为
学理的研究,不再有譬喻瑜伽者的自行化他的活力!

四　大乘中观师

　　譬喻的瑜伽者,着重于普及教化,定慧修证。在传说中,这
一系的大师,如婆须密(世友)、众护、马鸣、僧伽斯那,都被称为
菩萨。马鸣的师长——胁比丘,曾确指十二分教中的方广,即是
般若经(《婆沙论》卷一二六)。这是一切有系中,与大乘精神相
呼应的一流。大乘,本兴起于印度东南。大乘经中所说的般若、
三昧,实与瑜伽的内容相近。北方大乘初兴,即与罽宾区(通过
葱岭而到达于阗、斫句迦)的禅者相关。"内秘菩萨行,外现是
声闻",可说是绝好的说明。二三世纪的龙树,来雪山修学,而
弘化于南㤭萨罗。《中观论》等名著,也是从(胜义)禅出教的。
提婆的作品,即称为《瑜伽行地四百论》。龙树与一切有系有
关,与罽宾区的瑜伽者,流行于北方的般若中观者,有着深切的
关系。但龙树"一切皆空"的中观,直从大乘经(与见空得道、见
灭谛成圣的大众分别说系相关)来;与阿毗达磨系的见四谛得
道,见有成圣,源流各别。所以后世的中观宗,僧护、清辨诸大

师,也还是复兴于南方。

五　瑜伽师

　　阿毗达磨为论师派,譬喻为经师派。当譬喻瑜伽师,从禅出教而完成经部的宗义时,专修禅观的瑜伽师——禅师派,还是持行于罽宾山区。其中比较保守(?)的一派,西元四世纪中,盛行于罽宾,由觉贤于四〇八年顷传来中国,这与罗什所传的譬喻系禅法不同。依慧远、慧观的经序说:觉贤所受学的,有顿渐二禅。渐禅,是罽宾旧有的,远宗僧伽罗叉,到不若密多罗(又作富若密罗)而大成。经富若密罗、佛陀斯那,而传与觉贤。顿禅,由昙摩(多)罗从天竺(南印或中印)传来罽宾,经婆陀罗而传与佛陀斯那。昙摩罗又从佛陀斯那受渐禅,彼此成相互承学的关系。然觉贤所传于中国的,二道,二甘露门,四义,实为罽宾旧有的渐禅。多用婆沙论义,与婆沙论所说的“修定者”相合。觉贤所传的禅经,梵语“庾伽遮罗浮弥”,也即是瑜伽行地。这虽是保守于声闻佛教的立场,而修法与秘密瑜伽者多有类似处。如此一法门,名“具足清净法场”,即“圆满清净法曼陀罗”的旧译。所修的二甘露道四分,都分为方便道与胜道而修,也与秘密瑜伽者分为生起次第与圆满次第相合。经中所有术语、修相,多有与秘密瑜伽相同的。慧远说:达摩多罗与佛大先,“搜集经要,劝发大乘”。罽宾的瑜伽者,在急剧地大乘化与秘密化之中。

六　大乘瑜伽师

另一派,于西元三四世纪间,从经部譬喻的瑜伽师中分化出来——"一分经为量者"(《成业论》),折衷于阿毗达磨与譬喻经学,接受大乘空义及真常不空的唯心大乘,发展为回小归大的大乘瑜伽师,无著为重要的传弘者。等到从禅出教,集出《瑜伽师地论》等,后学者也就化成法相唯识学,偏于义理的精究了。推溯大乘瑜伽的渊源,可得二人,即离婆多与弥勒。

大乘瑜伽论,本为瑜伽师从瑜伽观行中心扩大组织而成。瑜伽论的禅观,总相为遍满所缘、净行所缘、善巧所缘、净惑所缘;这是颉隶伐多传出的瑜伽纲目。如《瑜伽论》(卷二六)说:"佛告长老颉隶伐多:……诸有比丘勤修观行,是瑜伽师,能于所缘安住其心,或乐净行;或乐善巧;或乐令心解脱诸漏:于相称缘安住其心,于相似缘安住其心,于缘无倒安住其心,能于其中不舍静虑。"瑜伽论,与《解深密经·分别瑜伽品》,都不出乎这一瑜伽纲目。"曾闻",是传说如此,并非——展转传来的——《阿含经》所有。颉隶伐多,或译离婆多、离越、离曰等,是著名的禅师。《增一阿含经》初,赞说四众弟子各各第一时说:"坐禅入定,心不错乱,所谓离曰比丘是。""树下坐禅,意不移转,所谓狐疑离曰。"《分别功德论》(中)说:有两位离曰:一名禅离曰,一名疑离曰。禅离曰(即离婆多),舍卫国六年树下坐禅,不觉树的生与枯;受波斯匿王请六年,不知主人的名字,这是怎样的专精禅思!《增一阿含经·头陀品》,说离越在祇洹寺,六年不动,

坐禅第一。《中阿含·发起牛角林经》,佛赞他"常乐坐禅"。然
而这样的大禅师,古典的《杂阿含经》没有说到,这似乎即是七
百结集中的上座离婆多。

疑离越,见于律典。《十诵律》说:他见石蜜和䴬而不吃石
蜜(卷二六);见晒钵有津腻出来,而疑犯宿食(卷三七);见羹中
有生豆而不敢再吃(卷三八)。关于饮食方面,非常的拘谨多
疑。有部的《杂事》(卷五),也说"疑颉离伐底",不敢吃豆羹。
《五分律》也有不吃石蜜事;说他到极冷的陀婆国,不敢穿屣,
因而冻坏了脚趾(卷二一)。《毗婆沙论》(卷一八一)也说:"卧
具喜足,如颉戾筏多。"这是生活刻苦、持戒谨严、拘守多疑的
大德。

依《分别功德论》说:禅离越与疑离越,都有树下坐禅、六年
不动的传说。也许本是一人,经律两记而传说为二人。从古代
的传记中看,离婆多与罽宾有着特别因缘。罽宾有离越寺(《智
度论》卷九;《大庄严经论》卷一五),是有名的贤圣住处。有人
"为离越作小居处"(《旧杂譬喻经》上)。传说"罽宾国有离越
阿罗汉"(《杂宝藏经》卷二),疑离越也曾到过大风雪的陀婆国。
离婆多在北方的罽宾,为一极有名的传说人物。瑜伽观行,即由
离婆多所传,应与此人有关。如解说为离越寺所传的瑜伽行,也
许更为恰当。然而,这还是远源的声闻瑜伽。

弥勒,被称为《瑜伽论》主。无著从兜率天的当来补处弥勒
菩萨处,得到大乘的瑜伽,为从来一致的传说。《解深密经》的
《分别瑜伽品》,也是佛为慈氏(弥勒)说的。这到底是否历史的
事实? 这可以从三方面说:

一、《中阿含经》，释尊授弥勒菩萨记，为佛教界众所周知的释迦会上菩萨（然或者以为，这实是七百结集中的大德）。佛灭五百年而大行的大乘，当然会与弥勒有关。《毗婆沙论》（卷一五一）即有这样的传说："佛一时，与慈氏菩萨论世俗谛，舍利子等诸大声闻，莫能解了。"北印度，对于弥勒的信仰极深（参看后说），传说末阐提（或诃利难陀）于陀历建弥勒像。大乘瑜伽者，推尊为从弥勒而来，可作为佛教传说中的事实。

二、从瑜伽师（禅师）的传授说，罽宾确还有弥勒菩萨。弥勒，为姓；姓弥勒的大乘行者，都可以称为弥勒菩萨的。《大智度论》（卷七八）说："罽宾国弥帝隶力利菩萨，手网缦。"在《智度论》传译以先，道安即从罽宾的学者得来传说。如《婆须密集序》说："弥妒路，弥妒路刀利，及僧迦罗刹，适彼（兜率）天宫。斯二三君子，皆次补处人也。"序说的弥妒路，即共信的兜率天的弥勒。弥妒路刀利，无疑的即是《智论》的弥帝隶力利。考《萨婆多师资记目录》（《出三藏记》卷一二），在旧记五十三人中，二十三师为弥帝利尸利；齐公寺所传中，地位相当的，有沙帝贝尸利。沙为弥字草书的误写；贝为丽字的残脱。所以这位弥帝丽尸利禅师，即《智论》的弥帝隶力利、道安序的弥妒路刀利。力与刀，都是尸的误写。这位罽宾大禅师——菩萨，应名弥帝隶尸利，即慈吉祥。罗什在长安时，有婆罗门传说：鸠摩罗陀自以为"弥帝戾已后，罕有其比"（《中论疏》卷一）；弥帝戾，也即是这位菩萨瑜伽师。依《萨婆多师资记》，为马鸣以后、龙树以前的禅师。这位可略称为弥帝戾菩萨的瑜伽师，传说如此普遍，又为经部譬喻师日渐大成期的大德，可能与大乘瑜伽的弥勒有关。

三、上升兜率问弥勒,在无著的心境中,应该是禅观修验的事实。在西元四五世纪,上升兜率见弥勒,在罽宾是极为普遍的。如梁《高僧传》说:佛陀跋陀罗,"暂至兜率,致敬弥勒"(卷二)。又罗汉比丘,"为智严入定,往兜率宫谘弥勒"(卷三)。法显所得的传说:陀历国"昔有罗汉,以神足力,将一巧匠上兜率天,观弥勒菩萨(佛灭三百余年)"(《法显传》)。汉译《惟日杂难经》说:世友难罗汉经,罗汉上升兜率问弥勒。这可见,无著的上升见弥勒,并不太离奇。至于说:无著请弥勒下阿瑜陀国,为无著说《十七地论》。这在晚期的秘密瑜伽行中,悉地成就,本尊现身说法,也是众所公认的修验的事实。从无著、世亲学系的传说中,对于弥勒的教授《瑜伽论》,是一致无疑的。这三者,可能并不矛盾。兜率天有弥勒菩萨的敬仰;罽宾有大瑜伽师弥勒尸利的教授;在传说中合化,加深了弥勒瑜伽行的仰信。属于北方佛教的大乘圣典,关于缘起与瑜伽的,都传佛为弥勒说,这应该是有历史内容的(般若经到北方,后分也有弥勒论法)。生长于罽宾的无著,专修弥勒瑜伽(大乘唯识无境的空观),得到面见弥勒、谘决深义的证验。《瑜伽论》即在这一连串的弥勒中得来。

七　秘密瑜伽师

秘密瑜伽,可说是咒师派的瑜伽行,这不但是北印的。然罽宾区的乌仗那"禁咒为艺业"(《西域记》卷三)。多氏《佛教史》(二二,二)说:僧护(罗睺罗跋陀罗的再传弟子,约与世亲同时)

以前,秘密法都还是秘密流传,乌仗那人每有修得持明的。咒师与乌仗那的关系,是应该重视的。在秘密瑜伽的隆盛中,罽宾瑜伽师也是极重要的。如善无畏是乌仗那人。传说为即是龙智(罗睺罗跋陀罗的再传)的达磨鞠多,玄奘即与他相见于健陀罗东面的礠迦。健陀罗(应为乌仗那,出大日经供养法),勃律,相传为密典传来的故乡。无上瑜伽的时轮金刚,所传的香跋拉国,实即是健陀罗北方的商弥王国。无上瑜伽的双身法,据隋阇那崛多所译的《大威德陀罗尼经》,北方已有流行,但还被评为"此是因缘,灭正法教"(与大族王罽宾灭法有关)。罽宾瑜伽师的密咒化,为瑜伽师末后的一着。

　　罽宾的瑜伽师,次第发展,是论师、经师、禅师的次第代兴;是由小而大,由显而密;从净持律仪,心物平等,向唯心的、神秘的,欲乐为道而迈进。

　　(录自《以佛法研究佛法》,203—216 页,本版 136—145 页。)

一八　从一切世间乐见比丘
说到真常论

　　"一切世间乐见"，是好多种大乘经所悬记的人物。从性空大乘而移入真常大乘的过程中，一切世间乐见是一位极关重要的大师。到这个时候，真常大乘才显著地流行。

　　说到一切世间乐见的，有《大云经》、《大法鼓经》、《金光明最胜王经》；暗示得非常明白的，还有《央掘魔罗经》。这四部经，都是典型的真常论。先以《大云经》来说：《大云经》卷四，有"梨车童子，名曰一切众生乐见"的，为善德婆罗门说如来的舍利不可得。因此，佛叙述他的往因，是宝聚城中的大精进王。次说到"正法垂灭余四十年"，佛法衰乱得不像样子的时候，有一位"持戒清净，少欲知足，如大迦叶"的比丘出来，"讲宣大乘方等经典，拯拔兴起垂灭之法"；这就是一切世间乐见比丘——一切世间乐见童子的后身。他的生地，是"南天竺有小国土，名须赖吒，其土有河名善方便，其河有林名曰华鬘，华鬘村中有一童子，即是一切世间乐见"。他弘法的地方，经上说是："南天竺有大国王，名娑多婆呵那"，作他的护法。当时，虽有信受他的，但反对他的也不少。他们说："世间乐见比丘，实非比丘作比丘像,……自说所造名《大云经》,……自为众生更制禁戒。"结果,他在众人毁谤声中,"诸恶比丘寻共加害是持法比丘";他是以身殉道了!

大乘经中预记的弘法大师,如马鸣、龙树、无著等,都是实有其人。《大云经》中的一切世间乐见比丘,也应该确有其人。我们如着重他前身的出于佛世,为佛预记,这对于伟大的圣者,有时反而会引起疑谤。我们如着重于圣典的先后传出,那就是佛教发达史中的好资料了!世间乐见比丘的时代,地点,有关的人物,与他努力弘扬的法门,以身殉道,都明白如绘;这是难得的、可宝贵的佛教史料。

《大法鼓经》卷下,也说世间乐见比丘是梨车,在"正法欲灭余八十年,在于文荼罗国,大波利村,善方便河边,迦耶梨姓中生。当作比丘,持我名号,为说《大法鼓经》。满百年已,现大神力,示般涅槃"。《法鼓经》与《大云经》的差别是很小的,所说的文荼罗国,即《西域记》中的秣罗矩吒,也就是现在印度的马德拉。《大云经》说是须赖吒人,那是现在孟买北面的苏拉特。这一传说的差别,可能与这两部经的流行地有关。《金光明经》中也偶说到:"此众中有梨车毗童子,为一切众生善见。"他为法师授记,说佛舍利不可得。此外《央掘魔罗经》卷一说:央掘魔罗幼名一切世间现。卷四说:"南方有国,名一切宝庄严,佛名世间乐见上大精进。"这是预记央掘魔罗的未来事。经虽没有明文说到一切世间乐见比丘,但央掘魔罗的幼名与佛名,同名"世间乐见",似乎不能无因。何况所表显的法门,都是呵空而大赞真常呢!

据一分学者传说，一切世间乐见比丘，就是《中观论》的作者——龙树菩萨。龙树也是南天竺人，也出于正法欲灭的时代；《楞伽经》说龙树"往生安乐国"，《大法鼓经》也说世间乐见比丘"生安乐国"；《大云经》说世间乐见比丘受娑多婆呵那王的护持，《西域记》也说龙树受娑多婆呵（引正）王的护持。这样，世间乐见比丘，很像就是龙树了。但审细地研求起来，世间乐见比丘，到底是另外一人；不过在传说中有些混杂而已。一、龙树的《大智度论》已引述到《大云经》；龙树是见过《大云经》的，《大云经》是先龙树而成立的。二、龙树说："一切大乘经中，般若经最大"，确立于性空了义的见地，与《大云》、《法鼓》等真常经，"一切空经是有余说"的思想，无论如何，也不能说是一致。三、罗什的《龙树传》，只说龙树受一国王的护持，未说出名字；玄奘才肯定说是娑多婆呵那王。其实，娑多婆呵那，为安达罗王朝诸王的通称；安达罗王朝有三百多年历史，所以护持龙树的，不一定就是护持世间乐见比丘的。四、《楞伽经》中"往生安乐国"的龙树，梵语为 Nāgāhvaya（意译为龙叫，实为弘扬唯识中道的"如来贤"的别名），与（中观论主）龙树梵语的 Nāgārjuna 不同。从龙树见过《大云经》来说：世间乐见比丘的时代，真常大乘还不能畅行，受到反对者的迫害。自从龙树出世，大乘才顺利地发扬。真常论者便有意无意间把世间乐见比丘看作龙树，而逐渐发展起来！

世间乐见比丘所弘阐的法门，诸经一致记载：盛行在南方，后又到北方。这像《大云经》说："我涅槃后，是经当于南方广行流布。正法欲灭余四十年，当至北方。北方有王，名曰安乐。"

又如《央掘魔罗经》说:"未来世中,罽宾国中有我余法;婆楼迦车国,余名不灭;频阇山国,亦复如是。……南方当有行坚固道,……我法当在南方少时。"此中的罽宾,即健陀罗一带。频阇山国,即横亘中印南印间的频阇耶山地。婆楼迦车,又作伽楼迦车,似乎即是南印的羯餧伽。在罽宾等三处以外,又说到南方,就是世间乐见比丘弘法的所在,当然是更在其南。真常论勃兴的地点,是南印,或者就在文荼罗一带,那与楞伽岛是仅有一水之隔,大陆上有真常大乘经,楞伽岛说的楞伽法门,也就开始流行了。总之,真常论的起自南方,可说是毫无疑问的。推论他的时代,传说是在正法欲灭的四十年或八十年。古典大抵采取正法五百年说,那就是佛元四百余年的事。从龙树曾见《大云经》而论,世间乐见比丘,大抵与马鸣同时。在传说中,马鸣也是出于"正法之末"。如这样,世间乐见比丘,约出在西元一世纪。

我在《印度之佛教》中,以真常唯心论代表后期佛教的正统。在大乘三系中,有真常唯心论的地位。我说,真常唯心论是真常心与真常空的合流。这一基本的见解,并无不是之处。但要明确解说的,真常唯心论从真常空中演化出来,起初是侧重真常,是取着极端的姿态,弹斥二乘与一切空。性空唯名论的性空,受真常者的不空;唯名,受唯心者的有相,加以所谓"了义"的解说。真常与唯心的综合,才以更完整的形态,凌驾性空唯名论而盛行。如上面所论到的三部经,还有《不增不减经》、《无上依经》、《如来藏经》、《胜鬘经》等,都是真常论的初期流行品,都还是集中力量在真常不空。它的特色,是可以约略揭示的。

一、真常论兴起的时代,在真常者看来,佛法非常混乱,到了正法欲灭的前夜。所以他标示严持净戒,禁止八大事,特别提到充满苦行精神的摩诃迦叶头陀行。真常论者有刻苦的戒行,到后来的《楞伽经》《涅槃经》,也是如此。古人判为"扶律谈常",确是有所见的。不过,多少流于苦行。《法华经》也受这个思想的影响;在《法华经·嘱累品》以后的部分,如常不轻菩萨,如"一切众生喜见"菩萨的燃身,多少是有点苦行化的。二、严格的禁断肉食,与真常论有关。如《大云经》、《央掘魔罗经》、《楞伽经》、《涅槃经》,以及稍后传来的《楞严经》。这一类典型的真常论,都把禁断肉食,看为大乘要行之一。《般若》、《大集》、《华严》等经,都还没有特别说到。可以说,禁断肉食,真常论者的倡导,是大有功绩的。三、真常论是一贯的不满性空的。如《胜鬘经》说:"空乱意众生非其境界。"《法鼓经》不断地说到:"诸不了义空相应经。""诸摩诃衍经,多说空义。佛告迦叶:一切空经是有余说,唯有此经是无上说。"《不增不减经》说:"依于灭见,复起三见:一者断见,谓毕竟尽;二者灭见,谓即涅槃;三者无涅槃见,谓此涅槃毕竟空寂。"《央掘魔罗经》说:"不知如来隐覆之说,谓法无我。"又针对文殊的宣说大空,说"如来实不空"。总之,真常论是一贯地批评空的,而一切性空的大乘经,却没有指责真常;真常经的后于性空经,显然易见。所以印度的三期佛教,先性空而后真常,是依大乘经的,又是依思想的盛行说的。所以龙树时已偶见真常经,这并不妨三期佛教的分判。同时,如从论典去看,性空论也要比真常唯心论早得多。四、他不满意一切空,于是乎要说有空有不空。他们解说的空义,是:《央掘魔罗经》说:"出离一切过,故说解脱空。"《胜鬘经》也说:"空如来藏,若离若脱若异烦恼藏。"这都是从如来的本性清净,不受杂染所染的见地去解说。他们要说真实不空,这不空的是法身,是胜义,是涅槃,是如来藏,如《央掘魔罗经》说:"有异法是空,有异法不空;……如来真解脱,不空亦如是。"这显示真实的胜义不空,不像虚妄唯识者,专在依他起法上辩论空不空。他的不空,是所谓妙有,不是幻有、妄有。反之,在这绝端的真常论中,世间是虚伪的,一切是空的。《胜鬘经》说:"灭谛离有为相,离有为相者是常,常者非虚妄法";"如来藏离有为相";"断、脱、异、外有为法"。这有为法,就是空如来藏之所以空的。他容许一切皆空者的空是世俗谛空,是有为法空,而以为出世胜义是不空,这显然是俗妄真实的体系。他与虚妄唯识者,本来循着不同的路向而说不空。五、他是究竟一乘的。在真常的体系中,声闻乘没有真涅槃,是方便说,是"向涅槃道"。真涅槃,是如来藏出缠的真法身;这是声闻缘觉所从来不曾知道的。所以声闻非皈依处,究竟唯是一乘。这究竟一乘说,与一切众生有佛性的见地相合,成为后期佛教的时代思潮,这又显然与虚妄唯识者的本义不合。

再说他的根本论题:这些经典的目的,在说明"如来常住不变"。《宝性论》说"法身遍无差,皆实有佛性"两句,很可以作为思想的根本(《佛性论》的三如来藏,也是演绎此义的)。本来,"色身无边,威力无边,寿命无边"的佛陀观,从大众系的阐扬以来,确乎早已成立。但这有色有声的真如来(龙树称之为法性所生身),是从菩萨的善业所生,仍然是缘起假名的相续。在法

性空寂的胜义观中,确是一切无二无别的;但无二是性空寂灭,
是缘起的胜义观,而非缘起的假名相也是无二无别的。出世真
实的真常论者,偏重在无二无别,于是把法性生身佛与性空理解
为浑然一体。以为法性无差别,法性生身佛也无差别,法性与法
性生身佛融成一体。把这点作为思想根本,再去谈因果染净,这
自然会别有家风。从万德庄严的佛果法身说,法身无所不在,一
切的一切,无非法身所含摄,所以说"法身遍"。从众生的见地
说,功德庄严的如来,众生是具体而微地隐藏着,并非没有,成佛
也没有增加什么。——众生本有如来藏性,所以说"皆实有佛
性"。这与大梵小我,不也是无二无别吗? 这果遍、因具、因果
不二的见地,是从真如法性无变异的见解中引出,以真如无变异
为枢纽,所以说"无差"。真常论的思想,确是经无二无别的真
如而引出,成为从性空到真常的有力因素。所以,如要确立大乘
思想而不致梵我化,唯有接受一切皆空是了义的思想。这果遍、
因具、因果不二的真实不空,常住不变,在佛是法身,是如来,是
涅槃,是解脱;在众生是佛性,是如来藏,是众生界;在真如无别
中,这是圣谛、法界、法性、实际。佛法中的圣凡不二、迷悟不二、
因果不二、性修不二、如智不二等圆融妙有之谈,都在这真常论
的体系上出现。这真常实有者是清净的。说到清净,一切性空
的大乘经,在缘起无性的见地中,早已把法性本净与心性本净合
一。(法的性、心的性)一转而为真常论,那么从一切法上说,与
犊子系的不即蕴不离蕴的不可说我相近,所以说:"如来藏在蕴
处界中,为贪嗔痴所染。"所以说:"不即六法,不离六法。"如从
心上去看,真常经中称这真实常住者为"自性清净心"。这一

点,就确立真常论与唯心论合一的原则。这个众生中的真我、佛性,或者自性清净心,是有色有相的。我们不能忘记,这是从"色身无边"等而得来的真佛在缠。《如来藏经》的九喻,最明白地说破这点,所以说"如来藏自性清净,具三十二相而入一切众生心中"。《央掘魔罗经》说:"一切诸如来,解脱有妙色,犹如于掌中,观视庵罗果。""如来性是无作,于一切众生中,无量相好清净庄严。"《法鼓经》说:"一切众生悉有佛性,无量相好,庄严照明。""解脱色是佛,非色是二乘。"众生心中,本有这三十二相、八十种好、功德智慧圆满的如来,等到离障时,就转为法身,功德与业用才完美地显发出来:这是真常论者的本义。

真常唯心论以后的发展,是:从《央掘》、《大云》、《法鼓》,在扶律谈常的原则上发展,成为综赅博洽的大部,就是《大般涅槃经》,涅槃是更能保存真常论的本意,而含摄一切的。一方面,从《胜鬘经》而到达《楞伽经》。《楞伽》可说是多少净化了极端的真常论。他说不空是:"空者即是妄想自性处";"凡所有经悉说此(空、无自性等)义,而非真实在于言说"。但同时又说:"开引计我诸外道故说如来藏,当依无我之藏。"他"说空法非性,而说圣智自性事"。"不应立宗分谓一切法不生;如是一切法空,如是一切法无自性不应立宗,……当说一切法如幻梦性。"《楞伽》从幻性离言有性,而显示他的本真常寂。所谓幻性,又是唯心,他比较接近虚妄唯识者的本义,如《庄严》、《摄论》。但对于虚妄唯识者的生灭论,却完全不同。《楞伽》的赖耶,是真常(真相)与虚妄(业相)的关涉点;所以谈到转依以上,就和真常论者完全一致。这在《密严经》中,表显得还要明白。

所以说："我说如来藏,以为阿赖耶,愚夫不能知,藏即赖耶识。"《楞伽》《密严》是真常唯心论,他的阿赖耶说,与虚妄唯识者是不大相同的。

末了,我想提到的,真常唯心论是从如来真实不变、德相本具的原则上发扬起来的,所以与如来秘密庄严的真言乘有最密切的关系,它又终于成为秘密教者的指导原则。在真常唯心论的理论上,秘密教一天天盛行起来。

（录自《佛教史地考论》,271—284 页,本版 178—186 页。）

一九　论笈多王朝的王统

笈多王朝的王统编年,经近代的搜求考订,已大致相近。据《剑桥印度史略》(古代印度第六章)所说,直系诸王如下:

一	旃陀罗笈多	西元三二〇——
二	萨母陀罗笈多	三三五——
三	旃陀罗笈多二世	三八五——
四	鸠摩罗笈多	四一三——
五	塞建陀笈多	——四五七——
六	弗罗迦阿迭多	四七〇顷——

然从鸠摩罗笈多以下,彼此的意见还多少出入。据《印度史略》的见解,根据出土的印刻,知道从鸠摩罗笈多以下,另有一不同的王系:

四　鸠摩罗笈多

五　补罗笈多

六　那罗新哈笈多

七　鸠摩罗笈多二世

这显然是笈多朝内部的分立了。但高桑驹吉的《诸王朝系谱》,以为塞陀罗笈多即位于西元四五五年,到四八〇年,由补罗笈多继位;而四八四年,同时有佛陀笈多分立于摩腊婆。这样,笈多朝的分立,是四八四年的事。赤松佑之的《印度民族史》(第三章),以为塞建陀笈多继位于四五五年,卒于四八〇年;异母弟补罗笈多继位,五年后(四八五)即让位于(子)那罗新哈笈多。总之,这都是为了维持笈多朝的统一到四八四年以后所作的一种解说。

西藏多罗那他的《印度佛教史》,对于晚期佛教,虽仍不免杂乱,但很能提供史料及参考的价值。在无著、世亲前后,书中提到的王朝系统以及某些事件,与笈多王朝的情况大体相合。虽然在名称上未能一致,但至少可作为有价值的参考。从十七章的旃陀罗笈多起,摘列如下:

一　旃陀罗笈多

二　频头沙罗

三　室利旃陀罗

四　达磨旃陀罗

五　羯磨旃陀罗

　5　佛陀波苦奢

　6　犍毗罗波苦奢

六　毗梨俱舍旃陀罗

这一王统谱,当然不能即信为事实,但把它与笈多王统对照,即可看出一种非常的类似。如从旃陀罗笈多到弗罗迦为第六世;而西藏说从旃陀罗笈多到毗梨俱舍也恰好六世。弗罗迦与毗梨俱舍应该就是一人。弗罗迦阿迭多以后,《印度史略》说传承不明;多氏史也说毗梨俱舍旃陀罗时,极为衰弱。还有,第四世鸠摩罗笈多以下,别出补罗笈多一系。多氏史也说在(四世)达磨旃陀罗以下,别出(王弟)佛陀波苦奢一系。匈奴人的侵扰印度,在鸠摩罗笈多晚年;多氏史也以为起于(四世)达磨旃陀罗时。在这样的对照中,可以得到一个肯定的结论:鸠摩罗笈多(四五五)以后,笈多王朝的确是分化了。笈多王朝的统一,不能维持到四八〇以后。

多氏史与高氏的王朝系谱,都以为笈多王朝分为两系:

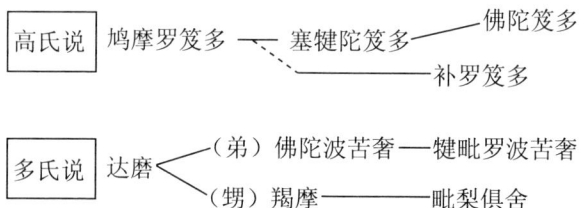

高氏说　鸠摩罗笈多 —— 塞犍陀笈多 —— 佛陀笈多
　　　　　　　　　　　　　　　　　　　　补罗笈多

多氏说　达磨 —— (弟)佛陀波苦奢 —— 犍毗罗波苦奢
　　　　　　　　(甥)羯摩 —— 毗梨俱舍

其中值得注意的,《印度史略》根据钱币及铭刻的研究,认为弗罗迦阿迭多,继塞建陀王之后;与多氏史毗梨俱舍的名称及系属,完全一致,这应该有事实根据的。依《西域记》,补罗笈多与那罗新哈笈多系,与匈奴人的战争极多。多氏史中与之相当的,是佛陀波苦奢系。佛陀波苦奢,应该是佛陀笈多而不是补罗笈多。高氏以佛陀笈多继承塞建陀笈多,大致是不错的。依《西域记》卷九,那烂陀寺的兴建者——六帝次第相承,如此:

铄迦罗阿迭多——佛陀毱多……怛他揭多毱多……婆罗阿迭多

铄迦罗即是塞建陀吧!佛陀毱多在位,从他的钱币与铭文,可知必在四八〇至五〇〇年左右。铄迦罗是他的父亲,这与塞建陀约死于四八〇年顷,恰巧连接。以铄迦罗为塞建陀,以佛陀笈多继承塞迦陀,是不会错的。然而,弗罗迦阿迭多的继承塞建

陀,也不能否认;所以塞王以下,至少有这样的三系:

```
                              ┌── 弗罗迦阿迭多
鸠摩罗笈多 ──── 塞建陀笈多 ──┤
              ┆               └── 佛陀笈多
              └----- 补罗笈多 ── 那罗新哈笈多 ── 鸠摩罗笈多二世
```

这三系的看法,《印度史略》已概略指出,这不过参照多氏《印度佛教史》而加以阐明。总之,高氏忽略了塞建陀以下的弗罗迦阿迭多,而多氏《佛教史》又把补罗笈多与佛陀笈多误合为一了!

　　(录自《佛教史地考论》,323—328 页,本版 212—215 页。)

二〇 北印度之教难

一 绪 言

健陀罗与迦湿弥罗为中心的北印佛教,在贵霜王朝时代,曾达到高度的发展。阿毗达磨与佛教艺术,都有过非常的光荣!但到玄奘游学印度的时候,所见的是:荒凉、圮败、衰落不堪。佛教的衰落,决不能完全推之于劫运,推之于魔王、外道。换言之,佛教徒也必然有些本身的缺点。危机深刻化,而无法改善增进生存的能力,这才一败不可收拾。关于北印佛教的教难,近来在经传中多少看到一些,所以特地叙述出来。

印度人不重历史,印度佛教也同样的史实不明。我认为经典中还保存许多史实。一般认经典为出于佛口亲说,所以许多事实都成为预言。如从史的观点去考察,即能明白看出经典的时代性。不但佛教的思想演进,可以明了它的源流递演,而许多事实,即编集者与当时当地的佛教情况,社会环境,种种制度、传说,常会或多或少,或正或反,有意无意地编集进去。此一见解如并不错误,那么信仰者看为奇迹,反对者看为渺茫的幻想,那些传说与预言,即成为具有充实内容的事实了! 表现于经典中的传说与预言,常是寓意的、暗示的、闪烁的,事实与想像杂糅的,不能一字一句的作为忠实的史料看。在处理这些资料而加以研究时,要特别审慎,不预存成见,将事实从传说与预言中揭露出来!

传说与预言,是富有流动性的。它在时代与环境的变迁中,不息地演变。重要的因素被忽略,附带的因素反倒被强调起来。这因为,在新的时代环境中,易与新的环境相结合,配合新事情,修正旧的而取得新的意境,这才能永久是活的传说、活的预言,不至于僵化而被遗弃。所以从传说的变迁中,即可看出某些新的事实。本文主要以《阿育王传》的拘睒弥法灭说为对象,从此传说的有关事件中,从此传说的演变中,看出时代的先后与新的史实。结果,此法灭说的预言,几乎成为北印教难史的概论。虽然北印的教难,以前还有弗沙密多罗王的毁法,影响到奢羯罗一带;以后还有回教的侵入。但从西元前二世纪中到西元五、六世纪间,北印佛教的教难,已大体可见。所以作为一完整而长期的传说,单独揭示出来。

二　三恶王毁法的传说

在这许多传说中,《阿育王传》可说是最古典的。中国即有三译:甲、西晋安法钦译,名《阿育王传》(卷五)。乙、宋求那跋陀罗译的《杂阿含经》(卷二五),也有此说。原来《杂阿含经》的二三与二五卷,本是《阿育王传》的别译,被人误编在《杂阿含

经》中。丙、梁僧伽婆罗译,名《阿育王经》。论理是一样的,但
这一传说被译者略去,仅提到"乃至未来三贼国王"(卷四)。此
项预言,系"满千年已,法欲灭时"的恶王与恶比丘如何破坏佛
法,以及最后灭法的情况。佛要四天王在佛法未灭以前,尽力护
持。此外,还有丁、高齐那连提耶舍译的《大集月藏经》(卷
一〇),在护法的同样动机下,将此传说编入,不过已参考别的
记载了。传说中的三恶王,是:

甲:"南方有王名释拘……西方有王名钵罗……北方
有王名阎无那。"

乙:"西方有王名钵罗婆……北方有王名耶槃那……
南方有王名释迦……东方有王名兜沙罗。"

丁:"南方边夷国,王名波罗帝……西方边夷国,有王
名百祀……北方边夷国,名善意释迦。"

参考别的记载(见下),可决定早期的传说,唯有"三王"。
乙本的东方兜沙罗王,不过译者为了满足四方的均衡要求而附
加的。从印度历史去考察这一传说,知道此三王不是个人的私
名,是国族的名字。他们的确曾侵入印度,成为印度民族与佛教
的威胁者。其中,"耶槃那"与"阎无那",即梵语希腊的对音。
希腊人早期的侵入印度,这可以不谈。西元前一七五年顷,希腊
在大夏的犹赛德谟王家,侵入印度。同时,犹克拉提底在大夏独
立;随后也侵入印度。在西元前二世纪中叶,犹克拉提底家占了
健陀罗与怛叉始罗等地;犹塞德谟家,以奢羯罗为中心,统治了
旁遮普,伸张势力到南方。西元前一八四(或一八五)年建立熏

伽王朝的弗沙密多罗王在位时,希腊已深深侵入印度。弗王同时的文典学者帕坦楂力,曾引用"希腊人方围攻末荼弥迦","希腊人方围攻婆寄多"的例句。《古事集》说:狡悍的希腊人,占据婆寄多、般遮罗与摩偷罗。名剧《失环记》(Mālavikāgnimitra),说到弗王孙伐苏密多罗,护送祭马,在印度河南岸,受到臾那人的袭击。希腊铁蹄的如何纵横,可以想见一二。佛教负有盛名的护法者——弥邻陀王,即属于希腊的犹塞德谟王系。他约西元前一五〇年前后在位,为希腊人在印度的全盛时代。丁本的"百祀"王,大抵是希腊的讹笔或误译。因为,祀在梵语是耶柔,与希腊的梵音略近。

"波罗帝",即波斯的对音,《西域记》作"波剌斯"。在梵文的文献中,进入印度的波斯人,被称为 Pahlava,即钵罗婆。佛典中常见的"波罗越",也就是这些人。"释拘"与"释迦",与迦毗罗卫的释迦族无关。这里所说的,是印度人称为 Saka 的塞族。塞迦族散布的区域很广,曾在大夏及赛斯坦住的塞迦人,在西元前一二〇年前后,不断地与波斯人——安息作战,虽有一度的胜利而终于失败了,服属于波斯。塞迦族多少定居于特朗基亚那及阿拉科西亚一带,与波斯——波罗婆人共住。约在西元前百年(应该还要早些),受着北部月氏的压迫,塞迦与波罗婆人侵入印度河下流。那时,他们大概是取联合行动的。希腊人在印度的统治权开始衰落了。塞迦与波罗婆人,彼此间每每混杂不清,政治组织有同一的牧伯制。西元前七、八十年,领导这二族的,通常称为塞迦——即塞迦人为主体的茂斯王。那时,发展于沿海岸而东进的,有塞迦族的叉诃罗多人。西元一世纪后半,深入内地,以邬阇衍为中心的卡须那多王——塞迦人,大概也在此时向东扩展了。在北方,茂斯王朝已占有高附及旁遮普西部。但不久,领导权落到波罗婆人手中,这可以从钱币的考察而知。茂斯的儿子阿吉斯,他的钱币,不如茂斯的单用自己名字及“王中王”的尊号,每刻着“王中王孚农”的名字。孚农,是波罗婆人名。自称王弟的斯帕利雷斯的钱币,有时自称为“王中王”,有时自称为大王而称阿吉斯为王。阿吉斯——塞迦领袖的地位低落,显然可见。阿吉斯时,波罗婆人领导的政权,已扩展到旁遮普东部,希腊人日趋没落。摩偷罗一带,已是波罗婆人的天下。阿吉斯以后,有名的贡豆发尔王,这一家多有波斯语的名字,当然是波罗婆族。希腊人在印度的政权,到这时才完全瓦解。大约西元五十年时,大月氏的兵力进入印度,取西北印波罗婆人的地位而代之;南方的塞迦,虽然服属月氏,保持相当的自由发展。

传说中的三王,确曾先后而同时侵扰印度。依印度史的实际情形,研究《阿育王传》的记载,从三王的地理分布上,可以推断这是西元前三、五十年的局面。这一传说,是罽宾作者,从罽宾以眺望印度西北的。那时,塞迦的叉诃罗多人(还有卡须那多系的前代)在坎贝湾一带,确了在西南。希腊人局促于奢羯罗迤东;高附、旁遮普以及摩偷罗,是波罗婆人的势力圈。这与“西方有王名钵罗婆……北方有王名耶槃那”的记载,极为适合。这是不会更迟的,因为迟一些,印度即没有耶槃那王的地位。再迟一些,大月氏东来,那就完全不同了。似乎也不能再早些,再早三数十年,在茂斯王时,还没有西方钵罗婆的形势呢。

《大乘月藏经》所记三王的方位不同,他已不明当时的实情,传说的不同,决不能动摇《阿育王传》适合实际情况的价值!

在《阿育王传》中,说到三王"破坏塔寺,杀害众僧"。这些侵入印度的外族,后来虽多有信佛的,然在侵入的阶段,于佛教是不会有好感的。对于佛教寺塔的财富,也不会不摧残掠夺的。何况,民族的特性不同,不能立即融洽!一直到西元一二五年顷,安达罗乔昙弥子王,击破塞迦、叉诃罗多与波罗婆人。照 Chaitya cava karli 十七碑所说,乔昙弥子以印度的宗教的保护者自居(那时,王家是特别信佛的)。所以三族的侵入印度,"破坏塔寺,杀害众僧"的暴行,可能是非常严重的,引起佛教徒内心的悲愤。

传上说:"三恶王毁灭佛法,杀害一切;欲向东方。"这确乎写出了侵逼恒河上流而进窥中流的情况。东方,像拘睒弥、阿瑜陀等就是。拘睒弥的大军王(或作摩醯因陀罗斯那)传位给儿子难当(或难看)王,在十二年中,歼灭三恶王而作阎浮提王。胜利以后,难当王举行十二年的无遮大施。当时,佛弟子自相诤论。结果,持律的罗汉,多闻的三藏,彼此两集团的争执演成流血惨剧,终于佛法从这个世界上灭尽。

法灭的预言,何以在拘睒弥?在声闻乘的经律中,叙到佛教僧团内部的纠纷,一致说开始于拘睒弥。释尊在世的时候,已有过律师与三藏的大诤论,甚至不肯接受释尊的劝解。所以拘睒弥成为是非争执的象征;检读广律,即可明白。诤论,破坏了僧团的和谐合作,专在人我是非上打算,不能致力于佛法的自利利人,这确是佛法衰落的根源。法灭为了诤论,诤论即必然会落在拘睒弥。至于持律(重实行)与多闻(重学问)者的争执,更是从来佛教普遍的现象。阿难与迦叶,上座部与大众部,都可以发见彼此的重点不同。当然,《阿育王传》的编纂者,是站在上座系一边的,推重律行的。以这两集团的争论去说明佛法的衰灭,不能不说确乎能把握佛教涣散,日见支离破碎的病根。《阿育王传》的编纂者,看到政治的紊乱,战局的残酷,塔寺是那样的被毁坏,僧众被残杀;而佛教内部,从阿输迦王时代以来,一天天的部派纷歧,教学者与行持者的尖锐对立,于是呼出正法千年、佛法尽灭的预言,来警告佛教的僧侣们。

这样的去分析、理解预言者的心境,可说是非常正确的。那么,拘睒弥国王的破灭三恶王的记载,又是否事实呢? 不,这不过理想而已。当时,不但外族凭陵;依传上说:"东方当尔之时,诸非人鬼神亦苦恼人,劫盗等贼亦甚众多,恶王亦种种苦恼谪罚恐怖。"印度在整个不安与苦难之中,预言者不能不将击退外族、安定印度的功业,寄托于像阿输迦王那样的"王一天下"的理想的国王(《阿育王传》即是在这样的意境下编成的)。我们不能忽略,这正是《阿育王传》的传说呀! 因此,日本椎尾辨匡氏在《佛教经典概说》(一章,二节)中,以难当王的胜利,推想为乔昙弥子的胜利。而不久,塞迦的卢陀罗达摩,又战胜安达罗王,于是佛教徒又奏起法灭的悲歌。他的解说,显然是不能在预言式的传说中,正确地分辨那现实事情与理想的成分。大军与难当,与悉婆跋提及乔昙弥子王父子,名称上没有丝毫类似点,就推断难当为乔昙弥子,似乎过于轻率,而且,假定如椎氏所说,那么此一传说与《阿育王传》的编纂者,不能早于卢陀罗达摩的时代(西元一二〇——一五五顷)。那时的印度局势,早不是三王的在南西北三方了。月氏的控制大半个印度,编纂者岂能瞠目无睹?况且,该传是属于西北印的上座系说一切有部的;说一切有部,那时正受到迦腻色迦王的崇信,哪里还会有法灭的预言!从《阿育王传》本身去研究:传中说到弗沙密多罗王为止,说他如何被鬼神所杀。编纂者与弗王有一个时期的间隔,误以为弗王是孔雀王朝的继承者,所以说"孔雀苗裔,从此永绝"。考弗王建设的熏迦王朝,亡于西元前七十二年。编纂者如在熏迦朝治下,是不能那样无顾忌而咒诅的。这一传说即《阿育王传》的编纂,以希腊的政权还局部残留,熏迦王朝已亡的时候,最为妥当;这即是西元前三、五十年间吧!

三　迦旃延与僧伽罗刹的忠告

从《阿育王传》中,提出恶王与法灭的部分,给予单独组织的,有《佛使比丘迦旃延说法没尽偈经》,凡一百二十章(偈),失译。同本异译的《迦丁比丘说当来变经》,标"失译人名,今附宋录",其实应该是晋译。在这两种译本中,看见一些新的事实与意义。

这是迦旃延,即迦丁比丘,看到未来的情况,为弟子们宣说,以警策弟子们精进修行的。偈说:"将有三恶王,大秦在于前,拨罗在于后,安息在中央。由于是之故,正法有弃亡。"大秦,佛典中常用来译希腊的。拨罗,即波罗婆的略译。但在拨罗以外,更有安息,这是多少费解的。因为中国史中所称的安息,即是波斯(南北朝时代,大有不同),以创国者的阿尔萨克斯得名。这大抵是误译的。本经的编撰,约为西元一世纪。那时,不但印度、月氏、康居、安息,佛教都普遍发展;这些国族的动乱,都直接与佛教有关。从本经的内容看来,这不如《阿育王传》那样以拘睒弥为中心而眺望印度,本经的重心在北方。

在迦旃延说完了以后,"沙门解罗刹,闻是法教戒,前稽首作礼,耆年迦旃子"。此"沙门解罗刹",异译略作弟子,所以应是迦旃延的弟子。考说一切有系,有大德"僧伽罗叉",梵音Saṃgharakṣa,即此"沙门解罗刹"的对音。沙门解罗刹,即僧伽罗叉,华言众护,这是值得非常重视的。在汉译的圣典中,有《僧伽罗刹所集经》,《修行道地经》(广略二本),即僧伽罗刹所著。罗什译的《禅经》,也有他的禅法在内。他是重视禅观而又以偈颂著述的。依本经所说,僧伽罗刹是迦旃延的弟子;此迦旃延即说一切有部最重要的大论师——《发智论》的作者。达摩多罗《禅经序》,论到禅法的传承说:"尊者婆须蜜,尊者僧伽罗刹。"婆须蜜即世友。《出三藏记》所载一切有部的祖师,迦旃延的继承者,即是世友。世友与僧伽罗叉,大抵是同时的。达摩多罗《禅经序》,虽然世友在前,但依道安的《婆须密集经序》,僧伽罗叉似乎要死得早一点。总之,世友与众护同门,但后来,世友成为譬喻者,众护是瑜伽师的先驱者。僧伽罗刹的《修行道地经》,汉建和二年(西元一四八)来中国的安世高,已为他翻译出来,可想见他是很早的。本经不一定为僧伽罗刹所编,应为重律与重禅的学者以《阿育王传》的传说而再编的。

异译《当来变经》,没有提到沙门解罗刹,但该经译者,可说太不忠实。他论到三王时说:"当有三天子出,破坏天下:一名邪来那,近在南方;中国当有一天子出;北方晋土有一天子,名曰犍秋。佛法将灭,此三天子乃出晋,破坏国土。……尔时,中国天子,当复兴兵破坏晋土。"除了邪来(末字的误写)那即是希腊的音译外(可证明法没尽偈的重出安息与拨罗,而没有耶末那的误译),其他二王,已无法考见。这是晋代的译品,译者将印度三王扰乱的传说,对照中国的现实。的确,西晋末年起,五胡乱华,北方佛教大受摧残。破坏晋土,即是译者有意的新见解。本译较《偈经》要长一点,有演绎处,在文证上,远不及《偈经》的价值。

《法没尽偈经》的编述,与《阿育王传》有一显著的不同,即《法没尽偈经》以为恶王的兴起与坏法,实由于比丘们不能依法而行。如说:"五通诸学士,不能毁法义,及所兴布施。其从释迦文,因佛作沙门,当毁于正法。"所以,持律者与多闻者的诤论,虽仍为末后的重要事件,而在恶王出现以前,即痛陈比丘们的非法恶行,暗示与警策当时的比丘们,应该如何依法修行。如那时的西北印度没有这些非法的现象,《法没尽偈经》是不会如此的。《偈经》说:"见诸卒暴者,以偈开法路,心当怀怆怅,思惟悲感事。"编述者面对现实的悲感,即是《偈经》成立的唯一理由。当时的西北印度,以及吐火罗一带的佛教,虽在普遍地发展,在家信徒增多,而比丘们却确乎不能力求进步,品质一天天地没落了! 我可以引述几条经论,以证实此一事实:

一、《莲华面经》说:"未来之世,多有在家白衣得生天上,多有出家之人,堕于地狱、饿鬼、畜生。"二、《大悲经》(卷二)说:"彼富迦罗跋帝王都(迦腻色迦王之都),所有在家诸白衣者,彼命终已生兜率天,诸出家者悉堕地狱。何以故？彼不住戒,不依律仪故。……尔时,多有比丘不持禁戒,多作非法。"三、《大威德陀罗尼经》说:"于彼之时,出家之人,多饶烦恼,非诸俗人在家。"四、《大毗婆沙论》(卷一八三)说:"勿谓今由在家弟子不能给施诸出家人令乏短故,正法灭没;但由出家弟子无正行故,令正法灭。"佛法愈隆盛,信施愈多,僧众的生活愈优越,在受施而生活的制度下,赖佛逃生——"及所兴布施,其从释迦闻,因佛作沙门"——的病态一天天扩大,这即是在家众生天、出家众堕落的问题所在。为了生活而出家、而弘法,必然地引导佛法走上衰危的前途！

经中指责比丘们的恶行,略举几点如下:一、舍经法而乐受杂说:这造成了彼此相诤、师弟相谤的恶现象。偈说:"当舍于经法,反受杂文章……见训诸浅经,心意为欣悦……闻受皆浮漫,讲论无清话。"这一指责,包含了佛教界的重要问题。从佛灭三世纪以来,声闻佛教中开拓一种通俗化的运动,即编集许多富有文学意味的典籍,称为"鬘"、"庄严"、"譬喻"。这些,确乎促成了佛教的广泛发展,然而也必然地落为情感的、艺术的、想像的。在"体道(禅观)修律护"的迦游延系重智者看来,自有一番感触。而且,当时的大乘佛教也渐渐地发达,大乘经素被声闻学者看为"文颂者造"的。这一思想问题,在《法没尽经》中,占有重要的地位。二、厌静默而乐愦闹:虽然在愦闹中建立许多寺院,而寺院家庭化:"展转相侵欺,以自养妻息。"纯家庭化的寺庙,当然厌恶客僧,完全背弃了僧寺公有的共同生活的美德。三、饱食终日,言不及义。四、广蓄眷属:偈说:"其年既幼少,多蓄众弟子。……沙门二三年,广蓄诸眷属。"这一问题,我们这个时代,有过切身的经验;原来印度也早就如此。五、穷逼出家。六、斗诤怨恨。七、邪命自活:出家众量多而质劣,渐渐地失去信众的信仰。遇到政治紊乱,或者年岁荒歉,于是出家众也要生产救教了。偈说:"心乐佛法者,不念诸比丘。……贪著利财宝,衣食无限节。晓知习俗法,邪业以自活:贩卖规贾利,出入求生息。"八、嗔恶持戒者。这些,《当来变经》面对晋代的中国佛教,叙述得更为不堪!

四　千年法灭说的修正

关于法灭的传说,如《大毗婆沙论》卷一百八十三、《大般涅槃经》卷一六、《摩诃摩耶经》卷下、《大威德陀罗尼经》卷一八,也都有说到。

法灭的传说,本是"过千岁后,正教法灭"的预言,也即是正法千年说。《婆沙论》还主张"释迦牟尼佛般涅槃后,乃至千岁正法方灭"。但他对于三恶王乱世的事实,已因时代的变更而多少改变。那时,在大月氏王朝护持下,得到和平发展的机会,充满了新的感想。所以《婆沙论》不明说恶王是谁,而且改为二王,仅泛泛地说:"二王无法……相与合纵,从西侵食,渐入印度。"对于那位有法王,也仅泛泛地说:"生在东方,威德慈仁,伏五印度。"三王扰乱印度的事实,已渐渐忘却,仅剩有传说的预言。《涅槃经》与《摩耶经》,索性不再谈及恶王的事。

千年法灭的传说,在佛教扩展的过程中并没有实现。在佛教徒的意境中,也不希望它实现。然而此一预言,当然有警策的功用,也还常在佛弟子的传说中,但不能不给以新的解说。如《摩耶经》说:"千五百岁,俱睒弥国……"《月藏经》也说:"正法五百年……像法住于世,限满一千年。"千五百年说,代替了千年的传说。佛灭八百年以及更迟流布的大乘经,对于正法在世的时代的延长,当然是有实际需要的。《涅槃经》,约集出流行于西元二、三世纪间,另有一新颖的意义。他在叙述了拘睒弥比丘净论以致法灭后,接着说:"尔时,凡夫各共说言:哀哉佛法,于是尽灭。而我正法,实不灭也。尔时,其国有十二万诸大菩萨善持我法,云何当言我法灭尽!"这进入了佛法常住——后期佛教时代。以为,法灭仅是形式的比丘佛教的毁灭,"无一比丘为我弟子",而秘密的菩萨——在家的,人与非人的大乘佛教,照样的兴盛。这启示佛教的新姿态、新途径,是值得我们注意的!

五 罽宾灭法与师子比丘

拘睒弥法灭的传说,又见于《大威德陀罗尼经》。此传说与罽宾灭法有关,因而又牵涉到师子比丘与弥罗掘王。现在,先对于罽宾灭法与师子比丘,加以研考。

《付法藏因缘传》(卷六)说:"复有比丘,名曰师子,于罽宾国大作佛事。时彼国王名弥罗掘,邪见炽盛,心无敬信,于罽宾国毁坏塔寺,杀害众僧。即以利剑,用斩师子头,头中无血,唯乳流出,相付法人于是便绝。"师子比丘,即中国禅宗推崇的二十四祖,他为弥罗掘王所杀。依《付法藏传》所说,这确是佛教的重大损失！关于师子比丘的被杀，即罽宾法难的原因，宋志磐的《佛祖统纪》（卷三五），及元末念常集的《佛祖历代通载》（卷六），有一共同的传说，如《通载》说："罽宾有外道二人，学诸幻法，欲共谋乱，乃盗为释子形象，潜入王宫。且曰：不成，即罪归释子。妖既自作，祸亦旋踵。事既败，王果怒曰：吾素归心三宝，何乃构害一致于斯？即命破毁伽蓝，袪除释众。后自秉剑至（师子）尊者所……王即挥剑断尊者首。"这是说，罽宾的惨遭灭法，甚至师子比丘的被杀，是受了外道伪装佛沙门的牵累。但灭法的实际原因，还有一不同的传说。十九世纪中，迦尔诃那纂辑罽宾诸王史，该书（1，199—200）说：在那拉一世的时候，曾兴建一所伽蓝，有一位佛教的行者住在那里。这位行者以魔力诱拐王妃，王怒而将此伽蓝及所属的数千伽蓝一律烧毁。这虽没有提到师子比丘，但事件极为类似。这位佛教行者的诱拐王妃，等于盗为释子形潜入王宫。所以《通载》传说的"欲共谋乱"，照情形看，也即是淫乱。否则，凭一二人潜入王宫，能有何乱可作？虽然一说是外道的伪作释子，一说是佛教行者，但当时确是认为佛教徒，因而才引起狂暴的毁法行动。外道的伪装释子，我也希望这传说是正确的；因为唯有这样，罽宾灭法才与佛教僧侣无关。

不过，事件似乎并不如此理想。即使是伪释子闯下的大祸，真释子未必能毫无关系。此项传说，佛教的经典中早已存在，如《佛灭度后棺殓葬送经》，一名《师比丘经》，或名《比丘师经》，作这样说：佛钵不见了，国王下令访求。"时有贱人，其名曰师，伪作比丘，饕餮酒食，妻居育子，当醉提儿诣宫门言：吾知钵处。

王闻大喜,请沙门入。……师曰:唯沙门当盗之耳。即下书考推诸沙门,其毒酷烈,臣民睹之靡不怨王。"僧众受了极大的苦迫,于是有人告诉国王,这才把师比丘找去,问他究竟,他居然也会说些五戒、二百五十戒之类。末了,这位师比丘老实地说:他是伪沙门。然而他说:那些真沙门,比他更不像样。国王于是乎详加调查,的确,佛教的僧侣,娶妻生子,饮酒,无恶不作,于是国王大怒:"敕有司曰:佛清净庙,贤圣所宗,非鸟兽之巢窟,逐出秽浊者,无令止佛庙矣。"结果,无论是国王爱护佛教或厌恶佛教,僧侣们是被驱逐了! 经中说到事件的引起者,也是伪沙门。虽没有说诱拐王妃或潜入王宫,但"当醉提儿诣王宫言",还看出某些共同的痕迹。结果,佛教大受摧残。虽然师比丘似乎不是罽宾,但这与罽宾诸王史所记,极为类似。《付法藏因缘传》及《统纪》《通载》所说的禅宗二十四祖师子尊者,经中却是"贱人名师"。罽宾佛教,大抵因为师子比丘闯下大祸,佛教受到重大的摧残,而佛教界则说是伪沙门。其实,照经上说,那些真沙门也好不了多少! 佛教僧侣普遍的腐化、堕落,才是问题所在,师子比丘不过是导火线而已! 依佛教说:如此因,如此果,有惭愧的佛教僧侣,对于佛教衰落的惨运,要将责任放在佛教僧侣的身上,不能一伪了之。

　　问题又要考虑到罽宾灭法与师子比丘的被杀,是否确如《付法藏因缘传》所说,与弥罗掘王有关。《付法藏传》是错的;弥罗掘王为五、六世纪间人,而罽宾灭法与师子比丘事件,实是古老的传说。罽宾诸王史说此事在阿输迦王后,那拉一世的时候。《佛灭度后棺殓葬送经》系西晋失译,梁僧祐(四四五——

五一八)的《出三藏记》,已有记录。此经初作"闻如是:一时,众祐游于华氏国"。译笔古朴,近于竺法护那时的译笔。判为西晋失译,大致可信。西晋起于二六五,终于三一六,可见此经(师子比丘的传说)的编集以及传译到中国来,比弥罗掘毁法的时代还早二百多年呢。《西域记》(卷三)说:"迦腻色迦王既死之后,(迦湿弥罗国的)讫利多种复自称王,斥逐僧徒,毁坏佛法。"迦腻色迦王为二世纪五十年代以前的名王。此后,罽宾国确曾有过斥逐佛徒、毁坏佛法的事件。后来,因呬摩呾罗王的平定迦湿弥罗,佛法再见光复。所以此次罽宾灭法事件,约为西元二〇〇至二五〇年间事。

"贱人名师,伪作比丘",闹出这么大的乱子,何以四七二年顷的吉迦夜,会把他看作一代佛教的住持领导者?时代既然不合,何以又牵涉到弥罗掘王?这自然不能完全明白,可以作两种解说:一、在传说中,佛徒将这次事件的责任推到外道身上,伪沙门身上;师子比丘可能已被传说为圣者、无辜的殉教者,如《佛祖统纪》等所说。二、或许更有不同的传说。至于时代的错乱,这在吉迦夜,面对弥罗掘在北印度摧残佛教的事实,将古老而普遍的罽宾灭法与师子比丘事件,使他在这崭新的事实中复活。古代的传说,因时代的演变,起着新的变化、新的结合,大都如此。从前,禅宗学者——契嵩大骂《付法藏因缘传》,以为"《付法藏传》可焚",因为传中说"相付法人,于是便绝",而禅宗还要二十五祖、二十六祖……一祖一祖传下去。其实,《付法藏传》确有可批评的地方,他把古老的贱人师比丘,胡扯为弥罗掘时代的传承正法的祖师。

《大威德陀罗尼经》(卷一七、一八)所叙的法灭情况,显然是在罽宾灭法与拘睒弥法灭的传说中,参入许多新的成分,而结合为新的传说。此经为隋阇那崛多译,论到罽宾灭法的原因(卷一七)说:"彼等比丘所至家(此即妇女)处,相前言语,后以方便令作己事(指男女和合,即私事)。于彼舍中共语言已,即便停住示现身疮(即男女根的别名)。于俗人所,种种诳惑,种种教示:彼应与我,如来付嘱汝。……彼即报言:汝明日来,如己家无异。……我住于此十年勤求,犹尚不能得是诸法,如汝今者,于一夜中已得是法。……此是因缘,灭此法教。"这段文字是值得解说的。从来罽宾灭法的传说,与"诱拐王妃"、"潜入王宫"、"妻居育子"有关,即含有男女暧昧的事情。此经说得更明白了,但此男女的暧昧情形与日本式的娶妻不同,也与中国内地僧侣的情形不同。因为日本是公开地转移到一般人的家庭常情;内地僧侣偷偷摸摸,内心还觉得非佛法的。如罽宾比丘的作风,却是西藏喇嘛式的,把此男女情欲神秘化,把它作为修行佛法看的。他们公然地拿佛法作淫乱的媒介,掩护他们的罪行,竟然向女人要求:"彼应与我",要女人将身体贡献给他们,因为这是"如来付嘱汝"。他们伪造佛说,以为佛要女人将身体供养他们。女人在信仰佛教的热情下,听说这是佛说的,这是无边功德的大供养,又是顶好的佛法,于是乎上当了。"如己家无异",即是俨同夫妻。"我住于此十年勤求,犹尚不能得是诸法,如汝今者,于一夜中已得是法。"这是什么? 这就是七世纪以后,印度佛教公开而冠冕堂皇的无上瑜伽——双身法、欢喜法。从前,元顺帝的太子,起初对于顺帝在宫中,男女裸居地实行演揲儿法——秘密的双身法,不以为然。顺帝劝他,"秘密佛法可以益寿",于是派西番僧教他。太子试验一番说:"李先生教我读儒书,许多时,我不省书中何意。西番僧教我佛经,我一夕便晓。"(见元权衡《庚申外史》下)这一夕便晓的秘密佛法,即是"如汝今者于一夜中已得是法"。这种男女交合的欢喜法——近于中国道家的御女术,以运气摄精为核心,当然还加上几多仪式与多少高妙的佛学(?)。在密宗,不但男人要经老师的秘传,女的被称为明妃,也得施以训练。这样后期佛教泛滥不堪的欢喜法,佛教中早已存在,此经即一明显的证据。四一四年顷来中国倡导真常大我的昙无谶,也会这一套。魏太武帝要他去,即是为了想传受这个,如《魏书》卷九九说:太武帝"闻其善男女交接之术"。此种男女交合的秘术,早在佛教僧侣中秘密传授。本来,性欲与生俱来,为一般人极平常的事实。然自古以来,即有神秘崇拜的,与神教相结合。佛教本为厌离尘欲而出家者,等到佛教普泛地传开,没有厌离出世心的滥入僧团,变态的性生理,不期而然地促使与外道固有的性欲崇拜相结合,构成此一夜便学会的佛法。然起初,在佛教僧团中是不能公开的、被呵责的、驱逐的;即在大乘盛行的时代,也还如此。如《大威德陀罗尼经》,即对此痛恨说:"此是因缘,灭正法教。"日本的密宗,还在攻讦立川派为左道。这要到七世纪后,才慢慢地后来居上,冠冕堂皇地自以为佛教最高的法门。罽宾佛法的被灭,隐着这一段史实。罽宾史说:佛教行者以魔术诱拐王妃,即是这样的魔术,这样的诱拐;潜入王宫也是为了此事。他们并不自以为淫乱,还自以为修证受用呢!罽宾佛教,一度断送在这般人身上。

六　弥罗掘的灭法

再来研考《付法藏因缘传》的："时彼国王,名弥罗掘,邪见炽盛,心无敬信,于罽宾国毁坏塔寺,杀害众僧。"弥罗掘王的破坏佛法,也是确实的事件。隋那连提耶舍(五八四年)译的《莲华面经》(卷下),先说到罽宾佛教的盛况;又说:"身为国王,名寐吱曷罗俱而灭我法,此大痴人!"寐吱曷罗俱的灭法,《西域记》(卷四)有较详细的传说:"数百年前,有王号摩醯逻矩罗(唐言大族)……宣令五印度国,继是佛法,并皆毁灭,僧徒斥逐,无复孑遗。摩揭陀国婆罗阿迭多王(唐言幻日),崇敬佛法。……时大族王治兵将讨,幻日王知其声闻……数万余人,栖窜海岛。大族王以兵付弟,浮海往伐。幻日王守其危险,轻骑诱战,……生擒大族。……大族失位,藏窜山野,北投迦湿弥罗国……矫杀迦湿弥罗王而自尊之。乘其战胜之威,西讨健陀罗……毁窣堵波,废僧伽蓝,凡一千六百所。"摩醯逻矩罗,无疑即为寐吱曷罗俱;弥罗掘是略称。《西域记》说大族"奇姿多智",《莲华面经》也说他"受于端正之身"。此人,依近代的研究,确见于印度的铭刻。约在西元四八四年顷,白匈奴即中国史书中的挹怛或哒哒侵入印度。酋长头罗曼,在五世纪末建立王朝。他的儿子,即摩醯逻矩罗,势力非常强大。依玄奘的传说,他被幻日王击败俘获,虽然放他回去,势力已大不如前。玄奘所传幻日王击败摩醯逻矩罗的事实,在曼达索地方发现一铭刻,同样的事实,归功于耶输达磨王,这是极难确定的。大概,幻日王与耶输达磨王,曾联合作战而阻抑呋哒的凶焰。结果,各人把胜利的光荣归于自己。幻日王,约为四九〇到五三〇在位;摩醯逻矩罗的失败,约在五一五年顷。

摩醯逻矩罗,约失败于五一五顷。依《西域记》说:此后,他又大大破坏罽宾与健陀罗的佛教。那么,隋译的《莲华面经》没有什么不合;吉迦夜于四七二顷编译的《付法藏传》,如何能已有此项传说?《付法藏因缘传》依《阿育王传》的五师相承说为本,又加入许多后代名德的传记,编纂而成。早在宋元嘉中(四二四——四五三),宝云及智严已曾译出。此译早已佚失,弥罗掘罽宾灭法的事件,当然是不会有的。呋哒的侵入印度,摩醯逻矩罗的在北印破坏佛法,必然在四七〇年顷,这是惊动佛教界的惨痛事件。吉迦夜从西方来,目见耳闻,也就以此为付法的断绝,将此事编入而结束此书。《西域记》以为大族在失败后,又破坏罽宾、健陀罗的佛教。他在失败以后,退保北印度,自然佛教会受到摧残。但大族对于健陀罗及罽宾佛教所加的破坏,显然在他失败以前。五二〇顷,魏宋云及惠生等到印度,经过健陀罗,说健陀罗被呋哒所灭,立窣勤为王,已经历二世了(见《洛阳伽蓝记》)。这可见《西域记》所说不确。已经历二世,健陀罗的灭亡,即可能为四七〇顷。本来,匈奴的侵入印度,是很早的。鸠摩罗笈多末年(四五〇顷),匈奴已纵横北印。塞建陀笈多,击败匈奴,暂时阻抑他的南侵。战胜回来,鸠王大约已死,于是向母后阿难陀提婆复命。但在塞王晚年,四七〇顷,匈奴又骚动而南侵。有以为窣哒即白匈奴,是四八四甚或更迟些侵入的。如确乎如此,即与中国译经史所见的不合。所以窣哒的侵入,应

作为四七〇年顷的事。窒哒，依《魏书·西域传》，是游牧部族，
"其性凶悍"。铁骑纵横，很快地控制了健陀罗、罽宾一带。游
牧部族的胜利者，残酷好杀，掠夺寺庙的财富，这是必然的。摩
醯逻矩罗，大约如唐太宗一样，父王在世时，他早已为战斗的实
际领袖；进行摧残掠夺，破坏佛教的工作。所以吉迦夜的编纂
《付法藏传》，即有此记载。假定，大族在四七〇顷为二十几岁，
那么五一五顷为幻日王等击败时，已六七十岁，这不是不可能
的。他在残败以后，退保局部的统治。《西域记》说他追击幻日
王时，"以兵付弟"；等到失败了，"大族王弟，还国自立，大族失
位"。大族后来又"矫杀迦湿弥罗王"，夺取健陀罗，这暗示着哒
哒此后内部的分裂，以及内战。惠生等（五二〇）经过健陀罗
时，说健陀罗的哒哒王与罽宾连年作战，这似乎即是大族再起时
与弟王内战的纪实。总之，哒哒——摩醯逻矩罗的摧残佛教，早
在失败以前，应在四七〇年顷。近人，每因头罗曼成立王国于
五、六世纪间，所以把摩醯逻矩罗的时代，推后为五一〇到五四
〇顷，于是感到不调和。实则，哒哒在匈奴的极盛期，为四七〇
到五一五顷。摩醯逻矩罗晚年的失败，内部分裂或许引起内战，
已卅始在印度没落。耶输达摩的铭义，说人族失败后，也向他
称臣。

　　哒哒在北印强大的时代，佛教所受的摧残，实是难以计算
的。据（五二〇）惠生所记：健陀罗的哒哒王性情凶暴，不信佛
法。极为隆盛的北印佛教（六四〇顷）《西域记》说：

　　"（滥波国）伽蓝十余所，僧徒寡少。"

　　"（那揭罗曷国）伽蓝虽多，僧徒寡少。""有伽蓝，高堂

崇阁,……绝无僧侣。"

　　"(健驮逻国)僧伽蓝千余所,摧残荒废,芜漫萧条;诸窣堵波,颇多倾圮。"

　　"(乌仗那国)旧有一千四百伽蓝,多已荒芜。昔僧徒一万八千人,今渐减少。"

　　"(钵露罗国)僧徒数千人,学无专习,戒行多滥。"

　　"(呾叉始罗国)伽蓝虽多,荒芜已甚,僧徒寡少。""傍有伽蓝,圮损已甚,久绝僧徒。"

　　"(僧诃补罗国)傍有伽蓝,空无僧侣。""傍有伽蓝,久绝僧侣。"

　　"(乌剌尸国)不信佛法,……傍有伽蓝,僧徒寡少。"

　　"(迦湿弥罗国)伽蓝百余所,僧徒五千余人,……故今此国,不甚崇信。"

　　"(半笯蹉国)伽蓝五所,并多荒圮。"

　　"(曷罗阇补罗国)伽蓝十所,僧徒寡少。"

　　《西域记》(卷三)说:"自滥波至于此土,……非印度之正境,乃边裔之曲俗。"其实,这些在贵霜王朝时代,都是佛教极隆盛的中心区域。玄奘时代,已一败涂地,荒凉不堪!这不仅健陀罗、罽宾一带,即迦毕试以及吐货罗一带,无不从此衰落。嚈哒自大族失败以后,这一带地方即没有像样的王朝。文化、经济、政治、宗教,没落得可怕。就是没有后代回教的打击,也未必能有希望。我们所见玄奘时代的那些佛教,除了不信佛法而外,即使人民信仰佛法,而佛教僧徒还是一样的毫无办法。如:那揭罗曷国"崇敬佛法,少信异道",结果是"伽蓝虽多,僧徒寡少……

少有僧徒……绝无僧侣"。醯罗城"城中居人,淳质正信",而又有佛顶骨等"斯五圣迹,多有灵异"。但管理权是:"令五净人(在家佛教徒,或是佛寺中工作的在家人)给侍香花,观礼之徒,相继不绝。"僧众哪里去了? 呾叉始罗国"风俗轻勇,崇敬三宝",但还是"伽蓝虽多,荒芜已甚,僧徒寡少"。

　　问题,除了外来的原因,僧徒本身的没落也不能忽略。《西域记》对于这北印佛教国的叙述,除了废塔、荒庙、圣迹、神话而外,还有什么? 我们固然感觉那时代那一带佛徒的没落,内在原因极为严重,然嚈哒的摧残,也过于残酷了! 迦旃延、僧伽罗刹所见到的佛教远景,四百年后,一一地暴露而到来!

　　嚈哒侵入的时候,北方佛教崩溃的一幕,《大威德陀罗尼经》暗示得非常明白。这固然不能作为纪实的史料,但充分地使我们看到了全景。此经为隋阇那崛多译,他在五六〇左右即到中国来。不过此经梵本,或许是"开皇之始(五八一、元年),梵经遥应"而传入的。他自己,是健陀罗国富留沙城人。二十七岁时,即离开故乡。在所译的这部经中,先说到罽宾比丘的邪淫,五百净行比丘被恶比丘所杀,于是国王严厉地打击那些恶比丘,"三千比丘,一时断命"。"彼王捉得,悉皆断命;唯有金钱,彼得渡河。"逃出来的比丘,着实不少。到了多刹尸罗城,比丘们索性集合起来,武装起来,"还向北方相随而去,共彼城王极相战斗。如是,彼三摩耶(时),布沙波祇王所居城中,极为战斗。彼战斗处,有三千许诸沙门众,皆悉为彼刀杖所害。当时彼王被诸沙门之所逼切,即便逃走,为诸沙门之所夺命"。比丘们在布沙波祇获得暂时的胜利,但立刻,"于荼苏地(隋云边地)当有一王,名曰婆睒罗舒婆(隋云多马)。时彼王闻沙门释子斫杀灯王……即来向布沙波低城,其释种子因离彼城……于北道中,当最后见诸沙门等"。比丘们不敢作战就跑了,显然是力量不敌。但"诸比丘等当还向彼特叉尸罗大城,时彼城中所有人民,皆悉聚集而作誓言:今者不听沙门释种弟子入城。……多马王将其部伍,来至逼沙波婆帝王所居城,时沙门释种诸弟子,皆悉逃走。时多马王既知是已,所有伽蓝,放火烧燃"。诸比丘被逼逃到拘睒弥,此下即与传说中的拘睒弥法灭连接。

此一传说,在上承罽宾灭法、下接拘睒弥法灭的古旧传说中,插入此北印度比丘武力自卫的新传说。这不能不重视,不能看为幻想与神话。布沙布祇,又布沙波低,又逼沙波婆(疑衍)帝王所居城,是一个地方。宋云到健陀罗,也说王城名佛沙伏。这即是《西域记》的布色羯逻伐底布逻,或说即跋虏沙城——为迦腻色迦王的故都。当时,比丘们以怛叉始罗为根据,而占有此王城。经中说斫杀灯王,即布沙波低王。等到多马王来攻,比丘们不敌而怛叉始罗又变了,这才完全失败。我们应该记得,传译此经的阇那崛多是富娄沙城人,即是波沙波低。此一事件,大抵在嚈哒入侵的时候,比丘为了护教,武装起来,协助怛叉始罗的统治者抗敌。但在失败时,怛叉始罗反而拒绝比丘入内,于是北印的佛教遭遇更惨了。经上的"于北道中,当最后见诸沙门等",即是佛教大崩溃,沙门全部逃遁的解说。此经的编集者,或许传译者,不满于比丘们轻举妄动参加战争,因而使北方佛教遭受更惨的境遇。但从世间的观点,这多少还含有护国护教的情绪在内。

　　婆睺罗舒婆王,经中又作婆睺奢波迦(译名不统一极了)王,应即是摩醯逻矩罗,或寐吱曷罗俱。译作多马、大族,都是未必对的,这是依梵文的音义去解释匈奴人的名字。婆睺罗与摩醯逻,音声极近。舒婆又作奢波迦,"迦"收音,与"矩"及"俱"同。此一传说,把他作为摩醯逻矩罗侵入时的某种事实,极为近情而合理。玄奘所见的荒圮、衰落的原因,也可以得一更好的理解。

　　北印的佛教,在长期的内忧外患下,衰落了!

　　(录自《佛教史地考论》,285—322 页,本版 187—211 页。)